国吉 栄［著］

森有礼が切り拓いた日米外交

初代駐米外交官の挑戦

勉誠出版

はじめに

維新の混乱期を経て、明治一八（一八八五）年、太政官制度にかえて内閣制度が採用されたとき、初代内閣総理大臣伊藤博文のもとで初代文部大臣に任命されたのが森有礼である。

森の文部大臣就任については根強い反対論があったが、彼は文部大臣として辣腕をふるい、わが国の学校教育制度の基礎を形作った。そして、明治二二（一八八九）年二月一一日、大日本帝国憲法発布の日の朝、式典におもむく準備のさなかに、永田町の官邸で暴漢に襲われ、翌日、落命した。

男はその場で官員に斬り殺されたが、男の懐には森の不敬を責める斬奸状があった。「帝国臣民の職分」を盾に森を刺殺した男に喝采を送る論調も少なからず、この事件は当時の世情を大いに賑わせた。しかし、それからおよそ一三〇年を経た今日、森がわが国の初代文部大臣であったこと、その職務の延長線上で暗殺されたことについて、関心をもって語られることはない。ましてや、彼が、維新まもない明治新政府が初めてアメリカに送った駐在外交官であったことについては、一般にはほとんど知られていないのではないだろうか。

森有礼はわが国の初代駐米外交官として、明治四（一八七一）年初頭から明治六（一八七三）年春まで、当時の外交官の位としては最下級にあたる少弁務使としてワシントンに駐在した。帰国後、明治九（一八七六）年からは清国に、一二年からは英国に、それぞれ特命全権公使として派遣された。清国および英国在任中の彼の活動については研究も少なくないが、駐米時代の活動についてはごく一部のテーマを除き、ほとんど知られていなかった。不思議なことに、と言ってよいと思うが、彼をアメリカに送り出した外務省ですら、初代駐米外交官としての森の活動に関心をもってこなかったのではないか、と思われるほどである。

森の駐米時代については、これまで彼の在任中に訪米した岩倉使節団と条約改正交渉に関係する問題、あるいは彼が提唱した簡易英語採用問題などが取り上げられてきた。しかし、それらについても必ずしも十分な資料があったわけではない。森の駐米時代の資料については、今日に至るまでほぼ未開拓のまま推移した、と言っても決して過言ではなかった。

そうした状況のなか、先年、筆者は思いがけず森有礼の駐米時代の資料を大量に発見した。それらの資料から埋もれていた森の駐米時代の足跡が浮かび上がってきたのである。資料は、二〇一五年一月、大久保利謙監修、上沼八郎・犬塚孝明共編『新修森有礼全集　別巻四』（文泉堂書店）として公刊された。筆者は数年来その編纂にかかわり、資料解説を担当した。そこで、はじめに資料発掘の経緯について述べておきたい。

筆者は児童学を専攻し、幼稚園史研究に取り組んできた一学徒である。研究の成果は『日本幼稚園史序説関信三と近代日本の黎明』（新読書社、二〇〇五年）、『幼稚園誕生の物語「諜者」関信三とその時代』（平凡社、二〇一一年）として出版された。関信三は、明治九年に創設された東京女子師範学校（現お茶の水女子大学）附属幼稚園の初代園長であるが、きわめて特異な経歴をもつ人物であった。真宗大谷派の寺院に生まれ、幕末動乱期に青年時代を過ごした彼は、宗門を護るためにキリスト教排斥運動に身を投じ、明治新政府の諜者となった。拙著は、関信三の秘められた生涯をたどることを通して、わが国の幼稚園黎明期を明らかにしようとしたものである。

関信三研究のかたわら取り組んでいたのが、森有礼と幼稚園のかかわりを明らかにするというもうひとつの課題であった。森と幼稚園との関係については、森の非業の死から一〇年、森が文部大臣であった時の秘書官、木村匡が次のように記している。

先生甚《はなはだ》学を好む。故に公使館に在るや、諸書を渉猟《しょうりょう》し、特に文学倫理の本を研究せり（中略）幼稚園のことの如きは、当時の米国に於てすら未だ人心を感ぜしめざるに、先生率先して之を研究せり。

（木村匡『森先生伝』大空社、六二〜六三頁）

筆者は幼稚園史研究にたずさわる者として、木村のこの記述に非常な関心を寄せざるを得なかった。「幼稚園のことの如きは、当時の米国に於てすら未だ人心を感ぜしめざるに」など、当時のアメリカの幼稚園事情を知らなくては、とても書けるものではない。しかし、森と幼稚園の関係について明確に記した木村のこの記述は、取り上げられることはなかった。あまりにささいな記述であったし、森の駐米時代の資料はきわめて乏しかったからである。森と幼稚園の関係を明らかにするためには、一次資料を発掘し、森の駐米時代の活動の全容を見通す以外に方法はなかった。こうして幼稚園史研究の立場から森有礼研究に着手したのであるが、その過程で森の駐米時代の資料を大量に発見することになったのである。

新出資料は森米国着任から帰国までを網羅し、その範囲は多様な分野にわたっていた。それらが示す森の活動は、筆者の専門分野を大きく超えて、近代日本の黎明期のすみずみに及んでいた。筆者は資料解説を書きながら、わが国の尊厳ある未来のために懸命に働いた一青年外交官の、測り知れない意思の強さと活動範囲の広さ深さに驚かされ続けていた。と同時に、これらの資料が多くの分野の研究者の目にとまり、それぞれの分野において新たな研究がおこされ、成果の数々が世上に及ぶまでに長い年月を要するであろうことも、また目に見えるようであった。森は幾重もの誤解にさらされてきた人間である。資料を限定的な範囲にとどめず、はば広く多くの読者に届けて、日米外交を切り拓いた森有礼について直接知っていただくまでが資料発掘者としての仕事ではないか。そうして生まれたのが本書である。

資料は、想像をはるかに超える森の駐米時代の働きを示すばかりでなく、彼が暗殺されるに至る下地が醸成された出来事をも記録していた。それは森の在任二年目、岩倉具視を正使とする大使節団がワシントンに到着した直後に始まった。使節団には駐日米公使チャールズ・デロングと開拓使から派遣された五人の女子留学生が同行していた。森はワシントン駅頭に一行を出迎え、開拓次官黒田清隆の命に従って女生徒たちを引き取った。だが、デロングは彼女らの保護監督権を強硬に主張し続けた。森も譲らず、両者はそれからおよそ二か月にわたって激しく対立した。岩倉や使節団の副使木戸孝允がデロングの側についたことにより、対立は深刻化し、森は孤立していく。条約改正交渉という政治の大状況の裏で深く進行していた、日本外交の在り方について考えさせずにはおかない出来事であった。

岩倉の権威をたてに彼女たちを引き渡せと迫るデロングに、森は「岩倉大使はこの件について日本国天皇から権限を与えられておらず、大使によるいかなる要請も私を縛るものではない」と返答した。今日でさえ相当な覚悟を伴う言葉であろう。相手は駐日米公使であり、岩倉は右大臣である。だが彼は己の将来への影響など一顧だにせず、そう言い放った。大使一行を取り巻く日本人たちは驚愕し、森を異物扱いした。在米日本人のあいだに広まった森の悪評は、やがて本国へも伝わっていった。その翌年、帰国の途についた森を、新聞は「彼は切腹を命じられる」と書きたてて迎えた。森の「不敬」を人びとは受け入れることはできなかった。彼の業績は埋もれ、やがて非業の死へとつながっていく。

森は在米中に太政大臣三条実美に呈した文書のなかで、「政府の任についているわれわれすべての者は、わが国の運命を形づくる恐るべき重責を担っていることを真に自覚しなければならない」(***Religious Freedom in Japan***)と述べた。森はその言葉どおり、国家の重責を担う者のひとりとして、持てる力のすべてを注いで与えられた職務にあたっていた。今回発見された多彩な資料群は、彼のこの言葉が、彼において肉体化していたことを明確に示すものであった。

建国の時代に、弱冠二三歳で旅立ちを命じられた若き外交官森有礼は、アメリカにおいて、いかに歩み、何をなしたのか。本書は、発掘された新たな資料に基づいて、これまで断片的にしか知られていなかった初代駐米外交官森有礼の姿を描き出そうとするものである。これをきっかけとして、森有礼への関心が広くおこされることを願っている。

〈付記〉 森の駐米時代の資料が収録された『新修森有礼全集　別巻四』を『別巻四』、それ以外の同全集各巻については『全集〇巻』と記し、『別巻四』収録の資料については資料名のみカギ括弧「〇〇」で記した。なお、資料全容を概観していただくため、収録資料一覧を後掲した。必要な方は参照されたい。

目次

目　次

第二部　岩倉使節団と開拓使派遣女子留学生をめぐる諸問題

目　次

第一部　初代駐米外交官森有礼の出発

はじめに

森有礼は弘化四（一八四七）年七月一三日、薩摩藩士の五男として鹿児島城下に生まれた。薩英戦争後急速に開国へと方針転換した薩摩藩が、幕府の禁を破ってひそかに自藩の若者を欧州へ派遣することを決めた時、そのひとりとして選抜された俊英である。満一七歳、開設されたばかりの藩の洋学校・開成所の英学専修生であった。慶応元年、英国にわたった留学生たちは、当時一三歳であった最年少の少年が密航の手配をした長崎商人グラバーの実家に預けられ、そこからグラマー・スクールに通うようになったほかは、全員がロンドン大学に入学し、海軍測量術、陸軍機械術、陸軍学術などを学んだ。しかし一年後、藩の都合でおよそ半数が帰国、森を含む六人が残った。だが、それからさらに一年後の慶応三年七月、彼らは一斉に学業を放棄し、米国にわたってしまう。森はそれから帰国するまでのおよそ一〇か月を、キリスト教の異端とされるトーマス・レイク・ハリス（Thomas Lake Harris）という人物が主宰する閉鎖的なコロニー（Brotherhood of the New Life）のなかで暮らした。これが森の第一次在米時代である。

やがて彼らは「愛国心」をめぐって分裂、半数がコロニーを去った。六人のうち、残ったのは森有礼と、森より二歳年長の鮫島尚信と、最年少の長沢鼎の三人である。その後まもなく、森と鮫島はハリスの勧めにより、戊辰戦争のさなかに帰国した。死をも覚悟して帰国した彼らを待っていたのは、新政府による思いもよらぬ重用であった。三年にわたる英米での体験は新政府にとって得がたいものだったからである。

二人はそろって外国官権判事という要職を与えられたのを皮切りに、次々に責任ある職務を与えられた。森は議事体裁取調御用掛、学校取調御用掛、軍務官判事、公議所議長心得、外国官判事、制度寮副総裁。鮫島も同様に多くの重職を兼務した。青年たちに課せられた職務の範囲の広さと重さに驚嘆させられる。二人は連名で、「多くの人びとが戊辰戦争の苦しみのなかにある今、不肖のわれらが重責を汚し過当な給与を得ていることは実に不安の至りであり、給与だけでも下げていただきたい。自分たちは三〇円あれば十分である」と、給与下げ願いを提出した（「上書」『全集三巻』）。

議長心得となった森は、公議所に次々に議案を提出するが、傲岸ともみえる彼の姿勢は強い反感を招いた。加えて二人には禁制のキリスト教に通じているのでは、という疑念があった。そこへ森がいわゆる廃刀案を提出。議案は完璧に否決され、森は辞表を提出した。位記の返上も命じられて、森は故郷に帰った。

彼は故郷鹿児島で、廃仏毀釈で荒れ果てた寺の一角に英学塾を開いて若者たちを教えていたが、翌年の秋、突然の出府命令を受ける。米欧に初めて駐在外交官を置くことになり、森と鮫島に白羽の矢が立ったのである。森は駐米少弁務使、鮫島は駐英独仏兼任少弁務使に任命された（ただし英国は若造という理由で彼を認証せず、独仏二か国の兼任となった）。上京した森は鮫島宅に寄寓し、およそひと月の間、ともに渡航の準備をした。

一八七一年一月、鮫島の渡欧に続いて、森も米国に向けて出発した。弱冠二三歳の若き外交官の旅立ちであった。森はそれから一八七三年春に帰国の途につくまでのおよそ二年を、わが国の代表者として米国に駐在した。

第一章　エドワード・キンズレーとの出会い

(一)　実証的資料に基づく新たな視点を

森有礼の第二次在米時代、すなわち、彼が外交官として駐米した時代における交友関係の広さについては、これまでもしばしば言及されてきた。では、いったい森はどのようにそうした幅広い人脈を築いたのであろうか。森が、欧州に派遣された鮫島尚信と並び、明治新政府が初めて海外に送ったふたりの駐在外交官のひとりであったことを考えると、彼が赴任地においていかに地歩を築いていったかを明らかにすることは、森研究のみならず、日米外交史、あるいは日米交流史の観点からも重要な課題であろう。

加えて、森が鮫島とともにハリスからいわば派遣される形で帰国した人間であったことをどう考えるか、という問題もある。森の第一次在米時代における経験はハリスのコロニー内での生活にほぼ限られており、彼の知るアメリカ人はと言えば、幕末以来のささやかな外交経験で日本につながったごく少数の人間を除けば、ハリス関係の人間のみであった。ハリス関係資料には、帰国した森と鮫島から連名で手紙や贈り物が届いていることを記した文書があり、帰国後外交官として再出国するまでの間、森と鮫島がハリスとの連絡を絶っていなかったことも知られている。では、外交官としての森とハリスとの関係は、森の第一次在米時代の延長線上に、ほぼ等価値で続いていたと考えてよいのだろうか。この点についても、いかなる立場から論じるにせよ、実証的資料に欠けるきらいがあった。

森はわが国の初代駐米外交官として、いかに歩みはじめたのか。

大陸横断途上の予定変更

森の米国着任時の動向を知る資料としては、これまで次の二点が知られていた。森自身の「備忘第二日録」（「渡米日記」として『全集三巻』に収録）と、コロニーにとどまっていた長沢鼎の英文日記（'Diaries of Kanae Nagasawa' reproduced by Gaye LeBaron『鹿児島県立短期大学地域研究所年報』第九号、一九八〇年）である。これらによって当時の森の動きを整理すると、ひとつの疑問が浮かび上がってくる。

森はアメリカ派遣が決まるとハリスに知らせた。確実にわかっているのは、西暦一八七〇年一二月二二日、米国へ発つおよそひと月前に手紙を出したことである。長沢日記によれば、その手紙がコロニーに届いた一八七一年一月三一日、ハリスの秘書格の女性Davie（Jane L. Waring）はサンフランシスコ在住日本領事ブルークス（Charles Wolcott Brooks）宛に森への返信を送っている。ブルークスは幕末からの親日家で、いまだ駐在外交官を置いていなかった日本政府が日本領事として委嘱していた人物である。

一八七一年二月一六日、森は少弁務使としてサンフランシスコに上陸した。上陸したその日、森は日本領事ブルークスを通してDavieからの手紙を受け取った。それに対して森は、二月一九日にサンフランシスコを発ち、日本人一四人でそちらに行くと返信した。

横浜からグレート・リパブリック号で出航した時、同行の日本人は、伏見満宮とその随員合わせて九人、大学東校派遣のドイツへの留学生九人、西園寺公望ら英国行き（留学先はのちに変更）五人、および森有礼を含む一四人の、計三七人であった。森は前掲備忘録にこれら渡航者全員の氏名を記しているが、森以下一四人は別段に記しているから、彼のいう一四人とは、この一団を指していることになる。そのうち、森と属官三人（少記外山捨八、権少記名和道一、大令吏矢田部良吉）のほかは、森が直接連れていった、あるいは同行を依頼された者たちで、身分や立場はそれぞれ異なるものの、大きくくくれば米国で学ぶことを志す留学生たちであった。当時、ハリスのコロニーはニューヨーク州の西端に位置するエリー湖畔の小村ブロクトン（Brocton）で営まれていたから、森は大陸横断の途上、ワシントンに着任する前に、彼ら全員を引き連れてハリスに会いに行くつもりだった、ということになる。

ところが、長沢の二月二五日付日記には、総勢一四人でブロクトンに行くと知らせる手紙がコロニーに届いた直後に、森から電報が届いたことが記されている。あと二週間はそちらに行けなくなったという知らせで、二四日にイリノイ州Budaから打電されていた。さらに二八日付日記には、ブロクトンに行けなくなった理由を説明した二四日付の森の手紙が届いたことも記されている。

森は出航前から予定していたハリス訪問を、大陸横断の途上、なぜか突如延期していたのである。電報での予告どおり、森はちょうど二週間後にブロクトンを訪れているから、十分な考慮の末の変更であったと考えられる。森の第二次在米時代のまさにはじまりの時である。ハリスとの関係を考えるうえでも、以後の外交官としての活動を考えるうえでも、この予定変更には重要な意味があるはずである。彼はなぜ予定を変更したのか。

キンズレー口述記*Arinori Mori*

これまで意識化されてこなかったこの問題の重要性を顕在化させ、関係する多くの情報を提供してくれたのが、エドワード・キンズレーによる口述記*Arinori Mori*であった。

エドワード・キンズレー（Edward Wilkinson Kinsley 1829-1891）は、ボストンの富裕な実業家で、わが国初の駐在外交官として赴任した森有礼の活動を多方面から支えた人物である。森の着任直後に知り合って以来、森を家族のように遇し、ボストンの政財界人や文化人など、著名な人びとに引き合わせた。森の帰国後も家族ぐるみで交際を続けた。森有礼旧蔵アルバムにはキンズレーとその家族の写真四葉が収められており、キンズレー家と森との親しい関係をうかがわせる（犬塚孝明、石黒敬章『明治の若き群像　森有礼旧蔵アルバム』平凡社、二〇〇六年）。

キンズレーはニューハンプシャー州Nashuaに生まれ、二歳の時にマサチューセッツ州スプリングフィールドに移る。父は熱烈な奴隷解放論者で、彼自身も一二歳の時にはすでに逃亡奴隷をかくまい、冬の夜道を何マイルも馬車で走ったことがあったという。高校卒業後、一六歳で単身ボストンに出て羊毛輸入業で財をなす一方、奴隷解放運動の指導者たちと交わり、彼らの活動に積極的に加わった。南北戦争中はマサチューセッツ州知事の特使としてたびたびワシントンにおもむき、北部とリンカーンの橋渡しをした。マサチューセッツの黒人部隊や、南部の黒人部隊の立ち上げにも深く関わる。軍人ではなかったが、前線を視察して野戦病院の改善や兵士の衣料の改良をすすめるなど北部ユニオンに貢献し、戦後は退役軍人や軍人遺族の生活をたすけた。その功績をたたえて、ボストン一一三部隊退役軍人会はキンズレーの名を採りEdward W. Kinsley Post, No. 113と称した（以上、キンズレーについては、*New York Times*の追悼記事と、葬儀での追悼文、および*History of Edward W. Kinsley Post, No. 113., The Norwood Press,1913*による）。

キンズレー口述*Arinori Mori*は、一九八五年にキンズレーの曾孫によってマサチューセッツ大学アマースト校図書館に寄贈された文書のひとつである。同図書館には文書寄贈を申し出た際の同氏の手紙も残されており、

「これらを手元に置いて死蔵するより、いつか興味を持って役立ててくれる人があらわれることを願って寄贈する」と記されていた。これにより、箱に入れられ簞笥にしまわれたまま、やがて処分される命運にあった貴重な資料が、広く公開される道が開けたのである。今後必ずや森有礼研究の新たな頁を開くであろう重要な文書である。

寄贈文書の中核をなしているのは、キンズレーの若き日の追憶や南北戦争時の出来事、および彼の交友関係を綴った文書である。キンズレーの盟友チャールズ・サムナーの思い出の記もある。森とサムナーの交流については木村匡の『森先生伝』により古くから知られていたが、森がサムナーの知遇を得たのは、キンズレーを通してであったことがわかる。

思い出の記のなかでも長文なのが *Arinori Mori* である。*Arinori Mori* は、キンズレーが娘に語った森有礼追憶の記で、キンズレーの口述をタイプライターで打ち出した私的文書である。A４判ほどの用紙一〇枚からなる。口述年月日の記載はないが、森が一八八九年、キンズレーが一八九一年にそれぞれ没していることから、森の死からさほど時を経ないキンズレー最晩年のものと考えられる。

寄贈文書には、ほかに森関係として、森の肖像写真二葉と森の死亡を報じた新聞記事の切り抜き、およびキンズレーにあてた日本人の書簡一通が含まれていた。

肖像写真二葉は、一八七一年と一八七三年にワシントンの写真館で撮影されたものである。前者はワシントン着任直後に、後者は帰国直前に撮影されたものと推測される。本書カバーには、これまで知られていなかった新しいカットである一八七三年撮影の写真を用いた。

新聞の切り抜きは、The Japanese Tragedy（日本の悲劇）と題する森の暗殺を伝えた記事である。

キンズレー宛日本人書簡は、森の帰国から一年半ほどたった一八七四年一一月一九日付で、発信地は東京、差出人はA. Honguaとなっている。A. Honguaは幕末に福岡藩から米国に派遣された本間英一郎である。マサチューセッツ工科大学を卒業し、当時帰国したばかりであった。

文中、日本人の名が出ている。井上良一、金子堅太郎、田中貞吉である。井上は本間と同時期に福岡藩から派遣され、ハーバード大学ロースクールを卒業して、本間とともに帰国した。金子も同じく福岡藩から派遣されて岩倉使節団一行とアメリカにわたり、ボストンの公立初等中等学校を経て、ハーバード大学ロースクールを卒業した。田中は岩国藩の吉川重吉の従者として渡米し、金子とともにボストンの公立学校に学んだ。吉川も同様の学びを経たのち、ハーバード大学を卒業後、外務省入りしている。

本間はキンズレーに対し、これら日本人青年たちをthe boysと呼んでいる。どうやらキンズレーは、これら日本人青年たちのこともよく知っているようである。

(二)　重要な岐路

ブロクトンではなくボストンへ

これまで知られていなかったが、森の大陸横断の旅には、翌年の岩倉使節団の時と同じく、サンフランシスコから同地在住の日本領事ブルークスが同行していた。ブルークスはエドワード・キンズレーの親しい友人であった。

以下キンズレーが*Arinori Mori*において語ったところによる。

ある日、ブルークスから、近々日本の若い大使がサンフランシスコに到着するのでワシントンまで随行するとの手紙が来た。次いでその一、二週間後にソルトレイクシティから電報があり、ワシントン到着後すぐに森と二人で会いに行くと知らせてきた。さらにその数日後に、ふたたび電報でワシントン到着を報告し、翌朝ボストンに着くのでパーカーハウス（Parker House）で会ってほしい、と言ってきた。

つまり、森はコロニーのあるブロクトンには寄らずに、直接ワシントンに向かったのである。三月二日、森はワシントンに到着した。森がその日の昼に国務長官ハミルトン・フィッシュ（Hamilton Fish）に信任状を提出したこと、およびその夜におこなわれた大統領接見の模様を、新聞各紙が詳しく報じている。

森は、それらの公式行事を済ませるとただちに、ブルークスとともに夜行列車でボストンに向かった。翌朝、ボストンに到着した森は、パーカーハウスでキンズレーと面談した。森は完璧な英語で日本国民を米国の方法で教育したいという希望を述べ、日本の若者を米国（ボストン）の学校や大学に入学させる条件を整えることができるかどうか、キンズレーに打診した。

大陸横断の車中、森がブルークスに何を語ったかは明らかではない。しかし、米国到着直後にサンフランシスコで新聞記者のインタヴューに答えたのを手はじめに、機会あるごとに教育に対する強い関心を表明し続けた森であることを考えれば、両者の会話の主たるテーマが日本の教育についてであったことに疑いの余地はない。森の熱い思いにふれたブルークスは、友人を紹介すると申し出たのである。ブルークスとの数日にわたる話し合いを経て、森は、まずキンズレーと面談する道を選択した。

一時間ほど森の話を聞いたキンズレーは深く感銘を受け、その場で、森の願いをかなえるために全力を尽くすと約束した。ボストン市の学校委員会のメンバーでもあったキンズレーは、日本の若者をボストンの公立学校に受け入れることに何の問題も見出すことはできないと答えた。先にあげたキンズレー宛本間英一郎書簡に、the boysとして名前が出ている金子堅太郎、田中貞吉らがボストンの公立学校に入学卒業したことは、このことと無関係ではないであろう。

多彩な有力者たちとの知遇を得る

翌日、キンズレーは二〇人ほどのボストンの名士たちをパーカーハウスに招き、森のために昼食会を催した。出席者には、著名な作家でありユニテリアンの牧師であったエドワード・エヴェレット・ヘイル（Edward Everett Hale）、判事ローウェルの父で、ラルフ・エマーソンの従兄でもある女子教育の開拓者ジョージ・エマーソン（George Barrell Emerson）、ボストン市商工会会頭ライス（A. H. Rice）、マサチューセッツ州知事クラフリン（William Claflin）、国民的詩人ロングフェロー（Henry Wadsworth Longfellow）などがいた。

すべての問題（教育問題ばかりでなく、後述するように信教の自由にかかわる問題も含まれていた）が彼らの前に出され、彼らもみな提案された問題の重要性に非常に感銘を受けた様子で、今後日本から送られる最初の学生たちをボストンに送るべきことが決められた。

昼食会を終えると、キンズレーは森に、上院議員チャールズ・サムナー（Charles Sumner）、元コネチカット州知事で当時上院議員のバッキンガム（William Alfred Buckingham）、マサチューセッツ州選出上院議員で二年後に副大統領になるヘンリー・ウイルソン（Henry Wilson）、連邦政府財務長官ボートウェル（George Sewall Boutwell）その他への紹介状を持たせ、森が何者であるか、彼がなそうとしている使命がいかに大きいものであるかを説明し、今後の彼の仕事を助けてくれるよう頼んだ。大統領グラント（Ulysses Simpson Grant）にも私信を出した。キンズレーは、森が会いたいと望めば誰にでも自由に会うことができるよう手配した、とも述べている。キンズレーが森を導き入れたのは、ボストンを基盤とし、ワシントンへも直接通じる、上質で有力な知的サークルであった。ブルークスがキンズレーとの面会の場に指定し、キンズレーが森のために昼食会を開いたパーカーハウスは、ボストンの文化人や政財界人がクラブハウスのように用いていた場所である。エマーソン（Ralph Waldo Emerson）らのサタデイ・クラブもここで開かれていた。キンズレーが名をあげた人びとは、単に名士・有力者というだけでなく、奴隷解放の運動家であり、社会改良に力を尽くす博愛主義者であり、慈善家たちであった。サムナーは言うまでもなく奴隷解放運動の論客であり、ジョージ・エマーソンは女子教育のパイオニアであった。クラフリンは州知事在任中、女性の選挙権および女性の権利拡張を促進し、刑務所の改革を提唱し、公衆衛生委員会を設置した。また、私財を投じて、黒人のための大学の創設を実現させた（Claflin University, South Carolina 一八六九年創設）。

森在職二年目、岩倉使節団が来訪した。ボストン市商工会はボストンを訪れた使節団のために晩餐会を催した。その模様を報じた新聞記事によれば、晩餐会の席次の上位を占めた人びとはみな、森がこのときキンズレーから引き合わされた人びとであった。スピーチ交換に立った米国側の代表者たちは、日本の教育への貢献者として、またみずからの親しい友人として、森の名をあげていた。国務長官フィッシュは、岩倉をはじめとする日本人一行の森に対する非難がましい言説や扱いを「ジェラシー」と呼んだ（Ivan P. Hall, *Mori Arinori*. p.168）が、彼らが森に「ジェラシー」を感じるほどの好意を、米国の有力者たちは森に示していた。それは渡米直後のキンズレーとの出会いにはじまり、帰国後も続いた森に対する信頼であった。

森は米国上陸早々、願ってもない協力者を得たのである。ここに彼の比類ない活動の端緒が開かれた。それはとりもなおさず、彼がハリスから得た芯なるものに裏付けられた明確な目的を持っていたからにほかならない。そして、その強さと情熱がもたらした新たな出会いが、逆に、森の第二次在米時代におけるハリスの影響を相対的に減じさせることになったのである。大陸横断途上の予定変更は、森にとっても、わが国にとっても、重要な転機であった。終生ハリスの忠実な弟子であったとされる盟友鮫島との違いをあげるとするなら、森がアメリカ到着直後にこの新たな出会いを得たことであろう。

ハリス傘下から踏み出す

森が一〇人もの留学生を引き連れてハリスを訪問する予定を取りやめたことは、必然的に森とハリスとの関係を大きく転換させることになった。

長沢鼎の前掲日記によれば、森が外交官として戻ってくることを知ったハリスは、コロニー内のVine Cliffと呼ばれる家を日本人のための学校にしてはどうかと語り、教師には誰々がいいと具体的に名をあげて森の到着を心待ちにしていた。大統領に手紙を書こうとも言った。ブロクトンに直行できない理由を述べた森の手紙が届いたあとも、ハリスは日本人受け入れ準備を進めていた。この時点でのハリスは、森が留学生の集団を伴ってくることをいささかも疑っていなかった。

ボストンでの実りある会合を終えた森は、ニューヨークで諸用務を済ませたのち、弁務権少記名和道一と新井常之進（新井奥邃《おうすい》）のふたりを伴ってブロクトンを訪問した。長沢によれば、コロニーに四泊した森は、到着翌日の日曜日に礼拝堂でハリスの説教を聞き、大いに感銘を受けた様子であったという。しかし、その後ハリスの自邸で森のワシントンでの生活を支えるための話し合いがなされたほかは、森がハリスと個人的に話す機会はほとんどなかったようである。出発の朝、ハリスに暇乞いに行った森は、体調が悪いハリスに面会できないまま新井をハリスに託すと、その足で再びボストンに向かった（なお、新井はそのままハリスのもとにとどまり、明治三二年に帰国した。のちに巣鴨に「謙和舎」を開く。足尾鉱毒事件の田中正造の精神的支柱になったとされる）。

長沢日記には、これ以降も時折ハリスと森の関係のありようを示唆する記述が散見されるが、長沢の記述があまりに断片的であることと、記述の背景をなすボストンにおける森の経験について知られていなかったために、その意味するところは読み解きがたかった。しかし、キンズレー文書をもとに長沢の断片的な記述を再読すると、ハリスは森を気にかけ、周囲の者にあれこれ指示を出す一方で、森とボストンの人びととの関わりをきわめて不快に思っていた様子が読み取れるのである。

森のブロクトン訪問から三週間後、欧州から呼び戻されたハリスの門徒ローレンス・オリファントがコロニーに到着した。その二日後、ハリスは突然パリ行きの計画を発表する。オリファントの研究書Anne Taylor, *Laurence Oliphant 1829-1888*（Oxford University Press, 1982）は、この欧州行きは普仏戦争後のパリの惨状見学のためであったとしている。だが、はたしてそれだけの目的であったのか。当時パリには鮫島尚信がいた。こうした状況下、鮫島に会うこともパリ行きの大きな目的であったと考える必要はないのか。

鮫島は慶応元年薩摩藩英国留学生のうち、ハリスが最も近しく感じていた人物である。鮫島は英国留学中の慶応二年の夏休みに、オリファントに連れられて吉田清成とともに米国に行き、ハリスに引き合わされた。その時の体験を二人が語った様子を、英国の政治家ジョン・ブライトが日記に詳細に記している（『*The diaries of John Bright*』）。コロニーがニューヨーク州北部のアミーニア（Amenia）からエリー湖畔のブロクトンに移転する際に、ハリスが先陣として連れて行った男性も、鮫島と吉田のみであった。

日本人学生間で愛国心をめぐる議論が起きた時、ハリスが特別に遇していた鮫島と吉田のうち、鮫島は残り、吉田は去った。その鮫島を、ハリスは森とともに派遣する形で日本に帰したのである。鮫島と森が帰国した時、彼らはドル箱を持っていた。ニューヨークで米金貨三八五ドルで購入したという（「明治元年七月一四日付五代友厚宛森書簡」『全集三巻』）。コロニーから出て行った者たちが一様に生活に窮していたことを考えると、資金はハリスから与えられたと考えるほかはない。そうして心をかけた二人が、国を代表する公人として、ひとりは米国に、ひとりは欧州に派遣された。だが、森はボストンの知識人サークルに奪われてしまった。こうした時だからこそ、ハリスは最も信頼する鮫島のいるパリに行こうとしたのではなかったか。

ここで付言しておきたいのは、欧米で発表されたハリス研究、オリファント研究における日本人の扱い方についてである。多くの書が日本人の存在に言及しているが、あくまで珍事としてあげるにすぎず、記述に誤りも多い。しかし、ハリスにとって、日本は決して小さくないテーマであった。ハリス門徒には富裕層が多かったが、彼らにはすべての所有物を放棄し、それをハリスに帰属させることが求められた。だが、日本人にはそうした要求は一切なかった。それどころか、彼の莫大な財産は、薩摩藩留学生のうち、ただひとりハリスのもとに残った長沢鼎に与えられた（長沢は、カリフォルニアの広大な農園を継承し、葡萄王と称されるまでになる）。欧米の研究者たちの日本への過小評価と相反して、ハリスにとって日本は、言うなれば採算を度外視した一大関心事だったのである。

このパリ行きに関して、森は興味深い行動をとっている。第一に、すぐにコロニーに来るべしというハリスの指示を、多忙を理由に断ったことであり（長沢日記）、第二に、ハリスが新井常之進を欧州に同行させようとしたのを、費用がかかるとの理由で断ったことである（「一八七一年五月五日付笹川氏宛新井奥邃書簡」永島忠重『新井奥邃先生』大空社、一九九一年）。

ハリスの命に従うことはハリス門徒の基本であった。ハリス関係文書は、ハリス門徒がハリスの命じるとおりに行動しない時、門徒ではなくなることを多くの例をもって示している。森と鮫島もハリスの勧めに従って帰国した人間であった。その森が、ハリスの要請を二度までも断ったことは、森とハリスとの関係をおしはかるうえで、何にも増して重要な資料となる。

着米早々のキンズレーとの出会いが外交官としての森の出発点となり、同時に、ハリスへの依存度を決定的に低くさせることになったのである。

第二章　森有礼の著作について

森は駐米中に三つの重要な書を著している。*Life and Resources in America*（アメリカにおける生活と資源）、*Education in Japan*（日本における教育）、*Religious Freedom in Japan*（日本における信教の自由）の三作である。

これまでたびたび検討されてきた書ではあるが、キンズレー文書を踏まえると、従来とはやや異なる姿が浮かび上がってくる。

（一）*Life and Resources in America*

章立てと単行本刊行時期の検討

最初の作*Life and Resources in America*は検討の余地の多い書である。

同書について、*Mori Arinori*（Harvard University Press. 1973）の著者アイヴァン・ホール（Ivan P. Hall）氏は、「本書は全一二章から構成されており、森が自分の監修の下に、Charles Lannman《ママ》に書かせたもので、まず一八七一年中に、一二冊に分冊された形で出版された（U. S. Library of Congress Union Catalogue参照）。また、これが一冊の単行本として出版されたのも、一八七一年であった」（『全集別巻二』五二九頁）と解説している。氏は米国議会図書館のカタログの記載をもとに推定されているのであるが、実はこの書の成り立ちは氏の解説とはいささか異なる。

まず同書の章立てである。扉にはたしかに「COMPLETE IN TWELVE PARTS.」と記されているが、実際には一三章からなっている。また、同書が分冊で出たということについても、具体的なことは明らかではない。全章そろってから単行本としてまとめられたわけでもないようである。というのも、米国議会図書館には現在二冊の *Life and Resources in America* が所蔵されているが、うち一冊は三章までを収めた単行本なのである。同目次には、すでに一二の章名があげられている。もう一冊は一三章からなる単行本で、三章版で予告されていた一二の章に、Judicial Life（司法・裁判）の章と Additional Note が加えられ、目次に頁数が付き、三章版の正誤表が挟み込まれている。すなわち、同書は全一二章の構想ではじめられ、まず三章までが単行本として出版された。その後、当初の予定になかった一章を加え、森自身による後記を付けて、最終的に全一三章の単行本として完成させた、ということになる。最終版に三章版の正誤表が挿入されていることから、三章版以降は分冊での出版はなかったとみられる。

出版時期についても留意が必要である。同書は、監修とはいえ、森の最初の著作であるから、それがいつ着手され、いつ完成されたのかは重要な意味があろう。

森が序文に記した日付は「September, 1871. Or, according to the Japanese Calendar, the Seventh month of the Fourth year of Meidi.」。和暦の明治四年七月は、西暦の八月一六日から九月一四日に相当する。従って、一八七一年九月とは、九月一日から一四日の間ということになる。すなわち三章までを収めた単行本はこのころ出版されたと考えられる。

一方、完成版の出版は、三章版と同様、扉に「WASHINGTON, D.C. 1871」とあるが、実際に出版されたのは翌年の春である。完成版の後記に、今まさに、日本の天皇から送られた外交使節団がワシントン市に向かっているとして、岩倉使節団が大陸横断の途上であると記されているからである。従って、森が後記を書いたのは、使節団がサンフランシスコに到着した一八七二年一月一五日以降、ワシントンに到着する二月二九日までと推定される。すなわち完成版の出版は、岩倉使節団ワシントン到着前後と考えられるのである。

「ランマン執筆」も疑問？

では、同書は森の監修下にランマンに書かせたもの、という点についてはどうであろうか。ランマンが日本公使館に雇われたのは一八七一年九月初めである。三章までを収めた単行本はそのあたりに出版されている。ランマン雇用の時期からみて、はたしてランマンは全一二章と予告して出発したこの書に、どの程度かかわったのであろう。ランマンは日本について、あるいは森について書く機会が何度もあり、また実際に書いてもいるが、彼は自分が同書の執筆にかかわったとは述べていない。

従って、ホール氏の以下のような論評には留保を付けざるを得ない。すなわち、「特に森の文化外交にとって不可欠な役割を勤めた人物は**Lanman**であった、といわなければならない」「本書は、文体からいうと、終始**Lanman**のものであるとともに、この書における米国観自体も、大体において**Lanman**のものとみてもよかろう」（前掲*Mori Arinori*四九九、五三〇頁）。

ホール氏のみならず、従来から森の「文化外交」におけるランマンの役割を高く評価する傾向が強い。それは、駐米中の森の交遊関係や諸経験について知り得る資料が限られていたため、やむを得ないことでもあった。しかし、こうしたとらえ方は、結果として森の活動の全体像を矮小化させる危険性がある。

Life and Resources in America の三章版の出版は一八七一年九月。森の赴任から半年後のことである。森が着任後間もなくこうした構想を抱き、着手するや、待ち構えるようにそれが単行本化されるに至ったについては、多方面からの助力があったことは言うまでもないであろう。三章版も完成版も、私的業者ではなく、連邦政府の印刷局による印刷であるが、そこにもそれなりの意味があろう。この構想は、国を開いたばかりの日本に、政治体制のまったく異なるアメリカという国家とその制度、人びとの暮らしや考え方を紹介しようとする試みであったから、キンズレーの語るところに従えば、森のこの企画を励まし、進んで協力を申し出る者は少なくなかったはずである。

この試みの本意は、単に日本にアメリカを紹介することにあったのではなく、森の悲願であった教育による日本の再生と不可分に結びついていた。森は同書においてアメリカ社会のさまざまな分野の機能や実情を紹介し、分析し、評価し、また鋭く批判した。これは新たな国づくりを模索するわが国への生きた標本の提示にほかならなかった。

(二)　*Education in Japan*

友人たちからの回答集

岩倉使節団をワシントンに迎えようとしていた一八七二年二月三日、森は日本の教育について意見を求める質問書を識者たちに送った。寄せられた回答を収めたのが*Education in Japan*である。*Education in Japan*には一三人からの回答が収録されているが、当然予測されることながら、森はそれ以外にも意見を求める書簡を出していた。

そのひとりがチャールズ・サムナーである。ハーバード大学ホートン図書館蔵Charles Sumner Papersには、サムナーにあてた森の質問書が収められている。キンズレーは森のワシントン着任時にサムナーへの紹介状を持たせていたから、森とサムナーはすでに一年前からの知己ということになる。

森はマサチューセッツ農科大学学長ウイリアム・クラーク（William Smith Clark）にも同様の書簡を出していた。マサチューセッツ大学アマースト校図書館にはクラーク宛の質問書が所蔵されている。クラークは、一八七六年に札幌農学校教頭として赴任する人物である。クラークと森は、森がこの前年の五月に、かつて彼の書生であった内藤誠太郎を伴って同校を訪れて以来の知友であった。クラークへの質問書の末尾には、「P. S. Please send books or documents by Express.」と追伸が記されている。速達で文書類を送るよう頼んでいるのは、まもなくワシントン入りする岩倉使節団を迎える準備であろう。

また、これは森の質問書に回答を寄せたひとりであるが、イェール大学図書館が所蔵する同大学学長ウールセイ（Theodore D. Woolsey）宛の森の質問書にも、クラークへと同様の追伸が記されていた。この追記により、森とウールセイにはこれ以前に交流があったことがわかる。同書簡ではウールセイの名前の一部が書き直されていた。改まった依頼文であるにもかかわらず相手の名前を書き直していることからも、両者の間にある程度の親しさがあったと考えてよいであろう。

これらのことから、森が質問書を送った相手は、いまだ交流の詳細が明らかでない者も含め、森と個人的な関わりのある人物たちであったとみてよいであろう。つまり、森は単なる著名人にではなく、彼が直接交流を持っていた人びとに、日本の教育について意見を求めたのである。

森の教育への関心をあらわす行動として、木村匡は「其《その》本領とする所の教育に関しては最精神を傾注し、苟《いやし》くも閑あればコネクチカット州、マサチューセッツ州の学校を巡視し、或は学者に就き、其説を叩くを常とせり」（前掲『森先生伝』）と記しているが、こうした学校関係者や学者たちとの交流は、キンズレーを介して、渡米直後からはじまっていたのである。

森はキンズレーを通してボストン市教育長フィルブリック（John Dudley Philbrick）とも知り合い、同市の公立学校について熟知することとなった。わが国の国立公文書館には森由来の英語文献が多数収蔵されているが、そのなかに、森着任直後に森とボストンの公教育機関との関係がはじまったことを示す文献が何冊もある。

たとえば、ボストン市学校委員会年報は一八六三年版が一冊と一八六九年版が二冊ある。一八六九年版には「大学校御中」宛の森の自筆献辞が記されている。宛先が「文部省御中」ではなく、その前身である「大学校御中」となっていることから、米国着任早々にそれらを入手した森が、時をおかずに本国に送ったものと推定できる。同市教育委員会年報一八七〇年版も「大学校御中　米国在勤　森有礼」とサインされて収蔵されている。

なかでも、国立公文書館の文書中に*Massachusetts System of Common Schools, 1849*があることは特筆すべきであろう。これは、ホーレス・マン（Horace Mann）がその在職中に提出したマサチューセッツ州の公教育制度についての報告書である。森が入手した他の多くの年報がほぼ同時代のものであるのに対し、これは二〇年も前に出版された報告書なのである。

森は彼の三つの著作のすべてにおいてホーレス・マンを高く評価し、あるいは引用しているが、森がアメリカ公教育の父と呼ばれることになるマンについて知ったのも、着任早々のボストン文化人との出会いを通してであった。キンズレーの友人にはマンの友人たちが多く、彼らはマンを誇りとしていた。森は関係者の特別な友誼をもって、マンが二〇年前に作成したこの報告書を贈られたのである。これにはA. Mori.とサインがある。文政家ホーレス・マンは、森にとってとりわけ興味深い人物だったはずである。

キンズレーを介してはじまった学校関係者との関係は、まもなくボストンからニューイングランド一帯へと広がり、コネチカット州教育委員長ノースロップやイェール大学関係者との親しい関係へと結ばれていった。*Education in Japan*に回答を寄せた顔ぶれをみれば、森が広範な地域や分野の人びとと、着実に交流を重ねてきていたことがわかるのである。

興味深い序文

*Education in Japan*の序文は神代から執筆当時までの日本の歴史を通観した五五頁にもわたる長文のもので、年号も詳しく記されている。こうしたものを資料に依らずに書くことは難しい。

では、森はいかにしてこれを書いたのか。

森の遺品に、出府命令を受けてからサンフランシスコに上陸するまでを記したノートがある。表紙に墨で「備忘第二　日録」と記された前掲備忘録である。「備忘二」が渡米までの記録であることから、渡米にかかわる「備忘一」があったと推察される。では「備忘一」には何が書かれていたのか。

国会図書館憲政資料室に鮫島尚信文書が寄託されている。興味深いことに、そのなかに「備忘一」と題するノートがあり、そこには、鮫島の手でわが国の歴史が書かれていた。

ここで外交官として出発する前の二人を振り返ってみる。出府命令を受けた森は上京し、鮫島の家で起居をともにした。辞令の時期からみて、森と鮫島が外交官としての準備をしたのは、彼らが同居していたおよそひと月の間であった。鮫島に日本の歴史を書いた「備忘一」があるならば、森にも同様の「備忘一」があったと考えるのが自然ではないか。

おもしろいことに、現存する森の「備忘二」と鮫島の「備忘一」は、いずれも「金花堂製」ノートである。二人はともに勉強用として大型ノート（「備忘一」）を、日記用として小型ノート（「備忘二」）を買い、外交官として新たな仕事に取り組む準備をしていたのではないか。鮫島の「備忘一」には渡欧後の世界情勢も逐次書き加えられているから、鮫島が「備忘一」を携帯して渡欧したことは確実である。森の「備忘一」の行方はわからないが、森も鮫島と同じく、日本の歴史を記した「備忘一」を携えて渡米したことは間違いないのではないか。外交官として赴任するに際し、自国の歴史について整理しておくことは当然の準備でもあろう。

しかし、鮫島の「備忘一」にはそれ以上のことが記されていた。「日本は北緯二十六度三十五分に起り五十度に至り…」と日本の地理について整理し、日本の国称の由来を説き、「日本の歴史は原始より外国の関係を有せす全く独立にて国をなせり其人種は今只二種あるのみ一は本国の人種一は蝦夷《えぞ》の人種…」と民族について語り、さらには「日本の言語は元自ら自国の言語ありて他邦と全く同しからず…」として、アイウエオの音から書き起こした日本語についての研究が記されていたのである。

森は米国において簡易英語採用論を展開して物議をかもし、それが彼の無知、無謀、愛国心のなさの例証のように、あるいは極端な西欧心酔者の証のようにいわれてきたが、彼は日本を発つ前から日本語について考えていたのである。それは鮫島との共同作業であった。歴史と言語。二人は、稚拙であったかもしれないが、国家の根本という大きな命題を見すえて、それに正面から取り組もうとしていた。

祖国再建への問題意識

森は米国を去る前に、日本の再建について考え続けてきた問題意識を *Education in Japan* として形にしようとした。彼のその意図は同書のすみずみにあらわれている。

彼は長い序文の最後に、「*First Month*, 1st, 2533（January 1, 1873）」と日付を記した。皇紀二五三三年一月一日、すなわち、西暦一八七三年一月一日。彼は記念すべき改暦の日を、日本の歴史を総括した日としたのである。

続いて友人たちから寄せられた日本の教育についての提言を載せ、さらに二編の論説を加えた。W. D. Whitney の On the Adoption of the English Language in Japan と、内務省教育局長 John Eaton の On Education in the United States である。渡米前から鮫島とともに考えていた言語の問題についての専門家による論考と、米国の教育システムについての責任者からの情報である。

全体が完成したのち、森は扉の中央に、ごく小さな文字で次の一文を刻んだ。

What will a man give in exchange for his soul ?"

NEW TESTAMENT.

（人はどんな対価を払って自分の命を買い戻すことができようか。　新約聖書）

これは新約聖書マタイによる福音書一六章二六節の、「たとい人が全世界をもうけても、自分の命を失ったら何の得があろうか」に続く文章である。ごく短く小さな文字での記入であるが、同書の検討にあたり捨象してよいものとは思われない。新約聖書と明記してのこの引用は、森がハリスとの特殊な子弟関係を脱したのちも、キリスト教の精神をもって日本の改革をなそうとしていたことを推察させる。本国でキリスト教禁制の高札が降ろされるのは一八七三年二月末であり、*Education in Japan* の出版はその前夜であった。新約聖書からのこの引用は、彼がわが国の教育の仕組みに根本的な変革をもたらすことを強く意志していた証と考えることができるのである。

Education in Japan は、*Life and Resources in America* の延長線上に位置している。二つの書は、教育を、教育制度、学校制度という枠内で考えるのではなく、国民の「運命」を形成するものとして、国全体の在り方のなかで考えようとしていた森の姿勢を強く示すものであった。

（三）*Religious Freedom in Japan*

自分の道をじっくりと進み、決して行程を変えなかった

信教の自由の問題について、キンズレーは次のように述べている。

彼には信教の問題が待ち受けていた。それは他の何よりも困難な問題であった。多くの熱心者は彼がその問題に最初に取りかかることを希望したが、彼はむしろ自分の道をじっくりと進み、決して行程を変えなかった。

森に寄り添った友人ならではの表現である。人びとが何よりも森に望んだのは、日本政府に禁教政策を放棄させ、信教の自由を実現させるための行動であったが、「彼はむしろ自分の道をじっくりと進み、決して行程を変えなかった」とキンズレーは語る。

森が米国に赴任する一年前のことである。長崎において浦上四番崩れと呼ばれるキリシタンの大弾圧が起きていた。村預けになっていた浦上教徒を、老若男女を問わず一斉に逮捕し、全員を加賀尾張以西の諸藩に配流するという大事件である。これをめぐって、政府は列強各国から激しい抗議を受けていた。

森がアメリカに向け出航して間もないころ、横浜発行の ***The Japan Weekly Mail*** に、流罪になった浦上キリシタンたちのその後を伝える記事が掲載された。記事は、日本の西のある藩では七百人におよぶキリシタンたちが過酷な取扱いを受け、不衛生な小屋に豚のように閉じこめられて、栄養状態も悪く、疱瘡が蔓延して子どもを中心に多くの死者が出ていると報じていた。浦上教徒の扱いについては各国が常日頃注視しているところであり、この記事は外国人の間で大きく取り沙汰された。特に英公使パークスは直接外務省におもむき、右大臣三条実美、参議副島種臣、外務卿澤宣嘉《さわのぶよし》に面会を求め、「宗教のことで人民を狭い籠のような所へ入れるなど、文明開化のこととは言えず、日本の恥である」と厳重に抗議した（『日本外交文書』第四巻第二冊の「浦上村耶蘇《やそ》教徒に対する処置に関する件」と題する一件書類にやり取りの詳細がある）。

当然のことながら、日本から若き外交官を迎えた米国の人びとは、特にキンズレーが招集した知識人たちは、森がこの問題を打開するために積極的な活動を展開することを期待した。森自身も彼らとの会談でそのための意欲を明確に表明したはずであり、森は期待を寄せるに足る人物として彼らの目に映っていたと思われる。

にもかかわらず、彼が最初に取りかかった仕事は ***Life and Resources in America*** の編纂であった。「熱心者」

たちには迂遠な印象を与えたであろう。だが、彼は「自分の道をじっくりと進み」、しかし「決して行程を変えなかった」。森にとって、わが国における信教の自由、あるいは良心の自由の実現は、教育の問題と不可分の関係にあったのであり、彼はこの問題の困難さを誰よりも知っていたからである。

まず「宗旨一条伺」で政教分離を主張

森が信教の問題で最初に起こした明確な行動は、米国着任から四か月後の明治四年六月三日（一八七一年七月二〇日）に、本国政府にあて「宗旨一条伺」（『全集二巻』）を提出したことである。国家と宗教との関係について彼の考えを公に示した最初の重要な提言である。識者たちの協力を得て *Life and Resources in America* を構想・着手してからそれほど遅くない時期のことであったと考えられる。

森は同文書を「宗旨一条伺」と題して書き起こしたが、「公文別録」には「少弁務使森有礼耶蘇教ニ付意見書」との文書名で収められている。

森はキリスト教をめぐる政府の無定見な態度を批判したうえで、彼の考えを四条にまとめて示した。すなわち、第一に、今日言うところの政教分離の必要を述べ、第二に、政府が特定の宗派を公認したり援助したりする道理はないこと、第三に、政府の官員は宗門に属さない者を用い、属する場合は任用の際に脱宗の証を出させること、第四に、人びとが知識を広くして道理を明らかにすれば宗旨のことで迷い患うことがないのであるから、学校を起こすことが最大の急務である、と建言したのである。

四条のうち、三条までは政府と特定宗派との関係についてである。森は、いみじくも第三条が示しているように、信教の自由をではなく、国政における政教の分離を強く求めたのである。これは米国の現状に照らしても独創的な考えであったが、国家が宗教を創出し、そのもとに人民を統治して新国家建設を進めつつあったわが国にあっては、政権に対する痛烈な批判であった。政体批判そのものにほかならないこの建白書を「少弁務使森有礼耶蘇教ニ付意見書」として片づけたところに、文書を受けた側の衝撃をうかがうことができる。森は「耶蘇教」の解禁を求めたのではなく、政府が特定の宗教・宗派との関係を断ち切ることを強く求め、そのうえで、政府のなすべき最大の急務は学校を広く起こすことであると説いた。それは、知らしむべからずの統治教育ではなく、政権にも物申す覚醒した国民の誕生を促すものであり、キリスト教解禁、あるいは「耶蘇教ニ付意見」などというより、はるかに政権担当者を震撼させるものであったと思われる。

存在しないものとして扱われる？　献上聖書と同じか？

キンズレーは先の引用に続いて次のように語る。

　この国の指導的な人びとと相談したのち、彼は日本の人びとに配るために彼の見解を著した。その結果として日本の現在の宗教制度があり、それは実質的に自由である。彼の著書は大変興味深かったので、私は彼に英語版をいくらか作ったらどうかと勧めた。君はそれをわれわれの図書館で見ることができる。

キンズレーがここで述べているのが具体的に何を指しているのか、即断し難いところがある。森がこの問題を英語で書いたものとしては、太政大臣三条実美にあてた信教の自由を求める請願とその憲章草案である *Religious Freedom in Japan, A Memorial and Draft of Charter* がある。一八七二年一一月二五日に私家本として出版された一六頁からなる冊子である。しかし、キンズレーのこの記述からは、これが回顧録であるという点を差し引いても、英文に先立って日本語で著した何らかの文書があった可能性が浮上する。内容からみて、それが前掲の「宗旨一条伺」のことであるとは考えにくい。また、日本語の原本があったという、これとは別の証言もある。*Religious Freedom in Japan* 出版の際に、校閲を担当した人物による証言である。その人物は、この請願を出したために、森が本国政府から召喚命令を受けることになったとも記している（[*George Palmer Putnam 1814-1872.*]）。

キンズレーが娘に語る「われわれの図書館」とは、一八〇七年に創設され、ボストンの文化芸術の中心的役割を果たしてきた会員制図書館ボストン・アシニウム（Boston Athenaeum）を指していると思われるが、同図書館も含め、米国には確認できただけでも数点の *Religious Freedom in Japan* が残されている。これらにはすべて森の自筆献辞がついている。

国内にも数点の存在が確認されているが、それらも森の献辞付である。ひとつは『明治文化全集』に収録され、採録される際に底本となった Mr. Pratt（米国務省の H. D. J. Pratt か）宛の一冊である。吉野作造「日本宗教自由論解題」（『明治文化全集　第一九巻宗教編』）によれば、これは氏の友人が米国滞在中に購入したものであるというから、本来は米国内にあったものである。もうひとつは、森とともに米国にわたった薩摩藩英国留学生畠山義成が森から贈られた一冊で、畠山の死後、彼が館長を務めていた東京書籍館に寄贈され、現在は国立国会図書館が所蔵している。また、森と同郷の折田彦市が在米中に森から一冊受け取ったことも明らかになっている（板倉創造『一枚の肖像画　折田彦市先生の人間像』三高同窓會、一九九三年）。つまり、これまで発見されたものは、日米ともに、森が直接相手に贈ったことが確認できるものばかりである。

ただし、『別巻四』編纂の過程で、同志社大学人文科学研究所に蔵されていることが新たに確認された一冊には献辞がなかった。一九七一年に日本プロテスタント史研究者小沢三郎氏の遺族から購入した文書に含まれていたものであるという。いかなる経路で小沢氏が入手されたかは不明であるが、"P. Y. I. LIBRARY"という型押し文字の印が押され、Ariel Parishという名がメモ書きのように鉛筆で記されているから、これもやはり米国由来のものであったと推察される。

前掲吉野作造「日本宗教自由論解題」には、「この一篇が真に三条公に対する建白として起草されたものでないことは、初めから英文に綴られたことに依ても明白である。三条公に上るの書に擬し主として米国人に見せる為に書いたものとはいへ、同時に之を本国要路の人に贈ったことも疑あるまい」とある。筆者は、これは三条に献じるために起草されたものであるという立場をとるが、吉野氏の言にもあるように、当然「本国要路の人」に送られていたはずである。にもかかわらず、それはいまだ発見されていない。なぜなのか。

「宗旨一条伺」が「耶蘇教ニ付意見書」として片づけられたように、国家神道による新国家建設をめざし、キリスト教禁止政策を依然手放そうとしなかった政府にとって、「日本における信教の自由」と題する建白書など、到底受け入れられなかったであろうことは想像に難くない。

この少し前のことである。日本政府は天皇への聖書献上という屈辱的な申し出をのまされていた。わが国には幕末からキリスト教各派の宣教師が各開港地で活動していたが、そのひとりヘボン（J. C. Hepburn　ヘボン式ローマ字の考案者、『和英語林集成』の著者）が駐日米国公使を通じて天皇への聖書献上を申し出て、政府がそれを受け入れたのである。西暦一八七二年一〇月二四日のことであった。

当時、政府は太政官直属のキリスト教諜者を擁していたが、そのひとりがこれに関して次のような報告書を提出している。

昨二十六日夜ハラン（宣教師ジェームズ・バラ J. H. Ballagh）の話に言う。ヘボン十三か年の本望を遂げ、今日上海に向け出帆すと言う。本望とは何事ぞと尋ね候ところ、ヘボン日本渡来の初より、この国皇帝に聖教を勧め奉らんため、大本のバイブルを別段奇麗に仕立て、持来る由。さりながら、これまで毎度、其義を願出候といへども更に御採用なし。しかるに此度美国ミニストル（米国公使）より外務省に願込み、即本月二十二日、右バイブルとヘボン再稿の英和辞林集成と両部とも相納り候に付、ヘボン積年宿願の実効を得、万喜万歓し、已に昨夜更けに会を設け、神に祈り、今日二時に乗船すと。ハラン満面に恵美を含み相話し候

（諜者某「壬申九月二七日付報告書」早稲田大学図書館大隈文書）

これを書いた「諜者某」は、諜者名を豊田道二という。信仰を偽って洗礼を受け、キリスト教会内部に潜入して諜報活動をしていた太政官上等諜者である。貴重なことに、早稲田大学図書館大隈文書には、この報告書とともに、横浜の写真館で撮影された献上聖書の写真も保存されていた。菊の紋章の刺繡がほどこされた特別装幀の聖書である。宣教師ヘボンに聖書を託した米国側（American Bible Society）にも、それを証する数点の資料が存在する。しかし、受け取ったことがかくも明白であるにもかかわらず、この献上聖書が発見されたという報告はない。

では、森の *Religious Freedom in Japan* はどうか。それはどのように扱われたのであろうか。献上聖書同様、受け取った事実を表に出さず、初めから存在しないものの如く扱われたのではないか。

当然あってしかるべき三条宛英文版発見の報がないことから考えると、これまで誰も論じたことはないが、キ

ンズレーが述べるように、森自筆の和文オリジナルがあったと考えても決しておかしくはないのである。和文も添付、あるいは和文そのものが届けられていた可能性も考えられる。三条にあてた文書であるから、その方がむしろ自然であろう。

英文であれ、和文であれ、その両者であれ、政権に届けられたことが確実であるにもかかわらず、それらを受け入れたという記録は日本側に残されていない。これは何を意味するのか。いつの日か、禁教下にヘボンがたずさえてきた献上聖書が公開されるとともに、三条宛の *Religious Freedom in Japan* とその和文正本が発見されることを期待するものである。なお、聖書献上と諜者報告書については、拙著『日本幼稚園史序説　関信三と近代日本の黎明』（一五六〜一六〇頁）を参照されたい。

森が *Religious Freedom in Japan* の草案を国務長官フィッシュや識者らに見せていたことはすでに指摘されていたが、キンズレーも「この国の指導的な人びとと相談したのち」と述べて、森が米国の指導的な人びとと信教の自由の問題について意見を交わしたことを改めて証言している。この問題が森の周囲の人びととの最大の関心事であったことがうかがえる。だが、森が多くの人びとこの問題について語り合い、意見を聞いたということをもって、森が米国側の意に沿って動かされたと断ずるのは早計である。森は日本の教育についても、対外交渉においても、わが国の独立を守るため四面楚歌のなかで西欧と対峙した人間であった。それは次章で紹介する「開拓使派遣女子留学生関係文書」にも強くあらわれている。「彼はむしろ自分の道をじっくりと進み、決して行程を変えなかった」のである

第三章　豊富な情報

(一)　キンズレーが語った興味深いことども

キンズレー口述*Arinori Mori*には実にさまざまなことが記されている。以下その一部を紹介するが、なかでも、「私の父は日本帝国のある州の長官でした」と語りはじめる森の生い立ちは興味深い。そこには事実と異なる内容や、これまで彼が語ることのなかったことがらも含まれている。森自身が実際にいかなる言葉で語ったのかは不明であるが、キンズレーを通して語られた森の発言内容の、事実との異同を詳細に検証することにより、森研究に新たな視点が生まれる可能性もある。

時弊を憂いて割腹諌死した兄、横山安武については、次のように語っている。

自分には歳の近い兄がいた。ペリー准将が来航した時、横浜にいた兄はこれに大変関心を持ち、船に行ってアメリカの船員たちと親しくなった。兄は知的で礼儀正しく、船員たちを侮辱しなかったので、彼らは兄を乗船させ、兄は艦隊の寵児のように扱われた。ペリーが去ると、兄は教育を受けねばならないという思いを強く抱き、両親の許可を得て中国にわたり、そこで漢訳『ジョージ・ワシントンの生涯』に出会った。ワシントンの人となりに感銘を受けた兄は、できることなら自分も自国の父となり、日本の最善の利益のための変革をもたらしたいと決意した。兄は志半ばで自害したが、私に、その仕事を受け継ぎ、自分が祖国に対してなしたかったことを実現してほしいという言葉を残した。

つまり、自分は兄の志を受け継いだのだ、と森は言う。

また、森は、彼が「投票」のシステムを知り、それをわが国に取り入れた経緯について次のように語る。

ロンドンでの留学を終えて米国回りで帰国の途についた私は、ボストンの街頭で選挙の場に遭遇し、投票によって政治の代表者が選定される場面に立ち会った。大陸を横断して東京に着いた時、藩主たちは会議を開いて一本化した政権をつくろうとしているところであった。その時われわれは、現世の代表たる将軍と、精神世界の代表たる帝を戴いていた。われわれはあらゆる面において二つの統治者をもっていたのである。私の父は薩摩藩の長としてこの会議に出席していた。私は会議が抱える問題の難しさに気付き、彼らにボストンで見聞したこと、ボストンの方法をとることにより問題を解くことができるのではないかと話した。私はすぐに紙に投票されるべき人たちの名前を書き、それらの使い方を説明して会議のメンバーに回した。私は籠を持って投票用紙を集め、問題はその場で解決した…。

もうひとつ、キンズレーは娘に、日本の若者の受け入れに関して次のように語っている。

時期が来て四〇人の日本の若者がボストンに到着し、われわれの学校に迎えられた。わが家のちょうど向かい側に一軒の売り家があった。森氏は学生たちのためにその家を買おうと考えていた。わが家と近かったので、おまえの母や私が時々立ち寄って彼らの生活ぶりを見ることができると考えたからであった。私は彼に、それでは日本のやり方をボストンに持ち込むことになると言った。それは彼の望むことではなかったので、私はこう提案した。すなわち、収入を得るために下宿人を置いたことはないが、喜んで日本の紳士を家族のなかに迎えて生活しようという立派な人びとが多くいる。そうすれば若者たちは言葉も学び、アメリカ式の物事のやり方にも慣れるだろう。彼はすぐにこの考えを理解した。私は直ちにボストンの尊敬すべき家庭に彼らの下宿先を確保するために動き、成功を収めた。日本から来た若者たちはわれわれの学校に迎えられ、身分や肌の色の問題も起こらず、みな優れた成績を収め、多くがさまざまなカレッジに進み、その多くがアマースト、プリンストン、ハーバード、ウイリアムズ、イェールその他、アメリカの大学を卒業した。森氏は日本政府の基礎を作っていたのである。

ボストンの公立初等中等学校で学んだ日本人留学生のひとりに、金子堅太郎がいる。ハーバード大学ロースクールで法律を学び、帰国後、司法大臣、農商務大臣、枢密顧問官を歴任した。日露戦争時には伊藤博文の命を受けてアメリカにわたり、かねて親交のあったルーズベルト大統領と直接会談して協力を取り付けるなど、大きな働きをした。

この金子が、自叙伝のなかで、ボストンの公立小中学校で学んだ若き日々を振り返り、留学生仲間と競い合って好成績をあげた思い出を述べている。しかし、金子はなぜ彼らの同校への入学が可能になったかについては述べていない。彼らは知らなかったであろう。明治初年、何のつてもない日本の若者たちがボストンの公立学校に迎えられ、上流知識階層の人びとと交流し、その家庭にも迎えられるような関係を築くことができた背景には、留学生個々人の資質と努力のみならず、森有礼の存在があったことを本文書は述べるのである。

また、それと同時に、本文書は、森が日本からの留学生たちを迎えるにあたり、彼らが十分に学ぶことのできる環境を整えるためにいかに働いたかについて、彼らに一切語っていなかったことも明らかにした。森は常に雄弁に語ったが、こうした方面についてはきわめて寡黙であった。

(二)　新島襄との関係

キンズレーが設定したふたりの出会い

森が、米国着任間もなく、のちに同志社を創設する新島襄と出会い、新島にさまざまな便宜をはかったことはよく知られている。しかし、そもそも森と新島はいかなる関係にあったのか。新島研究の分野では新島に関心の重点が置かれているため、両者の出会いについては事実を記すのみである。しかし駐米時代の森の活動に軸足を置いてこの出来事を考えてみると、より開けた地平が見えてくる。

新島襄は一八四三(天保一四)年、上州安中藩の江戸屋敷に生まれた。森より四歳年長である。少年時代から蘭学に興味を抱き、幕末には英学もはじめ、友人に誘われて漢訳聖書の抜粋も読んでいた。やがてロシア人司祭ニコライの日本語教師になると、脱藩し、函館港に停泊中の米船に乗り込んで密出国した。上海で別の米船に拾われ、慶応元年七月、ボストンに入港。同船主のハーディー(A. Hardy)に引き取られた。それ以来ハーディーは新島の庇護者として、彼の生活費と学費のすべてを支えた。新島はハーディーが理事をしていた会衆派

(Congregational Church) の名門校フィリップスアカデミー英語科に入学、慶応二年の末、アンドーヴァー神学校附属教会で洗礼を受けた。その後アマーストカレッジに入学、理学士の学位を得る。森の着任時には、帰国して牧師になることを志し、アンドーヴァー神学校で学んでいた。

森が新島と初めて会ったのは、森の着任直後のことであった。すなわち、ワシントンでの公式行事をあわただしく済ませた森は、ボストンでキンズレーと会談し、ニューヨークでの数日を経てブロクトンを訪問した。そして、同所に四泊したのち、再びボストンに戻って新島と面会したのである。

新島は三月二一日付知人宛書簡に「先週の水曜日、帝からワシントンに派遣された日本大使の森氏にボストンで会った」(『新島襄全集』第六巻、八二頁)と記している。面会には彼の庇護者ハーディーも同席していた。新島が森と会ったと書いた「先週の水曜日」、すなわち三月一五日は、長沢鼎の日記によれば森がブロクトンを発った日であった。当時、コロニーの敷地内にあったブロクトン駅からバッファローまでは各駅列車で二時間、急行なら約一時間で行くことができたから現在よりむしろ便利であるが、バッファロー・ボストン間は今なお特急の直行便でも一一時間はかかる。従って、一五日にブロクトンを発った森がボストンに着いたのは早くとも当日夜中、あるいは翌日早朝であったろう。一方、新島はボストンから二〇マイルほど離れたアンドーヴァーに住んでいた。そこからボストンに出て、ハーディー同席で森と「会った」というのである。

これが偶然の出会いであったとはおよそ考えにくい。森がブロクトンからの帰途、新島に面会した背景には、それを調整した人物がいたはずであり、それがキンズレーであったことに疑いの余地はない。森に新島の話題を持ち出したのはキンズレーであったろう。森は第一次在米時代にすでに新島の存在について情報を得ていたと推測されるが、キンズレーとの最初の会談において特定の個人名を出して宿意を述べるゆとりはなかったであろう。

一方キンズレーはハーディーと同じ会衆派で、個人的にもハーディーと親しく、ハーディーが数年にわたり新島を援助していたことについて熟知していたからである。

新島を引き立てる森

森はこの面談において、同席のハーディーに対し、それまで新島にかかった費用の総額を計算してほしい旨を申し出た。さらにその二か月後には新島をボストン近郊のアマーストに呼び出し、日本にアメリカ風の学校を作り監督にならないかと誘った（『新島襄全集』第六巻、八四頁）。森はこの直後に外務省にあて、新島の国外脱出の罪を許し、海外留学免状をわたされたい旨申し立てた。岩倉使節団来訪に際しては、使節団に米国の教育制度を説明するよう新島に依頼した。新島は森の要請により、使節団の教育担当理事官田中不二麿の通訳となる。森は教育担当理事官のそばに置くに最もふさわしい人物として、新島を選んだのである。田中も新島の人物を認め、また頼みにして、米国内のみならず、ヨーロッパ各国歴訪への同行も依頼した。田中が帰国後にまとめた視察報告書『理事功程』には、新島がかなりの程度かかわっていたとされる。森は最初の出会いから、新島に期待していたところが大きかったと思われる。

森は帰国前の一週間ほどをキンズレー宅で過ごしたが、出航前日、Congregational House の伝道局で仕事をしていたハーディーに別れの挨拶をした。これに同行したキンズレーによれば、

彼らはすぐに日本について話しはじめた。森氏は Japanese Joe は今どこにいるかと尋ねた。ハーディー氏は、ジョーは、氏が後見している Monti Sears（Joshua Montgomery Sears）とともにヨーロッパを旅行中で

あると答えた（当時田中は帰国し、新島はヴィースバーデンでリューマチの温泉療養中であった）。森氏は、自分も英国に行くが一定の時期に帰国しなければならないので、可能であればJapanese Joeが日本に戻る前に彼に会いたい。日本の首長たちは、ひとりを除いて新しい秩序のなかに入ってきているが、新島はそのひとりの首長に影響を与えることができると考えている、と森氏は言った。ハーディー氏との話を終えて階下に下りてくる時、森氏は私の肩に手を置いて言った。「兄弟よ、すべてはあなたが言うとおり神のみ心なのです。私には今や進むべき道がはっきり見えます。ものごとの新しい秩序が国全体に採用されるまで、それほど時間はかからないでしょう」（中略）時が来て、ジョーは宣教師として日本に帰り、森氏がハーディー氏や私とボストンのミッショナリー・ハウスで話した計画を実行したのである。

森が帰国前日、ハーディーやキンズレーと、新島襄に関して「ボストンのミッショナリー・ハウスで話した計画」とは何だったのであろうか。

新島は一八七三年秋、ヨーロッパから米国に戻り、アンドーヴァー神学校に復学。その翌年、当時ハーディーが理事長であった海外宣教団アメリカン・ボードの日本ミッションの準宣教師に任命された。新島は日本にキリスト教主義の大学を設立したいと訴えて、五千ドルの寄付金を得て帰国する。

新島は宣教師として帰国し、曲折を経て、帰国の翌年、京都に同志社英学校を開校する。森は陰に陽に新島を支援した。

森が外務大輔の地位にあった時期に、新島がアメリカン・ボードの運営委員会事務局にあてた手紙に次のようにある。

当夏、ゴルドン博士の旅行券下附を請願せし時の如きは、森氏と外務大臣との間に激烈なる論争ありしという（中略）。しかれども森氏は毅然として我儕《わなみ》を庇護し、大臣をして我等の請願を許可せしめんと尽力せらる。しかれどもこれと同時に氏はまた一友を介して我等に告ぐるに注意警戒を加うべき事を以てし、尚直ちに固定資金の募集に着手すべき事をも勧告せられたり。何となれば、もし我校にして伝道会社の補助を受くる事発覚しなば予は必らず厳罰に処せらるべく、従って我等の事業はここに停止せられ我等は此地を追放せらるべければなり。

（ゼー・デー・デビス『新島襄先生伝』大空社、一九八～一九九頁）

ゴードンの旅券申請は一八七八年一一月二日に提出され、翌一八七九年一月七日付で外務省から不許可となり、再交渉の結果、六月二六日に許可になったものである（『新島襄全集』第一〇巻、二四四頁、注）。森は外務大臣と「激烈なる論争」をして、同志社が雇用する外国人教師の旅券許可に尽力してくれたという。その際、森は人を介して、新島に注意警戒を怠らないように、伝道会社の補助を受けていることが発覚すれば厳罰に処せられるので、直ちに自己資金の準備をするよう忠告してきたという。森は身の危険を承知のうえで、一私学を守ろうとしたのである。森が新島にアメリカン・ボードとの関係を絶つよう忠告したのは、同志社を存続させたいがためにほかならなかった。

ゴードンの件で森が動いている間に、別の外国人教師の在留期間延長問題がもちあがった。再び森の助力を得るため、新島が森を訪ねたのは一八七九年二月一三日のことである。その際の森と新島の会話が興味深い。

氏（森）は予（新島）に告げて曰く、卿《けい》はボールドの資金に依頼することなく卿自らの資金を投ぜられなば、学校を存続せしむる権利を有するのみならず、又外国教師を傭聘《ようへい》するの権利をも有せらるべし。外務当局者は、ただ卿が全くアメリカンボールドに依頼せる事実に反対するものなりと。よりて予は森氏に答えて曰く（中略）元来我等は外人より補助を受くる事を厳禁せられつつありや。もし果してしかりとせば、我等が他国人を補助する事をも禁ずべきはずなり。しかるに昨年清国の飢饉に際し、我国民は多量の米穀を彼地に輸送せしにあらずや。しからば我等道義上及知識上の飢饉に際し他より補助を受くるあたわざるの理あらんやと、かく論じて終に森氏を我等の味方に引入れ、氏の好意によりてラーネッド博士の旅行券をなお五か年間継続せしむるの許可を得たり。

（前掲『新島襄先生伝』一九七〜一九八頁）

森の言は明白である。もしあなたがボードの資金に依るのでなく自己資金を用いるのであれば、あなたには学校を存続し外国人教師を雇用する権利がある。外務当局はあなたが伝道団体の資金に依存していることに反対しているのである、と。

対する新島の反論がふるっている。そもそもわれらは他国人から補助を受けることを禁じられているのか。もしそうであるなら、われらが他国人を助けることも禁じられているはずではないか。しかるに、昨年の清国の飢饉に際し、わが国民は多量の米を援助した。であるならば、われらの道義上および知識上の飢饉に対して、他国より援助を受けてはならぬという道理はないではないか。

この新島の反論を森はよしとした。森は新島が主張する「われらの道義上および知識上の飢饉」を理解することができた。これは森自身がいまだ禁教下にもかかわらず、*Education in Japan* の扉に新約聖書からの一節、「人はどんな対価を払って自分の命を買い戻すことができようか」を記した時の思いと相通ずるものがある。そのために、森はこの件についても新島のために戦ったのである。

森が新島にアメリカン・ボードとの関係を絶つよう忠告したことから、同志社関係の森有礼評は概して皮相的な傾向にある。しかし、森は新島と同志社に多くの協力をした。森は文部大臣となってからも、キリスト教主義を標榜する学校であるにもかかわらず同校を巡察し、学生には不評であったらしいが、演説もしている。また、同志社を拡充しようとする新島の企てを支持した。新島によれば、「過日森大臣に面会せし際、同大臣は同志社を高等中学にすべしとまで申され候。また専門科を設くる上、その力さえあれば何々科大学と称し卒業生に何科大学卒業生すなわち学士の称を附する事も出来べしと申され候」（下村孝太郎宛新島襄書簡　明治二一年八月一一日付『新島襄全集』三巻、六二一頁）と、森は新島を励ましている。森刺殺半年前のことである。

森は「宗旨一条伺」も*Religious Freedom in Japan*も、信教の自由にかかわる問題を教育の問題と関連して論じた。その観点からみて、森と新島襄との関係には興味深いものがある。

（三）帰国直前の森有礼

金子堅太郎自叙伝

金子堅太郎の自叙伝に森とキンズレーが登場する箇所がある。まずその部分を引用する。

余が第二学級にある時、一日、公使森有礼華盛頓《ワシントン》より来り。ボストン市学務委員長チャールス、フリント同伴にて、我々の学校を視察し、余が級に校長ホイラツクと共に来られたり。余は選抜せられて読本を読みたり。（中略）森公使は我々日本の留学生をその止宿したるキンヅレ氏の宅に招き、懇切に修学勉励すべきことを訓示せられ、かつ左の意見を演述せられたり。

日本の将来は君等学生の双肩に掛かれり。しかるに現在の日本語は不完全なれば、之を改善するに非ざれば日本を文明の域に進ましむることあたわず。依って余は日本の英語「ジャパニーズ、イングリシュ」という一書を著述し、現在の英語の綴り方、語尾の変化等を改良し、簡単なる英語となし、之を将来の日本語となさんと欲す。又将来日本を文明国となさんとするには、まず日本人種を改良せざるべからず。之を実行するには日本人は米国の女子と結婚すること必要なり。故に君等留学生は卒業の後は妻を携帯して帰国すべしと、ずいぶん突飛な意見を陳述せられたり。しかるに当時森公使はコネチカット州ハートフォードの教育家「ノースロップ」と懇親を結び、その娘と結婚の内約ありと専ら噂せられたる位の人物なりき。

翌日、森公使がボストン港より欧州を経て帰国せらるるには、留学生はキンヅレーと同道して森公使の搭乗する汽船に至り、キンヅレーの催に係る昼餐の食卓に就く。森公使の帰国はさきに政府の命に依り公債募集の為め特派せられたる吉田清成が、米国に於て外債を募集せんとしたる時、反対するのみならず、その反対意見を起草署名して米国の各新聞紙に掲載公表したるに依り、吉田と論争し終に召還せられたるなり。依って食後キンヅレーは送別の辞を述べたる後、もし日本政府に於て今回外債反対の廉《かど》を以って森公使に切腹を命ずるが如きことあらば米国人民は直ちに開戦せんと、熱心演説したり。森公使は之に感動し答辞を述べたれども落涙滂沱し、言語支離滅裂して聞くことあたわざりき。

（『金子堅太郎自叙伝　第一集』日本大学精神文化研究所、二〇〇三年、八三～八四頁。同書二三三～二三四頁にも同様の記事あり）

筆者がキンズレーの調査に着手し、本文書を発見するに至った端緒は、金子のこの記述にあった。語られているのは森の欧化主義、西欧的合理主義の最たる例としてしばしば採用される話題で、とりたてて新味はない。「その娘と結婚の内約ありと専ら噂せられたる位の人物なりき」という金子の筆致には、定石どおりの、森を軽くあしらう風が感じられる。しかし、「落涙滂沱し、言語支離滅裂して聞くことあたわざりき」と描かれた森の姿は新鮮であった。金子は単に森を揶揄し、おとしめようとしているのか。あるいは正確な描写なのか。そもそも、帰国に際して森を「止宿」させ、帰国当日森のために留学生一同も招いて船上で宴を開き、「熱心演説」して森を「落涙滂沱」させたという「キンヅレー」とはいったい何者なのか。金子のこの記述は、筆者にキンズレー調査の必要を強く意識させた。

キーパーソンとしてのキンズレー

キンズレーはまさしく森の駐米時代のキーパーソンであった。そしてその口述記により、金子のこの記述は、森が、日本人留学生の前でもはばからずに感情をあらわし、とめどなく涙を流したことを伝える貴重な証言であったことが確認されたのである。キンズレーは娘に語る。「おまえも覚えていよう。彼が私たちから離れて行く時、どんなに打ちひしがれていたかを。彼は私の肩に手を置いて、My dear Brotherとしか言えなかった」。おそらく、森のそうした姿を日本人学生たちは冷やかに見ていたであろう。

出航一週間前の日曜日、キンズレーは森のためにマサチューセッツに住むすべての日本人を自邸に招いた。八〇人もの日本人が集まったという。前掲引用にあるように、金子もそのひとりであった。午前中は一同で教会に行き、礼拝後はキンズレー家に戻って昼食をとった。彼らは午後いっぱいを森とともに過ごし、森は彼らに教訓と指示を与えた。若者の何人かは夕食もともにした。

キンズレーによれば、この日、森は二曲の賛美歌に心を奪われた様子であったという。礼拝で歌われた賛美歌と、夕食後キンズレー夫人が森のために歌った「Rock of Ages（「千歳《ちとせ》の岩よ」）」である。森は目に涙を浮かべて夫人が歌う賛美歌を聞き、夫人は森の願いに応えて、森が寝室に引きあげるまでこの曲を三度歌ったという。

森はこの前年の秋、辞任を主張しているというのは本当かと問うてきたキンズレーに、そのとおりであると答えたうえで、「あなたなら信じてくださると思うが、この行動は私の良心の表明である」（後掲森有礼書簡）と返信した。本国ではいっこうに理解されない自分の思想と行動の理解者として、森はキンズレーにその心情を述べている。さらに同じ書簡で、自分は帰国したらstrangerとみなされるだろうとも書いている。森にとって、帰国は、待ち受ける困難に死をも覚悟して立ち向かう如きものだったのではないか。森はその覚悟を、キンズレーに対し包むことなくあらわしていたと考えられるのである。

帰国直前の森の心境を推察する資料として、前掲賛美歌「Rock of Ages」の邦訳歌詞をあげておく。

千歳《ちとせ》の岩よ、　わが身を囲め、
さかれし脇の　血しおと水に
罪もけがれも　洗いきよめよ。

かよわき我は　律法《おきて》にたえず、
もゆる心も　たぎつ涙も、

罪をあがなう　力はあらず。
十字架の外《ほか》に　頼むかげなき
わびしき我を　憐れみたまえ、
み救いなくば　生くる術《すべ》なし。

世にある中《うち》も、　世を去る時も、
知らぬ陰府《よみ》にも　審《さば》きの日にも、
千歳の岩よ、　わが身を囲め。

（『讃美歌』二六〇番　日本基督教団出版局）

思い出の記の最後をキンズレーは次のように結んだ。

森氏の公的な職務は、わが国への公使、英国宮廷への公使、韓国と中国への公使。中国と日本との間で現在おこなわれている条約締結交渉にもあたった。彼は間違いなく現代における最も賢明な外交官のひとりであった。しかし、彼の心に最も近かった職は文部大臣であった。

それは、森の着任直後から精神的に最も近いところで彼を支え続けてきたキンズレーが、森との時間を共有するなかで、たしかに受け取った森の心の深奥の願いだったのであろう。

キンズレーは、「森氏は非常にリベラルな思想の持ち主であった。日本の歴史を記述する時には、彼は間違いなく最も偉大な人物のひとりとして名をあげられるだろう」と述べて森を悼んだ。

第四章　キンズレー関係書簡

エドワード・キンズレーに関連して、彼にあてた森有礼とチャールズ・ブルークスの手紙を紹介したい。

これらはマサチューセッツ州サマーヴィルの美術商を通して売りに出され、一九六八年にシラキューズ大学附属図書館が購入するところとなった。購入は、同館が進めていた奴隷廃止論者にかかわる資料収集プロジェクトの一環とのことである。キンズレーは奴隷解放論者として、つとに名を知られていたということであろう。

キンズレーの死を報じた*New York Times*の記事によれば、キンズレー家は一八七二年一一月のボストン大火で焼失し、多くの貴重な文書も灰燼に帰した。リンカーン、グラント、サムナー、ウイルソン、その他多くの人物からの手紙が失われたという。そのなかには森関係書簡も含まれていたことであろうが、被災以前の手紙が最小限なりとも残っていたことは幸いであった。

(一)　キンズレー宛森有礼書簡

残されていたキンズレー宛森書簡は計五通で、すべて森の自筆である。ワシントン在任時のものが二通、帰国途上、ロンドンから投函されたものが一通、帰国後の一通、駐英公使時代の一通である。すべて二つ折りの厚紙の小型レターペーパーが用いられている。

①一八七二年九月二四日付キンズレー宛森有礼書簡

「Washington D. C. Sep. 24」とスタンプのある三セントの切手を貼った小型の封筒とともに保管されていた。森はボストン滞在時にはキンズレー家の客となった。客というより、森にとってキンズレー家はボストンの家のようなものであったろう。しかし、ボストンの商業地区にあったキンズレー邸は、同年一一月の大火で焼失する。森にとっても大きな痛手であったと思われる。キンズレー家はその後、ボストンバックベイの **Marlborough Street** に邸を構えた。

本書簡は、一〇月にヴァーモントへの旅行に誘われたが、行かれそうもないという返信である。

②一八七二年一〇月一〇日付キンズレー宛森有礼書簡

ボストン商工会による食事会への招待と、森の辞任問題についての問い合わせへの返信。短い手紙であるが、森が辞職願（第二部二章に詳述）の真意を友人に語った言葉として貴重である。

森は、仕事のため今回は行けないが来月にはボストンに行きたいと述べたうえで、辞任の件について、「今冬以来、私が辞任すると主張し続けているというのは事実です」とし、「この行動は私の良心の表明であると私が言っても、あなたなら喜んで信じてくださるでしょう。私は、遅かれ早かれ、これが日本を繁栄させるために最善かつ正しい行動であると証明される日が来ると、固く信じています」と述べている。

この手紙でもうひとつ注目されるのは、森が、自分は帰国したらstrangerとみなされるだろうと書いていることである。帰国後のみずからの立場を理解し、自身の死を予見するかのような言葉である。彼が「廃刀案」の上程により官位を奪われ、命をも狙われて、故郷鹿児島に帰ったのはわずか三年前のことであった。その祖国に、みずから職を辞して帰ろうとする、彼の帰国前の心情をあらわした言葉として興味深い。

③一八七三年五月一六日付キンズレー宛森有礼書簡

森は出航前の一週間ほどをキンズレー宅で過ごしたのち、一八七三年三月二九日、大勢の見送りを受けてボストン港から欧州に向けて出航した。その模様について、いくつかの新聞が詳しく報じている。

本書簡は森が米国出立後にキンズレーに送った最初の手紙で、ロンドンから発信された。これまでほとんど知られていなかった帰国途上の森について、多くの情報を提供している。なお、この手紙は後掲キンズレー宛ブルークス書簡と対に読むと、より興味深い。ブルークスは岩倉使節団とともにこの前年に渡欧したが、森の欧州回りの帰国に合わせて一時帰国し、改めて森に同行して渡欧していた。

森は、「私は欧州到着以来、さまざまな種類の人びとの間を歩き回っている」と述べて、すでにオックスフォード、エジンバラ、パリ、ベルリン、ロンドンその他の都市をめぐったと報告している。森はさまざまな分野の碩学たちと会談を重ねていた。森は言う。帰国途上、欧州に来ることができたのは自分にとって幸運であった。日本のために今準備している道がいかに重要であるかを、一層強く確信することができたからである。日本は堅実に、着実に、進歩の道に歩を進める方法を学ぶことができるであろう、と。

森の帰国については一般に恩賜休暇と伝えられているが、政府は彼の帰国の時期、欧州回りの旅程ともに認めておらず、留守政府および欧州滞在中の岩倉らは、森に対してあからさまな不満を示していた（第三部五章に詳述）。こうした背景を考えると、本書簡は一層興味深い。

森によれば、多くの出会いのなかでも最上の喜びは、ハックスレー（Thomas Henry Huxley）、スペンサー（Herbert Spencer）、マックス・ミュラー（Friedrich Max Müller）、カーライル（Thomas Carlyle）らと会ったことであるという。

これら四人のうち、ハックスレーとスペンサーについては、森がスミソニアン長官ジョセフ・ヘンリーからの紹介状を持っていたことが明らかになった（「スミソニアン・インスティテューション所蔵森有礼関係書簡録」）。

森が帰国途上、スペンサーに会ったことは従来から知られていた。ヘンリーのスペンサー宛紹介状にも、「森氏はあなたの著作を読んで感服し、あなたと個人的に知り合いになり、同胞の文明化に特別な関心を持っていただき、目的の進展に資する提案をいただきたいと願っている」と書かれており、森自身がスペンサーに会うことを望んだことは間違いない。だが、森は必ずしもスペンサーという特定の学者に会うために欧州に向かったわけではなかった。彼は多くの賢人たちの意見を求めていたのである。

森が欧州回りの帰国を選択したもうひとつの重要な要素として、パリの鮫島尚信の存在をあげねばならない。

森はおよそ二か月の欧州滞在中、明らかになっているだけで三度パリに滞在している。一度目は四月一五日から一九日、二度目は四月二四日からの数日、三度目が五月末から六月初めにかけての帰国前の数日である。一度目はブルークスが使節団に合流する前で、二度目以降は森が単独行になってからのことである。

パリ駐在弁理公使の鮫島は、岩倉使節団一行が欧州滞在中のため多忙な日々を送っていたが、森のパリ滞在中は必ず森と面会している。まず最初のパリ滞在であるが、この間に書かれた後掲キンズレー宛ブルークス書簡は、在仏日本公使館の用箋が用いられている。森とブルークスが日本公使館に鮫島を訪ねた、あるいは滞在したことの証左となろう。二度目のパリ滞在については、成島柳北の日記に「四月二四日　此夕、米国公使森金之丞来たり同宿す。面晤《めんご》数刻、鮫島、高崎、長田諸氏来会す」（成島柳北「航西日乗」『明治文化全集』第七巻外国文化篇、日本評論社、一九五五年）とある。柳北は東本願寺洋行団の会計担当掛として渡欧し、当時パリ滞在中であった。三度目のパリ滞在については、木戸孝允日記に、鮫島に招かれて公使館で食事をした際、森も同席していたことが記されている（六月四日）。森は六月八日にマルセイユから帰国の途につく。

森が帰国途上の欧州でしばしば滞在した都市はパリであり、最も長い時間を共有したのは鮫島尚信であった。パリでの鮫島との会談の詳細は不明ながら、帰国後、鮫島宛第一報に、「かねて話し置き候書籍院の取設方、今来日にかけ出来至るべし、ソサエチー二通り組立、一つは書籍院会社、一つは学。術。文。社中なり」とあるから、森が帰国直後に展開する明六社構想などが話題にのぼっていたことは間違いない。森の帰国は明治六年七月二三日。明六社の第一回会合は九月一日。帰国からおよそひと月あまりでの発足である。明六社が発足した日、パリでは第一回国際東洋学者会議が開かれた。第三部会開会式の議長をつとめたのは鮫島尚信であった。ちょうど同じ日に、日本には洋学者を中心とするわが国初の「Society」が発足し、西欧には日本研究を中心として集合した初の東洋学者会議が発足した。「日本のために今準備している道」を具体化すべく考えていた森は、それを着実に実行に移すため、パリで鮫島と考えを整理していたのではないだろうか。

森は外交官として出立する前の準備期間を鮫島とともに暮らし、帰国前も鮫島と話し合った。以降も、鮫島の死に至るまで、両者のかかわりは深い。

鮫島は、伝統と格式を誇る欧州でわが国の尊厳を守るために懸命に働き、激務がたたって、明治一三年、三五歳の若さでパリで客死する。当時駐英公使としてロンドンにいた森はパリに駆けつけ、最後の数日を彼に付き添った。葬儀の席で、森は鮫島に「気高き働き人よ」と呼びかけ、「You know me well !」と結んだ。

④一八七三年一〇月七日付キンズレー宛森有礼書簡

Yedoから投函された手紙。西暦ではなく皇紀で記されている。森の帰国はこの年の七月二三日であるから、帰国間もない森の個人的感慨として貴重である。

菊の紋章がプリントされたレターペーパーが用いられているが、「だからといって私が皇室と関係のある地位についたと思い違いしないでください。私はこれまでとまったく変わっていません。ただ、偉大な自由の共同体である北アメリカ大陸の人びとの間で自由の空気をたっぷり吸ってきたために、故国で外国人（foreigner）になってしまったという一点を除いては」と述べている。一年前に、自分は帰国したらstrangerとみなされるだろうと書いたことが現実になったのである。しかしなお、「私は故国で落胆するようなこと、不満足なことを何も見つけていないことを報告できるのはうれしい。日本は、あらゆる種類の良き近代欧米精神をアジアに紹介するための最良の方法を生み出しうる、東洋で唯一の国であるという私の考えに変わりはありません」と述べている。

⑤一八八一年四月一四日付キンズレー宛森有礼書簡

駐英公使時代の手紙。訪英中のキンズレーにあてて、おそらくはキンズレーが滞在していたホテルに届けさせた走り書きのメモである。

キンズレー口述*Arinori Mori*によれば、キンズレーは森の駐英公使時代に娘を伴って渡欧した。ロンドン滞在中は、森が住んでいたCavendish Squareの日本公使館に森をしばしば訪ね、森もほとんど毎日彼らのホテルを訪問したという。その際、森がキンズレーと娘らを晩餐に招いたのであろう。キンズレーから今夜行くと連絡があり、では七時まで仕事なのでそのあとにおいでいただきたいという返事である。

「妻も私も大変うれしい」という文面がめずらしい。キンズレーは口述記に「森は若い日本人女性と結婚した。大変かわいらしく、高い教育を受けた女性で、彼らには二人の息子がいた」と記している。

（二）キンズレー宛ブルークス書簡

シラキューズ大学には計八通のキンズレー宛ブルークス書簡が登録されており、それらはブルークスが「おじ」であるキンズレーにあてたものとされている。美術商のカタログにletters to his uncleと記載されていたこと、また実際にMy dear Uncleではじまる手紙が一通あったためと思われる。

しかし多くの点からみて、キンズレーとブルークスは、少なくとも「おじ・甥」という近い親戚関係ではない。たとえば、My dear Uncleではじまる手紙の末尾には「Ant Lucyによろしく」とあるが、キンズレーの妻の名はCalistaである。また同書簡では森をmy friend Moriと表現しているが、相手がキンズレーであればour friend Moriとなるはずであり、違和感がある。*Arinori Mori*はキンズレーが娘に語った森追憶の記であるが、そこにもブルークスが自分たちと近い親戚関係にあることを思わせる記述はない。以上から、My dear Uncleではじまる一通のみ「ブルークスのおじ」宛書簡であって、他の書簡は「おじ」宛ではないと考えるのが妥当である。従って、シラキューズ大学所蔵ブルークス書簡は、キンズレー宛七通（うち一通は同封文書）、「おじ」宛一通ということになる。

ここではキンズレー宛書簡のみ紹介するが、「おじ」宛書簡は、ブルークスが岩倉使節団に同道して日本に到った旅程と日本到着後の様子が記されているので、参考資料として『別巻四』の解説編に収めた。

①一八七二年八月三一日付キンズレー宛ブルークス書簡

一八七二年八月六日に岩倉使節団とともに渡欧した際のブルークスの手紙で、Secretary's Office of the Japanese Embassyのヘッド付用箋の表裏にびっしり書かれている。一行のロンドン到着後二週間ほどのころである。

第一面の上部に、Return to EWKinsleyという森の筆跡とみられる書き込みがある。ブルークスから届いた手紙を、キンズレーが森に回送したものと思われる。読み終えた森が「キンズレーに返送」と書き込んだのであろう。

ブルークスは英国政府の冷やかな対応がよほど腹に据えかねたのか、挨拶もそこそこに"John bull"批判を展開している。

英国人は財政緊縮中のため、アメリカ人がしたように使節団を貴顕として公式にもてなすことはできないと言っている。とんでもないことだ、とブルークスは憤慨する。大使たちは自分で費用を払った車で移動しているただの客にすぎない。われわれも移動の費用をいつも全額自分で支払っている。訪問者へのこうした接遇について随員の多くも口にしている。これがまさに英国スタイルなのだ、とブルークスは言う。彼らはこびた会釈や馬鹿げた追従を示すのを好むが、それは金がかからないからで、彼らは持ち合わせている金さえ一ペニーも使わぬよう出し惜しむ。日本人たちは常に、あらゆることが厳格に規則どおり義務としておこなわれる英国での冷たい公式接遇と、アメリカ中で受けた真心からの接待の友好的なあたたかさとを、強く対比せざるを得ない状態に置かれている（中略）。われわれはまさに、利己主義と大言壮語の地にいる。それは貴族から卑屈な煙突掃除人に至るまで、あらゆる場で人びとに明らかにあらわれている。この国全体に植え付けられた国民的傲岸さは、人間性と呼ばれる、かの奇妙な合成物の風変わりな一側面のあらわれとして、私の目にばかばかしく映る、と批判している。

森はロンドン発信一八七三年五月一六日付キンズレー宛書簡に、breathing in the John Bull-atmosphereと冗談めかして記しているが、それはキンズレーから回送されたこのブルークス書簡を受けてのことと思われる。

この手紙に関連して、おもしろい新聞記事があるので紹介しておきたい。岩倉使節団の英国滞在中に*Times*に掲載された匿名の人物からの投書である。

投書内容は以下のとおりである。掲載の形態からみて、投書全文ではなくその抜粋であったと思われる。

貴紙の一五日付金融記事に、日本の旧保守勢力が改革派より優勢に立った可能性を報じた*Philadelphia Ledger*の記事が掲載された。この政治変動情報は、二人の外国人が日本政府の仕事を降りたことからの推論とみられる。貴紙の読者は事実を知って喜ばれると思うが、彼らの退任は、〝森公使〟と呼ばれるワシントン駐在少弁務使の場合と同様、日本政府のいかなる政治的変化によるものではない。二人の外国人の降任はまったく彼らの個人的事情であり、森氏の辞任は彼自身の考えによるものと信ずる。同記事は、日本使節団が資金不足のためロンドンで立ち往生していると伝えているが、これも誤りである。使節団の資金は潤沢であり、彼らはロンドンで立ち往生する代わりに、目下スコットランドでその金を使っている。真実を知る者より。

（*Times* 一八七二年一〇月二一日付）

この投書は日本および日本使節団を擁護する内容であり、同時に *Times* を批判する内容ともなっている。では、投稿者「真実を知る者」とは誰か。それは、「森氏の辞任は彼自身の考えによる」と「信ずる」者であり、かつ使節団の現在を証言することができる者である。しかも「彼らはロンドンで立ち往生する代わりに、目下スコットランドでその金を使っている」と英国紙に皮肉を放つ人物である。また、言うまでもなく、新聞社が採用したいと思う文章を自在に英語で書く人物である。

このすべてに該当する人物は、チャールズ・ブルークスをおいてほかにない。ブルークスは森の辞任の真意について「I believe」との言葉で語りうる人であり、かつ岩倉使節団に随行して、英国滞在中であった。

ブルークスは本書簡にみるように、使節団に対する英国側の冷淡ともいえる対応を憤っていた。英国到着以来すでに二か月、ヴィクトリア女王に謁見できぬまま、常に「自分で費用を払った車で移動している」使節団に対し、「日本使節団は資金不足のためロンドンで立ち往生している」などと平然と報じる *Times* に、ブルークスは即座に反応したのである。彼の投書は抜粋で掲載されたが、省略された部分に使節団接遇に関する具体的事例が書かれていた可能性が高い。同紙はこの投書の信憑性をそれによって認識し、投書を黙殺できないと判断したのであろう。

日本使節団に浴びせられたいわれなき中傷を捨ておかず、ブルークスは当意即妙、見事に切り返したのである。

②一八七三年四月一三日付キンズレー宛ブルークス書簡

同じくロンドンからの投函であるが、いったん使節団と別れて帰国したブルークスが、欧州回りで帰国する森とともに再渡欧した時のものである。

The Grosvenor Hotelのヘッド付レターペーパーが用いられている。住所はVictoria Station, Belgravia, London S. W.。一八六二年にヴィクトリア駅に直結して建設された当時まだ新しいホテルで、現在も営業している。森の五月一六日付ジョセフ・ヘンリー宛書簡にも同じ用箋が使われているから、森はひと月後にロンドンに戻ってきた際にもこのホテルを利用したのであろう。

すでにハックスレーに会ったこと、カーライルも訪問するつもりだが、意見を聞くにはもう老齢すぎると思う、月曜日にはマックス・ミュラーに会うなどと、森との賢人行脚の足跡を記している。この時点では、彼らはまだスペンサーに会っていないようである。

この手紙で注目されるのは、ブルークスが森の欧州での行動を踏まえて、次のように述べていることである。

森氏は帰国のあかつきには政府に次のように進言するだろう。すなわち、彼が提出する意見や採用を薦める諸政策は、すでに欧州政治経済界の一流の学者たちに提示して賛同を得たもので、東洋において好結果をもたらすことが充分期待し得るものである。歴史を顧みれば、そうした結果はそのような政策を実行することにより達成されてきたからである、と。森氏は、日本の指導者たちに指標を与えるために、欧米の指導的な人びとから最良の助言を得たいと望んでいる。彼の目的は尊いものである。彼について知れば知るほど、私は、結果に到達すべく進む彼の深い思慮と平静な知恵にいよいよもって感銘を受けている。われわれ誰もが知る高潔な人格、疑いなき愛国心をもつあのような人は、もしその尊い命が、彼が期待している計画が実現されるまで保たれるならば、必ずや日本の将来に著しい影響を及ぼすであろう。穏健な保守的中国がやがて誕生するであろう。それは外圧などによるのではなく、より進取的な隣国日本の成功例によるのである。

ブルークスは外交官としての森の考えを最初に聞き、感銘を受け、友人キンズレーを紹介した人物であった。一方で、岩倉使節団が渡米した際には、森に対する岩倉らの不満や不信や悪評の数々を耳にし続けた人物でもあった。使節団の欧州歴訪の旅に同行し、また森帰国に際しては使節団から離れて一時帰国し、森とともに再渡欧した。ブルークスがここに述べていることは、森がわが国初の駐米外交官としてサンフランシスコに上陸したその日以来、森とかかわり続けてきた人物の言葉として傾聴に値しよう。

③一八七三年四月一八日付キンズレー宛ブルークス書簡

四月一五日に無事にパリに着き、気持ちよく過ごしている、という報告。在仏日本公使館のヘッド付用箋が用いられている。

翌日夜ベルリンに向かい、そこから岩倉一行のいるセントペテルスブルグ、次にデンマークに行くとある。使節団の本隊は同日ペテルスブルグを発ってデンマークに向かっていたから、彼らはベルリンから直接デンマークに向かうことになったかもしれない。デンマークで使節団に追い付き、ブルークスはそのまま使節団に合流し、森は別行動になったものと思われる。

④一八七三年七月二七日付キンズレー宛ブルークス書簡

Ambassade Japonaise のヘッド付き用箋が用いられている。

岩倉使節団は七月二〇日にマルセイユから帰国の途についた。ブルークスもこれに同行した。船が紅海を経てスエズ運河を航行して東半球海上に出たところで書かれた書簡で、あまりの暑さにすっかり参っていたものの、ボストンの友人たちに回覧されることも意識して、丁寧に紀行文を綴っている。

⑤一八七三年八月九日付キンズレー宛ブルークス書簡

日本に到着する前にセイロンから投函された手紙。同じくAmbassade Japonaise のヘッド付用箋が用いられている。

ブルークスはそれまで悩まされてきた熱風から解放され、気持ちの良い船旅を満喫していた。彼は世界を旅して、自分が古き良きニューイングランドにアメリカ人として生まれたことの幸いを改めて感謝すると述べている。また、使節団一行はみな健康で、帰国後すぐに仕事に取りかかる準備ができていること、自分は任務の成果をとりまとめるために、六〜八週間、日本に残る必要があるだろうと記している。

⑥一八七三年一一月二日付キンズレー宛ブルークス書簡

岩倉使節団とともに来日後、東京から投函された書簡である。森がキンズレーにあてた一〇月七日付書簡で用いたと同じ菊の紋章付レターペーパーが用いられている。使節団の横浜到着は九月一三日であったから、すでに予定の「六〜八週間」は過ぎていた。

このなかで、ブルークスは森について次のように述べている。

森はそれが最善だと思えば外交官として米国に戻ることができると私に言った。しかし、私は彼の志向は教育方面にあると信ずる。森は教育部門の長として米国に戻り、三年ほど外国を旅して情報を集め、日本に持ち帰りたいと望んでいるのではないかと思う。

ブルークスも「外交官森有礼」のなかに、教育への志向を強く感じ取っていたのである。

⑦一八七三年一一月一日付キンズレー宛ブルークス書簡同封文書

一八七三年一一月二日付前掲書簡に同封して送った文書で、日本の政治情勢について記されている。その価値があると思うなら、友人たちに回覧し、あるいは新聞に出してほしい。彼らの不利になることは何もないし、この奇妙な国の真の状況を理解するうえで役立つであろう。その場合は、私信とした方が正規の通信員からというより良いだろう。後者の方がよければ私の名前を削除のうえで、と前掲書簡において述べている。

文書の中心は、いわゆる「明治六年一〇月の政変」についてである。ブルークスは、「先週、静かな革命が日本政府のなかで進行していた」と述べて、三条実美が心身ともに消耗して辞任し、新たな太政官が組織されたと報告している。未完成ながら名簿を書き出し、米国の大統領顧問委員会（Cabinet）に相当する日本史上初の西欧式組織であると位置づけた。文書日付の一一月一日は土曜日であるから、先週ということは一〇月の最終週あたりに彼自身が見聞きしたことであろう。それぞれに人物評をつけ、岩倉使節団のメンバーの多くが政府の要職に就いていることも特記している。

　ブルークスは政界の最大の争点であった西郷隆盛や征韓論についても言及した。危険な政策が避けられたのはよかった、英国は虎視眈々と日本を狙っている、日本がいま外国と戦争をすれば日本はたやすく英国の餌食になるだろう、英国はインドでの経験がここで繰り返される時を待っているのだ、と英国への強い警戒心を口にし、「日本にとって初めての外交関係が、日本を戦争へと向かわせることを阻止し、ついには日本国民の永続と国家の存在を保つことになるだろう」と述べている。

第二部　岩倉使節団と開拓使派遣女子留学生をめぐる諸問題

はじめに

森有礼の駐米時代を三期に分けるとすれば、第二期、すなわち前後期を画す時期を作ったのは岩倉使節団の来訪であった。

一八七一年末、盛大な見送りを受けて、岩倉使節団が横浜を出港した。特命全権大使に右大臣岩倉具視、副使に参議木戸孝允、大蔵卿大久保利通、工部大輔伊藤博文、外務少輔山口尚芳の四人を据え、各省からの理事官、書記官、随員、留学生からなる、総勢一〇〇人を超える大使節団である。これは、長い鎖国から一気に解き放たれたわが国が、列強ひしめく世界で独立国家として生き抜いていくために、政権首脳の半数をあげて世界行脚の長い旅に出るという、世界史上まれな企てであった。

一行が最初に向かったのが米国であった。

使節団は一八七二年初頭にワシントンに到着したが、その本隊は当初の予定を大きく超えて、実に半年以上も米国に滞在した。条約改正交渉のつまずきによるものである。森は一行をワシントン駅頭に迎えてからボストン港から送り出すまで、駐在官吏として息のつけない日々を送ることになった。その間の森については、使節団の大使・副使・随員が、さまざまに、というよりあしざまに述べた記録が多数残されており、使節団との軋轢は、彼にとって厳しい経験であったと推測される。

森と使節団との険悪な関係については、不首尾に終わった条約改正交渉に端を発すると考えられてきた。本来、改正交渉に入る予定のなかった使節団であったが、サンフランシスコ到着以来の熱烈な歓迎ぶりに感銘を受けた岩倉をはじめとする中枢が、直接には副使伊藤博文と森の言葉をいれるかたちで交渉開始に踏み切ったとされる。使節団のワシントン到着は二月二九日、改正交渉の開始は三月一一日のことであった。

だが、交渉の口火を切ってはみたものの、日本側はアメリカ側から正使岩倉具視が条約改正にかかる全権を付与されていないことを指摘されて、ほとんど相手にされなかった。やむなく大久保と伊藤が条約改正の全権分割の勅許を得るため一時帰国することになった。この条約改正交渉の過程についてはすでに多くの研究が発表されている。しかし、使節団が米国との交渉に極度に敏感になっていたのとちょうど同じ時期に、政治の大状況の裏で、ある外交交渉が粘り強くおこなわれていたことについては知られていない。

使節団には開拓使から派遣された五人の少女たちが同行していた。詳細は不詳ながら、開拓使が女子留学生を米国に派遣するについては、次官黒田清隆が一八七一年に渡米した際に、少弁務使として着任したばかりの森との間で話がはじまったと伝えられている。

開拓使は、明治新政府が当時蝦夷地と呼ばれていた北海道の開発をめざして明治二年に設置した官庁である。函館戦争に功のあった薩摩藩の黒田清隆が開拓次官に任命された。広大な未開の大地の開拓を任された黒田は、より広大な西部開拓を成功させた米国に学ぶべく、一八七一年一月、森有礼の着任と相前後してアメリカにわたった。黒田は森を伴って大統領グラントや国務長官フィッシュと面会し、開拓使顧問を招聘したい旨の希望を述べた。その結果、農商務局長ホーレス・ケプロン（Horace Capron）を開拓使顧問に迎えることになったが、その具体的な交渉にあたったのは森であった。森はこれ以降、北海道開拓に必要とされる人材、大小の機械機器類、動植物等の選定、購入、輸送など、開拓使のために多くの時間を割くことになる。

米国滞在中、黒田は森とたびたび話し合ったが、そうしたなかで女子教育も話題にのぼった。「黒田はまた、森の勧めで、ケプロンに伴われて米国の女子教育の実情を視察し、女性の社会的地位の高さとその活躍ぶりに深く感動した」（犬塚孝明『森有礼』吉川弘文館、一九八六年）というから、女子教育に関心を向けさせたのは森であったと考えてよいであろう。黒田は帰国後、ケプロンの助言を得て、同年一〇月、女子留学生の派遣の建議書を提出し、裁可された。

建議書には次のようにある。

> それ開拓の要は、山川の形成を察し、往来を通じ、土地の善悪を検し、培畜を盛にし、もって生を厚くし、俗を善にするにあり。然り、しこうしてこれを為すは人材による。人材を生ずるは子弟を教育するにあり。今や欧米諸国は、よく子弟を教育するものというべし。何となれば、児子なお襁褓《むつき》にあり、よく菽麦《しゅくばく》を弁ず。これ他なし、その母おのれに学術あり、造次顛沛《ぞうじてんぱい》、必ずこれに於いてすればなり。然らばすなわち女学の設け、人材を教育するの基本にして、欠くべからざるの具なり。北海道のごときは、後来必ず学を設け、人材教育の基を立てざるべからず。ゆえに今、幼稚の女子を選び、欧米の間に留学せしめんことを欲す。その学資のごときは当使これを措弁《そべん》せん。
>
> （「開拓使建議書（別史料）」津田塾大学編『津田梅子文書』一九八〇年）

黒田は、広大な北海道開拓を成功させるためには多くの人材が必要であり、そのためには子弟の教育が肝要であり、ついては母親の教育に意を用いることが基本であるとして、女子留学生の派遣を建議した。黒田のいう女子教育とは、子を産み育てる役割を担う存在としての女子の教育であった。「良妻賢母」という熟語を編み出したとされる中村正直の女子教育論に通じる内容である。

しかし森の女子教育論は突き抜けていた。森は帰国直後に明六社を結成し、機関誌『明六雑誌』に「妻妾論」を発表する。五回連載した「妻妾論」の冒頭に、森は「夫婦の交わりは人倫の大本なり、その本立て而して道行われ、道行われて而して国はじめて堅立す」と記した。森は、国家の基本をなす結婚においては、夫婦が相互に互いの人格と権利義務とを尊重しなければならないとする。しかるにわが国の現状はしからず。金や地位のある者はわずかの金で公然とひとりあるいは数人の妾を買い、平然と妻妾を同居させ、あるいは思いのままに別宅を設け、妻をうとんじ、妾を妻とする者もある。たとえ妾をもたなくとも、夫は妻に奴隷の主人のごとくふるまい、妻は売身の奴隷に等しい。妻は夫の命令にはその理非を問わず、ただ従うことを己の職分としている。こうした「見るに忍びざる」現状を打ち破り、夫妻という名に真に値する実を得るためには、「教化ひろく行われ、女子発憤立操の時を待つにしかずとせば、すべからくその時勢を来すに憤励勉強せざるべからず」と述べる。こうした状態から脱するには、なによりもまず教育を国中に普及させ、「女子発憤立操の時を待つ」ほかないのであるが、しかしその時を来たらせるためには、女性自身が「憤励勉強せざるべからず」というのである。受け身の、与えられる教育ではなく、奮い立ってみずから学ぶ、という教育である。新しい国家形成をめざしていた森の、女子教育にかけた思いは切実であった。森が開拓次官黒田清隆から女子留学生を託されたのは、彼が「妻妾論」を書く二年前のことであった。

建白書の提出、裁可は、ちょうど岩倉使節団の人選をおこなっている時期のことで、少女たちは使節団に同行して渡米することになった。裁可を受けて開拓使はただちに女子留学生を募集したが応募者はおらず、二度目の募集により、使節団派遣が迫るなか、ようやく五人の少女が集まった。

五人はすべて旧幕臣の娘であった。彼女たちの出発時の年齢は、満年齢で年長の上田悌と吉益亮が一五歳、山川捨松一一歳、永井繁一〇歳。最年少の津田梅は航海中に満七歳の誕生日を迎えるという、留学生としてはかなりの幼年であった。

使節団には女性の随員がいなかったため、開拓次官黒田清隆は、使節団に同行して急遽帰国することになった駐日米国公使チャールズ・デロング（Charles E. De Long）の妻に彼女らを託した。これに端を発して、女子留学生の保護監督権をめぐり、森とデロングとの間に、岩倉・木戸をも巻き込む激しい対立が生じることとなったのである。これは、結果として、森の駐米時代における、そしてその後も長く尾をひく、重大な事件となった。

第一章　開拓使派遣女子留学生をめぐる森有礼とチャールズ・デロングの対立

(一) 開拓使派遣女子留学生関係資料

開拓使派遣女子留学生関係資料は、先のキンズレー関係文書と並び、新出資料の双璧とも言うべき資料である。新出とはいっても、所蔵館によりその存在は公表されていたのであるが、文書の内容に立ち入っての検討はなされてこなかった。駐米時代の森有礼に対する関心の薄さ、という一般的な状況に、文書が眠ったままであった原因があるのかもしれない。

資料は、これまで知られていなかった開拓使派遣女子留学生の保護監督権をめぐる森有礼と駐日米公使チャールズ・デロングとの、激しい論争の模様を詳細に伝えていた。森の駐米時代における一大事件である。しかし、その事実が明らかになったということ以上に重要なのは、この事件が、彼の生涯を決定づけるものとなったと考えられることである。

「開拓使派遣女子留学生関係資料」は、森とデロングの間に交わされた英文書簡（北海道大学附属図書館北方資料室所蔵）と、女子留学生に関係する開拓使文書（北海道立文書館所蔵）からなっている。

英文書簡には、女子留学生をめぐる両者の対立が、直接に、また赤裸々に綴られている。北海道大学附属図書館編『開拓使外国人関係書簡目録』（一九八三）の「在日外国人・企業」の部に「De Long, C.E.（デロング）」として整理されている以下の文書である。

001「開拓使女子留学生の渡米同伴に感謝（控）／少弁務使森有礼」一八七二年三月一日
002「開拓使女子留学生5名のヴァッサー・カレッジ入学につき照会（写）／デロング（ワシントン）」一八七二年三月八日
003「日本人女生徒のヴァッサー・カレッジ入学は年令、初等教育不足のため困難（写）／レイモンド」一八七二年三月一四日
004「日本人女生徒の予備教育につきデロング夫人の来訪歓迎（写）／レイモンド」一八七二年四月九日
005「開拓使女子留学生の教育につきデロング夫人との面会の件（控）／森有礼」一八七二年四月一三日
006「女子留学生たちのヴァッサー・カレッジ入学は親たちの希望（写）／デロング」一八七二年四月一四日
007「女子留学生の予備教育相談のためデロング夫人ヴァッサー行の件（控）／森有礼」一八七二年四月一五日
008「女子留学生の保護監督権についての不一致（写）／デロング」一八七二年四月二三日
009「女子留学生の保護監督権の誤解につき釈明（控）／森有礼」一八七二年四月二五日
010「女子留学生の保護監督権につき照会／デロング（ニューヨーク）」一八七二年四月二八日
011「先便に回答なきため女子留学生の教育は当方で臨時的に決定（写）／森有礼」一八七二年五月一三日
012「女子留学生の件に関する森有礼氏書簡写送付／デロング」一八七二年五月一八日
013「ヴァッサー・カレッジ及び予備教育の学校訪問の報告／デロング」一八七二年五月一八日
014「ヴァッサー・カレッジ及び予備教育の学校訪問の報告（写）／デロング」一八七二年五月一八日

015「開拓使女子留学生の保護監督権につきデロング氏と齟齬《そご》の件／森有礼（ワシントン）」一八七二年五月二四日

001〜010は、デロングが森の主張の不当性を訴えるため、東京の開拓次官黒田清隆にそれまでのやり取りを一括して送ったもの、011〜013もデロングが追加として黒田に送ったものである。014と015は、森が一連の顚末を報告するために黒田に送った書簡で、013と014はデロングと森がそれぞれ黒田に送った同じ書簡の写しである。003と004の差出人「レイモンド」は、ニューヨーク州ポーキープシーにあるヴァッサー・カレッジ学長J. H. Raymondである。以下、これらの書簡に言及する際は文書番号で示すことにする。

他方、北海道立文書館が所蔵する開拓使文書には、女子留学生の保護監督権をめぐってデロングと対峙した森有礼の論拠を裏づける資料が存在している。それらについては、読みやすさを考慮し、文書件名あるいは表題のみを記すこととする。

(二)　英文書簡にみる両者の対立

開拓次官黒田清隆は、使節団の出航に先立って、女子留学生とその親族を伴い、横浜の米国公使館にデロング夫妻を訪問した。使節団には女性の随員がいないため、少女たちをデロングの妻に託すことになったからである。デロングは使節団の派遣が決まると急遽休暇を取り、家族とともに使節団に同行して帰国することになっていた。デロング書簡によれば、黒田はこの件で二度公使館を訪問している。最初は五人の少女のうちの何人かを同伴し、二度目は少女たち全員とその親族二〇人ほどを伴ったという（008）。

使節団は一八七一年一二月二三日に横浜を出港し、年が明けた一月一五日にサンフランシスコに到着した。吹雪のため、大陸横断の途上立ち往生を余儀なくされた一行がワシントンに到着したのは、予定を大幅に遅れた二月二九日のことであった。一行をワシントン駅頭に出迎えた森有礼は、秘書ランマンを伴い、少女たちを引き取るためデロング夫妻に面会した。デロングによれば、森は彼らがまだ車両から降りないうちに少女たちを引き取りに来たという。それに対して夫妻は強く抗議し、少女たちの引き渡しに応じようとしなかった。デロングが使節団の正使岩倉具視に問い合わせてからでないと引き渡せないと主張したため、森は岩倉のもとに向かった。森が持ち帰った「少女たちは森に」という岩倉の言葉を受けて、夫妻は少女たちの引き渡しに渋々応じた(008)。

翌三月一日、森はデロング夫人にあて、女子留学生の渡米同伴について感謝の手紙を送った(001)。しかし事はそれでは収まらず、デロング夫妻はそれからおよそ二か月にわたり、少女たちの保護監督権を主張し続けたのである。

意に反して少女たちを奪われる形になったデロング夫妻は、岩倉に強く働きかけ、「少女たちは森に」というのは、一時的に、という意味にすぎないとする言質を得る一方、彼女たちを取り戻すために具体策を講じはじめた。三月八日、デロングはヴァッサー・カレッジ学長レイモンドにあて、少女らの入校について照会の手紙を書いた(002)。学長は日本人女子学生の受け入れに関心を示したものの、基礎学力不足と若年のため、ただちに受け入れることは困難であるとの見解を示した(003)。四月九日付で学長から再度連絡があった。デロング夫人のヴァッサー・カレッジ訪問を歓迎する。昨日の問い合わせ（これに該当する学長宛デロング書簡は黒田に送付されていない）に「十分かつ詳細に」答える用意はないが、私としてはヴァッサー近くの家庭的な寄宿学校に少女たちを預けるとよいと考える。この件についてはまだ何も調べていない。すべては夫人の来訪を待って検討したい、との内容である(004)。何度申し入れても森が少女たちを引き渡さないため、事態打開を図ってデロング夫人が一足早くニューヨークに発ち、直接ヴァッサーを訪問することにしたとみられる。

木戸孝允の四月九日付日記（明治五年三月二日）に、「今夜デロングの妻に離杯をすゝむる為、大使始め余等デロング一家（略）と同食す」（『木戸孝允日記二』東京大学出版会、一九六七年）とある。デロングの妻のために開かれた宴の記録である。岩倉・木戸らが彼女の送別の会を開いたところをみると、デロングは、妻がヴァッサー・カレッジに出向いて学長と面談し、女子留学生の受入れ条件を整えてくると岩倉・木戸らに宣言し、それに対して岩倉らが夫妻に謝意をあらわす格好になっていたと推察される。

学長からの九日付の返信を得たデロングは、森にその旨を通知した。対して森は、四月一三日付で「少女たちの教育費は私の手元に届いているが、彼女たちを送り出す前に、少女たちがどこで、誰に、何を学ぶか、要する費用はどれほどか、具体的なことを知らせてもらう必要がある」(005)と返答した。

翌一四日、デロングから森に手紙が届いた。「少女たちのヴァッサー行きはわれらの独断ではなく、少女たちの親族および黒田次官の希望である。ヴァッサー・カレッジ学長も少女たちの教育期間や受入れ先の検討など、特段の協力を申し出てくれている。岩倉閣下にそのことを伝えたところ、閣下はこれに大変満足されている。学長には、明後日、デロング夫人が少女たちを伴ってニューヨークに向かうと連絡した。少女たちの準備が間に合うか返信されたい」(006)というのである。

翌一五日、森はデロングに対し、「岩倉大使はこの件について日本国天皇から権限を与えられておらず、大使によるいかなる要請も私を縛るものではない」と返信した。学長が提示しているという学期や学費についても、「費用の額は適切であるか、子どもたちの利益にかなって使われるかによるのであるから、学長から直接連絡があるまでは何も決定事項にはならない」とした。また、夫人が少女たちをヴァッサーに同伴するので準備させるようにとの申し出に対しては、「少女たちは、今はこの申し出を受けることができないと言っている。彼女たちにとって援助が必要かつ重要であるこの時に、私的にも公的にも多くの同国人に出会ったこの町から、今は離れたくないということである」と返信した(007)。

これに対し、デロングは二三日付で、森に、長い、憤りに満ちた書簡(008)を送り、森もこれに激しく応酬した(009)。

森の挑戦的な書簡に怒り、業を煮やしたデロングは、四月二八日、黒田清隆にこれまでの森とのやり取りの書簡の写しを送り、森の主張が不当であると強く訴えた(010)。

一方、森は五月一三日、デロングに「先便に回答なきため女子留学生の教育は当方で臨時的に決定」(011)と短く通告し、ワシントン市内に一軒の家を借りて、個人宅に分宿していた少女たちをそこに移してしまう。

しかしデロングはなおあきらめず、彼みずからヴァッサー・カレッジを訪問して、その調査報告書(013)を五月一八日付で森に送った。また、黒田に対しても同日付で同報告書と森の最後の書簡の写しを送った(012)。

五月二四日、森は黒田に一連の動きを報告するとともに、デロングとの交渉に終止符を打ったことを明らかにした(015)。北海道大学附属図書館北方資料室所蔵の関係文書もこの書簡が最後となっている。

(三)　開拓使文書にみる森の主張の根拠

開拓使派遣女子留学生の保護監督権をめぐる日米(日本側とデロング)の対立、あるいは見解の相違の芽は、黒田が少女たちを伴って横浜の米国公使館を訪れた際に生じた。そのあたりのことを、北海道立文書館所蔵の開拓使文書からみていきたい。

黒田は使節団の出航に際して森に手紙を送り、女子留学生について「諸事御世話相成可申よろしく御依頼申候」と述べたうえで、「幸い公使デロンク氏帰国に付、旅中ならびに入校等之儀まで同人妻引請世話いたし候積り、厚く相頼置申候」(「黒田次官より森少弁務使へ女生徒留学之義往簡」)と記している。デロングの妻が、旅中ならびに入校等のことまで世話するつもりであるというので厚く頼んでおいた、というのである。次いで黒田は「尤《もっとも》すべて之儀は、大久保大蔵卿差図被致候間、此段御含置」と言葉をついだ。デロングの妻に頼んだが、すべては大久保大蔵卿が指図するので、このことを含みおくように、というのである。ここに黒田が抱いた一抹の不安があらわれている。

少女たちの留学は一〇年という長い期間が予定されていた。従って、黒田が少女たちを伴ってデロングに挨拶に出向いた際、どちらからともなく彼女たちが将来受けるべき高等教育についても話が出たのは自然の成り行きであろう。黒田には休暇を取って急遽帰国することになったデロングの妻に、少女たちの教育まで委ねるつもりはなかったはずである。しかし黒田は、入校の世話までしようという夫人に、よろしく頼むと言ってしまったのである。

開拓使の関係文書全体を見わたすと、このほかには黒田が(あるいは日本側が)デロングの妻に積極的に女子留学生の教育を託したと考えうる資料はない。

たとえば、黒田は森に対し、国務長官フィッシュの妻、同次官デイビスの妻、ケプロンの妻に書簡と贈物をしたいので、その配り方を女生徒たちともどもよろしく取り計らうよう頼むと述べている(「同上米国外務卿妻其外へ贈物之義往簡」）。女生徒の留学にあたり配慮や世話を受けることが期待される要人の妻たちへの贈物の手配である。フィッシュやケプロンの妻たちに、こうした贈物が、「少女たちをくれぐれもよろしくお願い申し上げる」という黒田の書簡とともに、黒田の指示により森を通して届けられたのである。

さらに次のような文書も残されている。使節団出航のおよそ一か月後に、女子学生の年齢学費等について問い合わせがあった（「史官より女学生年齢学費之義問合」）。その回答に学費について次のように記されている。「学費女之儀に付き、万事森少弁務使へ申し遣し、一か年の仕向《しむけ》が相立候上にて歳預御究候積りに候」（「史官へ同上回答」）。学費等についてはすべて森少弁務使に申し遣わし、一年様子を見たうえで改めて決めるつもりであるという。このあたりの書きぶりをみると、当方では見当がつかないので森少弁務使に「万事」任せた、という姿勢であったと推察される。

また、「吉益正雄娘亮外四人米国へ留学被仰付出立の件、開拓使より同上の義に付森少弁務使へ依頼書」という文書があり、彼女たちの半年分の学費を用意したので受け取るようにと記されている。開拓使は女学生たちの学費や生活費の管理を森に依頼したということである。森がデロングに述べたところの、開拓次官黒田から女子学生の世話をするよう指示されているという彼の主張には、たしかに根拠があるといえよう。

先の黒田の手紙に「尤すべて之儀は、大久保大蔵卿差図被致候間、此段御含置」とあるが、大久保は条約改正交渉にからんで、早くも三月二〇日（旧暦二月一三日）には伊藤博文とともに一時帰国の途についていた。森の四月一三日付書簡（005）には、資金はすでに自分の手元にあると記されているから、大久保は帰国する前に、デロングとの齟齬が大使・副使の間で表面化していたにもかかわらず、森に資金を一任していたと考えてよい。この事実も森の主張の雄弁な根拠となる。

また、使節団が出航する二日前の事務方間の書簡には、黒田が横浜出張の折に持っていくために「デロング妻への箱物」を用意した記録がある（「庶務掛より横浜出張内海大主典へ同上之義に付往簡」）。前述のように、黒田は女子留学生の件で横浜の米国公使館を二度訪れているが、デロングによれば、親族たちが娘をよろしくと口々に夫人に頼んだというのは、二度目の訪問のことであった。とすれば、二度目の訪問とは、黒田が横浜に出張して事務方が用意したこの「箱物」をデロングの妻に贈った日、すなわち、どんなに早くとも出航前日のことである。遠い異国へ旅立つ娘を横浜まで見送りに来た親族たちは、黒田に伴われてうちそろって公使館に挨拶に行き、唯一の大人の女性同行者であるデロングの妻に娘たちを何卒よろしくと頭を下げたのである。しかし、この時の彼らには、娘たちの将来まで夫人に託したつもりは毛頭なかったであろう。黒田は「箱物」とともに挨拶状を夫人に贈った。デロングはこの書簡を重視して森にその英語訳を示し、貴殿が望むなら日本語の原文を貴殿の検閲に供する用意があると記している(008)。だが、黒田書簡の文面からは、少女たちにとって初めての外国行きなのでよろしく配慮いただきたい、という以上の重要な頼みごとが含まれていると読み取ることは難しい。

こうしたことは、日本側からみれば通常の挨拶の範囲を超えるものではなかった。しかし、日本側にとってはいわば儀礼であったこれらのやり取りから、日米間の深刻な齟齬が生じたのである。

第二章　森有礼の外交交渉のはじまり

(一)　もうひとつの外交交渉、はじまる

岩倉を巻き込む争い

デロング夫妻は、黒田らが公使館を訪れた二回のやり取りと夫人に贈られた黒田の書簡を根拠として、少女たちの保護監督権は自分たちにあるとし、これを盾に、森が少女たちを連れ去った行為は彼らの権利の侵害であり、少女たちに責任を負うと約束した黒田に対する夫妻の義務の履行を妨害するものであると主張した。

だが、いかに主張しようと、デロング自身がいみじくも述べているように、これはまさしく日本の問題(008)であったから、少女たちの保護監督権が最終的には自分たちに帰属しないことをデロングも認めざるを得ない。しかしデロングは引かない。では、現況下で少女たちの処遇について決定権をもつ者は誰か。それは在米中の日本人の最高位を占める者ではないか。一介の官吏に自分の権利を剥奪されたに等しいと受けとめたデロングは、使節団の正使岩倉具視の権威をもって失われた自分の権利を回復しようとした。

岩倉にすべての権限があるとみたデロングは、岩倉と直接交渉し、すべての調整と根回しを済ませたのち、森に対し、デロング夫人が少女らを伴って二日後に出発するので準備しておくよう通知した。デロングにしてみれば、外堀は埋めたといったところであろう。しかし森は、岩倉は日本国天皇からこの件についての権限を与えら

れていない、自分はこれに関して岩倉の計画や要望に拘束されない、と宣言し、かつ少女たちはデロング夫人と同行しないと告げたのである。

最高権力者である岩倉の権威と、駐日公使であるみずからの方策を真っ向から否定した森に、デロングは驚愕し、また激怒した。

デロングは岩倉のもとに走り、岩倉に権限はないとした森の手紙を見せて説明を迫った。岩倉にしても森の無礼きわまりない態度を憤ったであろう。岩倉は、権限は当然自分にあるとして、次にデロング夫妻が出発する際には必ず少女たちを同行させると約束した。

だがデロングは、このたびは岩倉の口約束だけでは引き下がらなかった。あなたに権限があるというのなら、あなたは少女たちに対し具体的にいかなる権限をもっているのか、われわれに何かを望んでいるというのなら、具体的にどこまでしてほしいのか、文書で示すよう申し入れたのである(010)。デロングの申し入れに対し、岩倉は文書で示すと約束した。約束を受けてデロングは岩倉からの文書を待ち構えていたが、岩倉は回答を先延ばしにし、結局はデロングに文書を与えなかった。おそらく、権能を文書にせよという要求に直面してはじめて、岩倉は自分が森に対して相対的上位にあるということ以外に、少女たちに対する具体的な権能を持っていないことに気付いたのであろう。

一方森は、一官吏として与えられた職務を遂行するのみと論拠を定め、剛腕の米国公使と正面からわたりあった。

少女たちの保護監督権は誰にあるのか。

デロングが主張するように、その決定権が使節団の最高責任者岩倉にあるとするなら、森は少女たちをデロングに引き渡さねばならない。だが森は言う。女子留学生は開拓使から派遣されたもので、岩倉はこの件について日本国天皇からいかなる権限も与えられておらず、彼女たちの処遇についての決定権を有しない。しかしだからといって、自分にその権限があると言っているのではない。自分は女子留学生を派遣した開拓次官から、在外官吏として万端にわたり彼女たちの世話をすべしとの命を受け、一官吏として与えられた職務を遂行しているだけである、というのである。

「権限」云々は、森が同時進行中の条約改正交渉から直接学んだことであったろう。岩倉には条約改正の権限はない、というのは、一行が改正交渉に臨んだ最初の席で米国側から突き付けられた思いもよらぬ指摘であった。天皇の国書には「委任」の文字はあったが、条約改正権限を付与したとする文言はなかったからである。条約改正交渉で岩倉の権限を問題にしたのは米国である。駐日公使として改正交渉に直接かかわっていたデロングには、米国側がなしたと同じ論法で自分に反論してきた森に、してやられたという思いが強かったはずである。

デロングの追及

岩倉の権限を否定されたあとも、デロングは主張を続けた。以下デロングの言うところに従う(008)。

貴殿によれば、貴殿は一官吏としての職務以上の権限をもっていないが、費用を管理している以上、使途について事前に知っておかねばならないという。少女たちは今いる場所を離れたくないと言っているともいう。しかし、具体的なことは貴殿が少女らに付き添い、われわれとともに現地に行き、学長と話し合えばわかることではないか。少女たちの希望というが、それが彼らの両親や次官の命にそむくものであるかぎり、考慮する必要はない。そもそも彼女らはまだヴァッサーのことを何も知らないではないか。デロング夫人がこれまで貴殿の国民のために大変繊細な義務と責任を果たしてきたことは、貴殿も認めるところであると確信する。はっきりさせよう。

貴殿は日本の外交の代表者である。

これらの少女は貴殿の国の問題である。

貴殿は彼女たちをわれわれの抗議にもかかわらず、われわれから取り上げた。

貴殿は彼女たちをわれわれに通告することなく、あるいはわれわれの同意を得ることなく、学校や社交の場に出した。

この適否を判断するのは私ではなく、貴殿が良心に従って職務を遂行していることを疑うものでもないが、彼女たちがこの国に送られてきた指示に違反していることは疑い得ない。

貴殿のよく知られている性格（Your wellknown character）から、私は貴殿が貴殿に本来課せられている責任を躊躇なく果たすものと信ずる。もし貴殿からの返信が私の提案に同意するものでないならば、私は貴殿の政府にこれを通告する。ニューヨークのホテル宛返信されたい。

デロングが森にこの書簡を書いた前日の木戸日記には、「今夜デロング来て告別、彼は明日より出立、日本に至ると云」と記されている。すなわち、デロングはみずからニューヨークに行きヴァッサーに乗り込む前夜に、森に最後通牒を突きつけたのである。なお、木戸はこれに続けて、「今夜森来て条約の談に至る。談論数時、然して大使大に森の平生愛国の情の薄きを責む」と記している。しばしば引用されてきた有名な一文である。しかし、岩倉の「森の平生愛国の情の薄きを責む」には、条約改正談判のみならず、女子留学生の処遇をめぐってデロングと森との間で窮地に追い込まれ、恥辱を味わった岩倉の感情が底流にあったはずである。そしてこの一文を書き記した木戸にも、岩倉と同様の感情があったはずなのである。

森の応酬

デロングに対してこれまで比較的穏健に対処してきた森であったが、ここに至って以下のように激しく応酬した(009)。

少女たちは私に同行してヴァッサーに行くべきであるというあなたの提案については、私も喜んでそうしたいと考えているが、時期については当方にも都合というものがある。また彼女たちの意思に反して私と一緒に行けと命じることは私の力の及ばぬことであり、当然のこととも思わない。あなたは少女たちがヴァッサーに行くのを拒否していると考えているようだが、そうではない。彼女たちは、今ワシントンを離れることを拒否しているだけである。私は他に差し迫った必要がない限り、彼女たちが望むすべてにおいて彼女たちを援助することが、私の義務であると考えている。

私が少女たちをあなたの抗議に反してあなたから取り上げたと述べていることについては、私にはその意味するところが理解できない。その件についてもっとよく説明していただきたい。

あなたが主張するもうひとつの申し立て、それに対して私が完全に否定しなければならない申し立て、すなわち私が少女たちを学校や社交の場に出したという主張についてであるが、あなたの断言どおり、私はあなたに通告せず、あなたの同意を求めずにそれをおこなった。これについて私が申し上げるべきことはただひとつ、私があなたのその申し立てを奇妙なことと思い、私に対する非礼な行為として受け取ったということである。

少女たちがこの国に送られてきた指示は、あなたが主張するようには違反されていない。それどころか、指示が文字どおり遂行されていることを、私の義務であり喜びとするものである。

この挑戦的な手紙を受け取ったデロングは、森がいかに不誠実であるかを黒田に訴え出た(010)。

森は手紙では一貫してわれわれに協力的なふりをしているが、行動となると、われわれの意見を聞かず、われわれに資金を渡さず、少女たちを連れてヴァッサーに行かず、少女たちにわれわれと一緒に行くよう命じない。少女たちの世話をすると言いながら、実際には監督を怠っている。森の言動は率直ではなく、不誠実であると断ぜざるを得ない。彼の最後の手紙に至っては非礼で、非外交的である。

岩倉・木戸らはデロングにねじ込まれ、早々に腰が引けてしまっていた。当然ながらデロングはそれを見抜いていたであろう。岩倉らは本心では少女たちをデロングに引き渡すことを望んでいたわけではなかったが、一貫してデロングに同調し、森を責め、もっぱら森の「wellknown character」のせいにして問題をやり過ごそうとしていた。「少女たちは森に」と言ったにもかかわらず、予期せぬデロングの強い抗議に言を翻し、さらには少女たちを連れてヴァッサー・カレッジに行くと気炎をあげるデロングの妻を、大使・副使あげてもてなした。少女たちに対する権限は本当にあなたにあるのかと詰問されると、岩倉は、権限は自分にあると答え、では具体的にいかなる権限を持っているか文書にせよと踏み込まれると、文書にすると答えたにもかかわらず、結局は文書を与えなかった。

このときデロングの怒りは「外交的」に岩倉に向けられず、その矛先は一方的に森に向けられた。しかしデロングは、「一貫してわれわれに協力的なふりをしているが」、その「言動は率直ではなく、不誠実であると断ぜざるを得ない」と、岩倉にこそ言いたかったであろう。感情的に、また体面上、デロングは森を責め、不快感をあらわにしているが、しかし交渉相手として侮れないと感じていたのではないか。

情実外交を排す森の姿勢

森が女子留学生の処遇をめぐって示した姿勢は、彼が帰国の翌年、外国条約締結書案取調理事官として、太政官正院ならびに太政大臣三条実美に提出した外交交渉についてのふたつの建言書、「外国交際を正すの議」「外国交際に情実を用いざるべきの議」（『全集一巻』）をほうふつさせる。ともに条約改正に関して、具体的には外国人の内地旅行問題について論じたものである。前者では、外国との交渉にあたっては「聊《いささか》も外国の無礼を許さず、終始公道を楯にして我義務を尽」すべしとし、そうすることによりはじめて「我国の独立挽回」することができると述べている。後者は「外国公使に接し何件に拘《こだわ》らず情実懇談の法を用いるは、啻《ただ》に無益に属するのみならず、常に大弊害を醸《か》もすに至る、決して斯の拙法は頼む可らず」と筆を起こし、内地旅行談判における政府の弱腰な姿勢を強く批判し、次のように情実による外交の危険性を描いている。

もし条理に依らずしてただに情実を述べ、懇談を尽し彼の請求を断わらんと欲する時はすでに我は受け身の位地に立ち、かえって彼に断わりを聴きくれよと請い願うに至るなり。彼もしこれを聴かざる時は、我は茫然為す所を知らず、止を得ずして彼の要求に応ずるに至るは勢理のしかるべきもの、またかつこれは従来、我外国交際の実例なり。もしその要求に応ぜざらんと欲すれば外国公使らはいよいよ勢いを得、あるいは威を用い、あるいは疑を通し、その錬熟の交際術を自在に運《めぐ》らしてついに彼が望みを達し得るははなはだ容易なり…。

実に女子留学生をめぐってのデロングと岩倉らのやり取りをなぞったような記述である。

従来の外交姿勢であれば、少女たちはやすやすとデロングに引き渡されていたはずであった。しかし森は立ち位置を変えず、米国公使に対して一歩も退かなかった。そしてみずからの責任において、開拓使が本来意図していたとおりに少女たちを全面的に自分の庇護のもとに置き、彼にとって初めての外交交渉における本格的勝利を勝ち取ったのである。おそらく、岩倉・木戸は、この勝利の意味を理解できなかったであろう。彼らは条約改正交渉の渦中で不要不急の波風を立て、あたかも全権大使を軽んじるような言動の森をうとましく感じていたと思われる。女子留学生の処遇という一見ささいな問題で米国公使との軋轢を生み、それを鎮静化するどころか、かえって問題を大きくしている森は、許し難く不遜な人間として彼らの目に映ったことであろう。しかし森は、これはわが国にとって重要な外交上の勝利であると認識していた。開拓使派遣女子留学生をめぐるこれら一連の交渉経緯が森にとって大きな意味を持っていたことは、次項で取り上げる森の辞表大意にもあらわれている。

この問題は駐日米国公使と訪米日本使節団中枢および駐米日本外交官との軋轢であり、交渉であったから、日米交渉という側面を持っていた。デロングは米国側の一員として条約改正交渉の席について日本側の森と相対することもあり、この一件についても国務長官フィッシュに報告していたと推察される。一方森も、前述のように、少女たちのワシントン到着早々、開拓使からの指示により、フィッシュの妻に女子留学生をよろしくとの挨拶と贈物を届けていた。フィッシュは事の推移を、関心をもってみていたはずである。

(二)　森有礼の辞職願について

森有礼、辞職願を提出する

森の辞職願については、条約改正交渉開始早々のつまずきにより使節団の副使大久保利通と伊藤博文が帰国することになった際に、彼らに辞表を託したことが明らかになっている。それは本日より六か月後を期として解任されたいという、いささか奇妙な辞表であった。

森の辞職願についてはこれまでさまざまに考えられてきた。条約改正交渉が暗礁に乗り上げた責任をとって、あるいは外債募集妨害の責めを負って、が主なる理由とされてきたが、後者については、明治五年二月付の森の辞表が発見されたために、その可能性はまったく排除された。外債募集のため大蔵少輔吉田清成がワシントンに到着したのは、明治五年四月八日のことだったからである。しかし前者については、依然として辞職願の有力な理由と考えられてきた。

当該辞表の存在を報告した稲生典太郎氏は森の辞意について次のように述べている。

弱年の少弁務使では国交上均衡が保てまいとでも言う議が、岩倉大使一行の中から出たものであろうか。それとも、全権委任状なしでの交渉の口火を切ったのが、意外の大事になってしまったことに対して責任を取ったものであろうか。木戸孝允はその日記のなかで、伊藤と森の言を軽々しく採用したことについては、しばしば憤慨自責の感慨を露骨に洩らしているのと考え合せて、もう一つ何か資料があれば、森のこの辞表と木戸の感慨とはつながるであろうと考えられる。

（稲生典太郎『日本外交思想史考　第一（条約改正論の展開）』小峰書房、一九六六年、一一六頁）

森の辞任問題について本格的に取り上げた林竹二氏も「たしかに私にも、この時点での森の辞表がこの条約改訂交渉の開始と無関係であったとは考えにくい」（林竹二「森有礼研究第一　森駐米代理公使の辞任」『東北大学教育学部研究年報』第一六集、一九六七年、五頁）と述べている。しかしながら、林氏も指摘するように、岩倉・木戸らが条約改正の件に関連して森を激しく非難しはじめたのは、大久保・伊藤の出発後のことである。稲生氏の言のように、この問題を明らかにするには「もう一つ何か資料があれば」、という状況なのである。

稲生・林両氏の前掲研究が発表されたのち、新たに明治五年一〇月一一日付寺島宗則・鮫島尚信宛森有礼書簡が発見され、そこに森が副島外務卿にあてて辞職の真意を記した文書の写しが記されていた。これは森の辞任について考えるうえで大変有力な資料である（「少弁務使辞表」および「寺島宗則・鮫島尚信宛書簡」『全集三巻』）。

そのなかで、森は外務卿に対し、二月に辞表を提出した後もたびたび本国に辞意を伝えているが、いまだ辞表受理の知らせがない、このたびは必ず決断されたいとして、辞職を願い出た大意三点をあげている。

一．政府の信を得ざること
二．自己其任に勝らずこと
三．外国公道を全する為にあること

第一に、自分は政府から駐在官吏として米国に派遣されたが、政府は米国政府に用件を通知するに際し、常に駐日米国弁務使にこれを依頼している。また、これまで数名の米国人を雇い入れたが、これもじかに米使を通して米国政府に託された。特命全権使節岩倉氏派出の折には自分の職務である米国在住日本人及び留学生の進退についての権限を使節に授けた。その他いちいち記さないが、以上をもってしても、自分は米国政府に対しても米国人民に対しても面体なきことは明らかである。これは政府が自分に信を置いていないゆえである。従って、第二に、政府の信を得ること薄い使臣が遠く海外で力を尽くすことは難しく、加えて自分のごとき幼齢不練識才浅乏の者がかかる難職に処し、その任に堪えることができないのは必然である。第三に、かく不肖薄信の者を公使の職に置くことは、米国政府及び人民の至懇友接に対し、はなはだよろしからず。特に米国はわが国に接するに全権使をもってし、対するにわが国が代理使をもってするは礼にかなわず。速やかに権限を持つ大臣を出し外国公道を全うすべし、というのである。

次いで森は、「閣下定めて記憶あるべし」と断って、廃刀案の提出により、すべての官職を免ぜられたことを引き合いに出して次のように述べる。薩摩藩は藩意にそわぬとして自分を官位から退けようとした。しかし自分は藩選の官吏ではなく、朝廷もまた薩藩の私物ではないのであるから、その進退は藩意によるべきではない。また廃刀案はまったく世益を望んで提出したもので、もとより人の害となるものではない。朝廷は決してかくのごとき妄情により自分を有罪人のごとく扱い、官位をことごとく剝奪したはずはない。必ずや別に罪科があるはずと追考すること数度、いまだそれがわからない。思いつくのは、世運開進のため日夜苦心勉励したことのみ。しかしながら、もしわが言行が上官の意に合わず、あるいはやり方が適好でないためにその罪名となったのであれば、自分の努力ではいかんともしがたいことである。往時の辱はわが一身に止まったが、今回の凌辱はわが国名に及ぶ。公私の為に害多し。願わくはこれらの情実を洞察し、願いどおり速やかに私を解任するよう助力されたい、というのである。

これをみると、森の辞意は条約改正交渉問題とは直接の関わりはなかったように思われる。

森は辞職願の真意の説明に、明治二年の廃刀案提出に際しての官位剝奪、位記返上を例に引いた。森はこれを「往時の辱」と言う。「今回の凌辱」とは何か。森が問題にしているのは彼の職務に関することである。すなわち、政府は駐在外交官としての自分の職務を果たさせようとしない。なんとなれば、政府の用件を米国政府に達することは駐在外交官としての自分の職務であるにもかかわらず、政府は自分の頭越しに駐日米国外交官を通してこれをおこなっている。米国人の雇用もしかりである。岩倉大使派出の折には、米国在住日本人及び留学生の進退についての権限を使節に授けた、と森は言う。以上の理由のうち、森がほかならぬこの時点で辞表を書いた理由の核心は、「特命全権使節岩倉氏派出の折に」と時期を限定した、「米国在住日本人及び留学生の進退についての権限」についてであったことは間違いないであろう。他の二点についてであれば、それ以前のどのタイミングにおいても辞表を出すことができたからである。

彼が「凌辱」とまでいう問題は、その時点においては、本文書が示す開拓使派遣女子留学生の処遇に対する岩倉の介入をおいてほかになかった。女子留学生受け入れに責任を持つことを森は自分の職責としていたし、岩倉・木戸にしてもそれ自体に異論はなかったであろう。しかし、彼らは森を支持せず、一方的に米国公使の側に立って森の職責を否定し、森の言動を非難して、それを彼の「wellknown character」のせいにした。それは「わが言行が上官の意に合わず、あるいはやり方が適好でないためにその罪名となった」としか考えようのない「往時の辱」と同様、自分が政府の信を得ていないためである。政府の信を得ていない者は、到底国のために力を尽すことはできない。またそうした者を一国の代表者として送ることは、米国政府に対しても米国人民に対しても信義がたたない。よって速やかに「不肖薄信」の自分を解任し、政府が信頼する高官を派遣して「外国公道」を全うせよ、と外務卿に迫ったのである。

本国は森に全き信認を与えていた

では、大久保を通して届けられた森の辞職願はどうなったのか。

大久保を通して森の辞表を受け取った外務卿は、辞表を「一応」正院に達した、という。すなわち、寺島宗則と副島外務卿は連名で、正院に「米国在留少弁務使森有礼より別紙をもって辞職之儀申出に付、一応進達仕候」と達した。林氏はこれを前掲論文において紹介し、「一応とある語が我々の注意を惹く」と述べている。これはまさしく「一応」であり、大久保から事情説明を受けた寺島、副島はそれを了解したうえで正院に達したということであろう。つまりは、辞表など出す必要はないが、「一応」、という理解である。

開拓使文書に以下のような興味深い記載がある。

森有礼より来書抄録

一　女生徒の義に付此度大久保利通帰朝に付委細同人承知に有之不贅《ぜいせず》候　二月二三日
森少弁務使へ回答
一　女生徒の義は此度大久保利通帰朝に付委細同人　承知の旨　四月十八日
（「女生徒米国留学之件」『開拓使公文録　八　明治五年　外事之部』）

すなわち、森は辞表とは別に、開拓使宛の二月二三日付（旧暦）書簡を大久保に託していたのである。森の書簡には、大久保が女生徒の件について委細承知しているので、自分からはあれこれ言わないとあった。開拓使は大久保から話を詳しく聞いたうえで、承知の旨を四月一八日付で森に返答した、という記録である。森が大久保に託した開拓使宛書簡は二月二三日付。大久保らがワシントンを発ってから一〇日ほど後のことであるから、書簡は大久保らの出立後、大久保宛にサンフランシスコに郵送されたのであろう。一方、森の辞表には「二月」とあるのみで、日付はない。辞表も開拓使宛書簡とともに大久保に送られた可能性が高い。

従って、この時点においては、大久保から説明を受けた留守政府も、開拓使も、事情を理解し、森の行動を了としていたのである。否、了とするどころか、開拓使が森に承知の旨を回答したと同じ日に、森を正五位に叙し中弁務使に昇任させる辞令が出ている。さらには、素早くも同日付で、政府はアメリカ大統領宛にそれを知らせる文書を送ったのである。そのなかに次のように記されている。

（前略）有礼恪謹懈《かきんおこ》たらずよくその職を尽せり。よって今般中弁務使に昇任し、此書を付して委任の証とす。朕《ちん》固《もと》より有礼の更に重職を奉し益々閣下の寵眷《ちょうけん》を蒙《こうむ》り貴政府の信認を受ることとまた疑を容れざるなり。此

書を呈する時懇待せられ、其陳述する所を聴納し、かつ朕が名を以て上言する所を信用せられんことを望む

（略）

明治五年壬申四月十八日東京宮城に於て自ら名を署し璽《じ》を鈐す

（「森有礼を中弁務使に任するに付米国大統領へ之御国書」官符原案・副本三、国立公文書館）

これは、単なる森の昇任通知などではなく、本国政府による森に対する全幅の信頼と完全なる信認を記した国書である。

森の辞表と、女子留学生問題と、昇進辞令とは、すべてリンクしていた。彼の真意が届いたか否かには大いに疑問があるものの（なぜなら森は昇進辞令を受けとらず、引き続き少弁務使を名乗り続け、早く自分を辞職させよと外務卿に迫っていたのであるから）、帰国した大久保・伊藤は、森を支持する旨を太政官にきわめて強く表明・進言したのである。大久保・伊藤は、この件を看過すべからざる重要事と認識していたということである。

問題は一見こじれていた。だが、この問題は本質的には、少女たちをデロングに引き渡すか否か、岩倉の権能は少女たちに及ぶか否か、森は職務違反をしているか否かなどではなく、女子留学生の教育をいかにすべきか、という問題であった。つまりは今後の日本の教育についていかに考えるかという問題であり、すなわち文部の問題であった。後述の吉田清成書簡に「大久保伊藤帰朝の時分、森を文部の方へ登用の儀も起りたる由」とあるのは、この問題を理解する大久保・伊藤の、森に対する積極的支持のあらわれとみてよいであろう。後年、森は初代内閣総理大臣伊藤博文のもとで初代文部大臣に任命される。伊藤が森を指名した理由の源を、ここまでたどってもよいのではないだろうか。

大久保・伊藤がワシントンを発って以降、デロングと森の攻防は激しさを増し、岩倉・木戸との対立は決定的となり、森は一方的に孤立させられることになる。森が提出した辞職願は結局受理されなかった。しかし、この問題は森の将来に長く尾を引く影響を与えることになるのである。

吉田清成、デロングに呼び出される

ここで、かつて森召還の理由とみられていた外債問題をめぐる吉田清成との確執に関して、女子留学生問題との関係において一言述べておきたい。

使節団を送り出した留守政府は、財政困難による華士族の家禄整理等のため外債募集を決定し、大蔵少輔吉田清成を担当理事官として米欧に派遣した。吉田がワシントンに到着したのは西暦五月一四日であった。本国政府の外債募集の指令に森は激しく反対し、執拗にその阻止に動いた。吉田は結局米国での募集をあきらめ、英国に向かわざるを得なくなる。その次第は「明治五年対米外債募集問題関係文書」(『全集一巻』)に収められているが、そのなかに吉田に随行した書記官が記したとみられる「(七分利付外国)公債発行日記」がある。そこにデロングが登場する。すなわち、「四月十五日(西暦五月二一日)、日本在留公使「デロング」氏、新債の儀に付対面いたしたき旨、紐育《ニューヨーク》より電信を以て申来る。同夕華盛頓《ワシントン》出立、「ウイリアムス」同道、紐育へ赴く」とある。

デロングからの呼出しである。森の抵抗により、デロング夫妻が女子留学生を伴うことなくワシントンを発ってからひと月後のことであった。この間にデロングは、ヴァッサー・カレッジに出向いて学長に会い、あるいは寄宿学校を見学するなどして少女たちをニューヨークに連れてくるよう森に要求していたが、森は五月一三日付でデロングに最後通牒を突きつけていた。

吉田清成は英国から米国にわたってハリスの門に入った六人の薩摩藩留学生のひとりである。一八六八年五月、学生たちは分裂し、多くはハリスのもとを去った。当時ハリスのコロニーには十数人の日本人が暮らしていたが、吉田は去った者の急先鋒であった。残った鮫島尚信・森有礼・長沢鼎のうち、鮫島と森はその後まもなくハリスの勧めにより帰国する。ハリスのもとを出た吉田清成、畠山義成、松村淳蔵は、同年九月にニューブランズウィックのラトガースカレッジの理科に入学したのち、それぞれ別の道を歩んだ。畠山は引き続きラトガースで学んでいたが、政府の帰国命令を受け、惜しまれつつ帰国の途についた。しかし、岩倉使節団の随員として呼び戻され、帰国後は文部の仕事にあたる。松村淳蔵はラトガースで学んだ後、念願であったアナポリスの海軍兵学校に入学し、専心学んで日本人最初の同校卒業者となり帰国した。ところが吉田は思うように学業を全うできなかった。『吉田清成関係文書 三』（思文閣出版、二〇〇〇年）に収録された関係諸書簡によれば、吉田はラトガース入学後まもなく退学し、翌年ニューブランズウィックを去るが、進むべき方向が定まらなかったようである。畠山と松村は、吉田について、「未《いまだ》たしか取究たる御情態にても無之《これなく》」「未た先の御見留も付かざりや」と心配していた。

そうした折、久しぶりに落ち着いた旨の連絡をよこした吉田に、二人は連名で次のような手紙を書いている。「諸事expedientlyに相運び候上は、僕等に至り決して秋毫《しゅうごう》のobjection無之、至って御同意なり。何分願はくは何処にても兄の十分御愛好の学校又は其Profsの類にてPerfectly free willを以て聢《しか》と根を取りsubstantiallyに兄の学業実る様御勉強の処而已《おるのみ》に御坐候」（一八六九年七月一九日付永井（吉田の変名）宛松村・杉浦（畠山の変名）書簡」（『吉田清成関係文書 三』三四〜三五頁）。自分の学びたい道が見つかったからには、そこにしかと根を張り成業するよう願う、というのである。吉田は同郷の大原（吉原重俊）と同じく「政事学」を志す。大原は同年九月にイェール大学の法学部に入学し、吉田はその準備のためWilbraham Academyで学ぶことになった。だが、望みを果たさぬまま、吉田は帰国してしまう。吉田が帰国を急いだのはなぜか。

一八七一年二月八日、駐米外交官として米国に向かう森を乗せたグレート・リパブリック号は、洋上、日本に向けてサンフランシスコを出航した船舶と行き交う。二艘の船で郵便が交換され、森はその際に、同船の乗客であった吉田からの書簡を受け取った。それにより、森は日本への船に吉田が乗っていたことを知ったのである（「渡米日記」『全集三巻』）。つまり、吉田は、グレート・リパブリック号で森が外交官として米国に赴任してくることを知っていた。故国との連絡を頻繁にとっていた吉田が、森がわが国初の駐在外交官に任命されて再渡米することを知り、森に後れをとることを恐れて、学業を捨てて急ぎ帰国した可能性がきわめて高い。

この吉田が、ニューヨークでのデロングとの面談後、井上馨に長文の書簡を書き送っている（「加遠留《かおる》老兄宛吉田清成書簡」『全集一巻』前掲文書中）。書簡には外債募集の件のみならず、森への非難の言葉が延々と書きつらねられている。そのなかに、「開拓使より遣し候女諸生之始末についても様々不体裁の事共これあり、岩倉公とも破論を起こし、デロングとも大いに破論に及び…」と述べた一文がある。その部分の上欄には、「岩倉公の話に、此度は森の為めに辱を請し事様々有之候得共、現今迄は堪忍致し居候と云々、岩公にも此節は森に望を粗失い候由に御座候」と書き加えられている。

デロングは吉田をニューヨークまで呼び出し、森のふるまいがいかに無礼であるか、その所業をあげつらったのであろう。吉田にとって胸のすくような駐日米公使の言葉であった。吉田は岩倉と面談し、岩倉も森に対してデロングと同様の感情を抱いていることを確認する。それは外債募集を阻止しようとする森への憎悪にも等しい感情へとつながっていく。

吉田は井上馨に「大久保伊藤帰朝の時分、森を文部の方へ登用の儀も起りたる由にて（中略）、ケ様なやつこを教の部に置候様の事有の候ては天下の事は最早夫切《それきり》と存じられ候。右の條々逐一西郷へ御相談被成下度（中略）彼是と拙者等へ向かい議論らしき事を申立候儀は夢々心頭に掛けず候得共、弁務使としてありながら岩倉は無学ぢやとか、或は日本政府の始終動揺するとかいう事など外人へ相咄し候様子も有之、実に一国の弁務使の語には不相応の事も有之様子に被察候。実に不安千万に御座候。為御念申遣置候」と書いた。これより先、木戸も井上に、「森がしきりに教育のことに口を出す。彼が教育分野に来れば国のためにならないから反対せよ」（井上馨宛書簡西暦四月一八日）と書いていた。開拓使派遣女子留学生をめぐる森とデロングや使節団中枢との対立は、そもそも最初の段階で岩倉が言を翻さなければ生じなかったはずのものであったが、それを承知していながらも、否、承知していたればこそ、森に対する屈辱感はつのり、感情的な嫌悪感は次第に森という人物の否定という実態を伴った非難として拡散されていったのである。

森の辞職願は、森の意に反して受理されなかった。森は自分の道を突き進む。しかし、在米日本人留学生のあいだに意図的に広められ、また本国へも広められた森に対する悪感情は、やがて彼の死を招く下地を醸成していったのではないだろうか。

第三章　開拓使派遣女子留学生の教育に果たした森の働き

(一)　女子留学生の将来の教育を見据えて

わが国初の女子留学生の受け入れ

森が開拓使派遣女子留学生の教育に果たした役割については、その派遣について黒田清隆とはからったとされる件を除き、これまで特段に検討されたことはなかった。森研究においても、女子留学生に関係する研究分野においても、この方面における森の評価はきわめて低く、また皮相的であったと言わざるを得ない。森は熟慮して彼女たちの生活を支援していたが、少女たちの処遇の実態や背景が明らかでなかったために、それらは森の場当たり的行動とみなされがちであった。

そもそも岩倉・木戸・黒田らがデロングの攻勢に受け身にならざるを得なかったのは、彼らが女子留学生の教育について、ほとんど見解を持っていなかったためであった。女子教育をいかにすべきか。しかも一〇年という長期の、外国における教育である。皆目見当がつかない状況にあってみれば、駐日公使として日ごろ手を焼いている相手が自分に任せよというのであれば、よろしくと言ってしまうのも無理からぬことであった。

しかし、森は見通しをもって準備していた。森はいたずらにデロングに対抗したわけではない。デロングが強く主張するヴァッサー・カレッジについてもその価値を知らなかったわけではない。女子教育というテーマについて、あるいはヴァッサー・カレッジについて、森はデロング以上に知識や関心があったと推測される。この前年に森の依頼によって編まれた*Life and Resources in America*では、教育諸分野を扱った第七章においてヴァッサー・カレッジが詳しく紹介されている。また、その章の最後には、日本国民が特別な関心を抱いているテーマである、と断ったうえで女子教育をとりあげ、米国における女子教育の状況を解説している。「日本国民が特別な関心を抱いているテーマである」と執筆者に伝えたのは、もちろん森である。

森の女子教育についての知識や関心は単に書物を通して得られたものではなかった。彼は渡米直後からニューイングランドの知識人の多くと親しい関係を結び、そのなかには女子教育に先駆的な働きをした人たちも含まれていたからである。

森が大久保・伊藤に託した辞表には、同年七月（旧暦）を期として辞任する、と辞職の期限が記されていた。辞表は女子留学生の処遇に関連して書かれたものであった。森が辞任まで半年という猶予を設けたのは、その間に彼女たちの将来にわたる教育の道筋をつけようとしたためであったろう。

森は女子留学生の将来の教育に向けて、さまざまな手を打っていった。

森は少女たちがワシントンに到着する前に、あらかじめ彼女たちの当座の受入先として信頼できる三つの家庭を用意していた。しかし森はデロングとのごたごたにみずからピリオドを打つと、分宿していた少女たちを一軒の家に集め、彼女たちの直接の庇護者となった。ワシントン市内に家を借りて、少女たちをそこに移したのである。*Japanese Legation Letter Copybook*（『全集五巻』）に収められた家主宛書簡によれば、家賃は月額一二五ドル。公使館の家賃が一六六ドルであったから、少女たちの住居としては十分な家であったと考えられる。

幼稚園教師を雇う

森はワシントンで暮らす少女たちのために、料理人と住み込みの教師を雇った。森は黒田に一連の件を説明した五月二四日付書簡（015）において、少女たちの教育について識者らに相談し、その推薦により「事物教授の教育法を学んだ経験ある教師」を選んだと報告している。

五月二〇日付*New York Times*に次の記事がある。

少女たちがヴァッサー・カレッジに行くという話は本当ではない。森氏はワシントンで少女たちを教育するための調整をすませた。彼女たちは今週から、アニー・ローリング女史の指導のもとに通常の教育を受け、女史とともに暮らす。女史は教養ある〝幼稚園教師〟である（注　クォーテーションマークは原文のママ）。

少女たちの教師として雇われた女性を、森は「事物教授の教育法を学んだ経験ある教師」と言い、新聞は「幼稚園教師」であると述べている。森と幼稚園との関係については第三部七章において述べるが、当時アメリカの幼稚園はいまだ草創期であり、幼稚園教師養成所もわずかで、幼稚園教師の数は決して多くはなかった。こうした状況下で日本の少女のために幼稚園教師を雇うことは、きわめて困難なことであったが、それ以上に、そもそも幼稚園教師を雇おうと考えること自体、一般のアメリカ市民の思い及ばぬことであった。これこそ森が識者たちに相談し、熟慮して少女たちの教育方針を決めたことの具体的証なのである。

「（ペスタロッチーの）事物教授の教授法を学んだ経験ある教師」、あるいは「（フレーベルの）幼稚園教師」を少女たちに付けるという森の選択は、森が少女たちの教育を長いスパンで考えていたことを示している。一刻も早く学問をしたいとはやる梅（梅子）は不満を抱いたが、教師はなかなか文字を教えてくれなかった。九月中旬から来た新しい教師がようやく文字や文章の書き方を教えるようになったという（吉川利一『津田梅子』中公文庫、七〇頁）。従来の初等教育のように手っ取り早く読み書き計算を教えるのではなく、感覚を刺激し、みずからの体験を通して学ぶというペスタロッチーの教育学やフレーベルの思想は、少女たちにとって、もとより馴染みのないものであった。

他方、デロングの提案は、ヴァッサー・カレッジ入学が許される時期が来るまで、彼女たちを寄宿学校に入れることであった。デロング書簡には、みずからポーキープシーに乗り込み、いくつかの寄宿学校を見学したことが報告されている。報告書のなかでデロングは、こうした施設に入れれば少女たちの安全が担保されることの保証として、「本校では少女たちが外部の人間と交際しないよう注意深く守り、私の家族と寄宿生以外の人間とは接触させない」という、ある寄宿学校経営者の言葉を紹介している（013）。

少女たちの心情も踏まえて

吉川利一前掲書は、著者が直接梅子から資料を借り受け、あるいは話を聞いて執筆されたものであるが、そのなかに、ワシントンに到着した年の秋に、梅子が覚えたての英語で書いたFrom Japan to Americaと題する作文が収録されている（同書八七頁）。直さず原文のまま引用する。そのままのほうが、寄る辺ない少女たちの気持ちがよくあらわれているように思えるからである。

a lady named Mrs Delong took care of them, first all the girls think her very kind

渡航中、彼女たちはデロング夫人に託された。「みな、はじめは彼女をとても親切だと思った」。ところがサンフランシスコ上陸後、行く先々で着物や髪型を珍しがられ、見世物にされたり、袖を引っ張られて知らないところに連れて行かれたりと、怖い思いや不快な経験をした。夫人は何度願っても洋服を買ってくれず、彼女たちを振袖姿で連れまわした。そういう経緯もあったのであろう、彼女たちの夫人評は次のようになった。

Mrs Delong was mot《ママ》 kind first the girls was very nice but last was not kind

少女たちはみな、「デロング夫人は親切ではない。はじめはとてもいい人だと思ったけれど、最後には親切な人ではない」と思ったのである。

岩倉使節団に同行した黒田長知に随行して渡米した金子堅太郎は、ユタ州ソルトレイクシティでの次のような出来事を記録している。

此市の一隅に温泉場あり、其構造は中央に温泉の「タンク」浴場ありて、周囲より下りて入浴する方法なり。

一日、米国公使「デロング」の妻か日本の女学生を伴ひ裸体にて入浴せしめ、米国人をして周囲より其有様を観覧せしめたることありて、大使一行の官吏等の物議を惹《ひ》き起したることありたり。

（『金子堅太郎自叙伝』第一集、日本大学精神文化研究所、二〇〇三年、七三頁）

この真偽については不明であるが、梅子は後年、渡米当時を回想して、夫人は自分たちが見世物にされて周囲の注意をひく様子を楽しんでいた、という趣旨の文章を残している。また同文中に、夫人は日本語をまったく解さないため、自分たちは使節団の男性通訳に頼っていた。彼らはできる限り助けてくれたが、アメリカの習慣についてほとんど知らず、少女の扱い方に至ってはまったく知らなかった、と道中の心細さを記している（UME TSUDA, "Japanese Women Emancipated."『津田梅子文書』津田塾大学、一九八〇年、七九～八四頁）。

「彼女たちは今ワシントンを離れて夫人と一緒にヴァッサーに行くことはできないと言っている」「彼女たちが望むすべてにおいて彼女たちを援助することが私の義務であると考えている」というデロングに対する森の言明には、少女たちのこうした感情や意見も反映されていたであろう。

梅子が語るワシントンでの五人の共同生活は、まことに自由で楽しいものであった。毎日二時間、教師から英語を学び、週に二回ピアノを習うほかは、何の制限もなく気ままに過ごしていた。ランマンや彼の妹がしばしば様子を見に来て、何かと気遣ってくれた。英語の授業を終えると、五人一緒によく公使館に遊びに行った。館員に遊んでもらったり、どこかに連れて行ってもらったり、店でおもちゃやきれいなものを買ってもらったりもした。梅子はそれらの日々をThose were golden days for us.と振り返った（吉川前掲書七六頁）。

梅子は後年、この、のびのびと暮らした生活を振り返り、新しい生活に慣れるまでの最初の年を興味いっぱい楽しく暮らしたことによって、予想されたより容易にそれぞれ別の新しい生活に入っていくことができたと述べている（前掲"Japanese Women Emancipated"）。ワシントンでのこうした生活が、それ以降の長い米国生活を意義あるものとする力を培ったと言えるであろう。

(二)　女子留学生に対して森が負った責任

ランマンとの契約解除と五人の留学生のその後

森は少女たちをワシントンに引き取った直後から、彼女たちを託し、本格的に教育を受けさせることができる信頼すべき家庭を探していた。ワシントン到着の日から二か月にわたり亮と梅を預かったランマン夫人は、早くから二人を引き取りたいと申し出ていた。対して森は慎重であった。九月一〇日付で、「なかなか決められなかったので、返事が遅くなり申し訳ない。亮もジョージタウンに残るが梅と一緒でなくともよいであろう。梅は少なくとも一年間ランマン家にお願いし、その後はニューイングランドの学校に通わせたい」(*Japanese Legation Letter Copybook*)と返事をしている。結局、梅はそれから帰国するまでの一一年間、子どものいないランマン家のいわば一人娘として育てられることになる。

多少横道に入るが、森と秘書ランマンとの関係について一言述べておく必要があろう。森はこの年の夏にランマンとの契約を解除していた。この件に関連して、森とランマンとの間に何らかの確執があったとする見方があり、それがしばしばそのまま採用されている。しかし、これは森の側から言えば、解雇でも確執でもなかった。森は文言どおり、ランマンとの契約を履行したにすぎない。

森は契約打ち切りに異議を唱えたランマンに対し、契約終了は双方の合意であった(*Japanese Legation Letter Copybook* 一八七二年九月五日付)と述べている。われわれは八月一日を期限とする契約を結んでおり、あなた自身がその延長を求めなかったことをあなたは覚えておいでであろう。四か月前に私は契約延長についてあなたの意向を尋ね、あなたは契約期限まで働きたいと返事をした。その期限が来たのである、と森は言う。著名な執筆家で、議会の内情にも詳しく、親日家で、有能かつ私心なく働いてきたランマンをやめさせるなどばかげたことではないか、と誰もが考えたであろう。否、誰よりもランマン自身が、みずからの意思に反して契約切れを通告されるなど、考えもしなかったのではないか。

しかし、森はランマンとの期限付雇用契約を重視した。一八七一年末に米国務省に提出された日本公使館員一覧には、ランマンにのみTemporary（臨時雇）と記されている（「米国公文書館所蔵公文録」）。森は異質な西欧社会にあって自分の立ち位置を明確にし、そのなかで踏ん張っていた人間であった。森は言いたかったであろう。契約は西欧社会の精神ではなかったかと。米国側の条約改正交渉もその精神において遂行されたのではなかったかと。

結局、五人のうち、梅はジョージタウンのランマン家に、捨松と繁はニューイングランドのベーコン家（繁はのちにアボット家）に、年長の悌と亮は帰国することに決まる。森はランマンとの雇用関係のいかんにかかわらず、梅を安心して託すことのできる信頼できる人物としてランマン夫妻を選んだのである。

ここで、年長の二人の少女を帰国させたことについても、一言ふれておきたい。

開拓使文書には九月二〇日付で二人を帰国させることを本国に知らせた森書簡の抄録が残されている。亮はワシントンに到着する前、大陸横断の途上、雪のために目を痛めてしまっていた。森は亮に治療を受けさせていたが、快方に向かわなかったようである。「吉益亮義着後眼病を患い、数多の眼医へ相掛候得共、早速全快無覚束《おぼつかず》、徒《いたずら》に公金を費候儀恐入候旨をもって帰国願出、其通り承允《しょういん》致候」（「開拓使公文録八　外事之部　明治五年九月二〇日付）とある。悌の帰国の理由は不詳であるが、森は悌がみずから帰国を申し出たことを記している。「上田悌義も自願の筋有之、同じく帰国承允《しょういん》致候。男生と異り女学生は年長《た》け候ては成業無覚束《おぼつかず》、此義殊に右の都合に相成候専旨に候」（同上）。

年長の彼女たちが年少の少女たちより言葉の習得や生活への適応に困難があったことは容易に想像できる。彼女たち自身も年少の少女たちの吸収力、適応力を目の当たりにして、前途の困難を実感していたであろう。帰国後の肩身の狭さを考えれば、胸ふさぐ思いであったと思われる。同資料によれば、悌は亮の付き添いという形で帰国したようである。前掲ランマン夫人宛森書簡に「亮もジョージタウンに残るが」とあるように、森は二人を帰国させるか否か、ぎりぎりまで迷った感がある。森はワシントンでの五人の生活の様子を見ながら、自分の責任で最終的に二人を帰国させることを決めたのである。

仮に少女たちがデロング夫妻に引き渡されたとすると、夫妻に連れられてポーキープシーに向かった五人の少女たちは、そのまま寄宿学校に入れられたであろう。仮にそうなったとするなら、受入れ先の寄宿学校は、精神面も含めた健康を思いやって年長の二人を帰国させる判断をすることは難しかったと思われる。あるいは決断の時機を逸したかもしれない。当時、男子留学生のなかには精神に変調をきたして、あるいは体調が悪化して、異国の地で命を落とす者がまれではなかったことを考えると、最悪の結果になっていた可能性も決して否定できない。

一〇月いっぱい今までどおりの生活を続けたいという本人たちの希望をいれ、森は一一月から少女たちを各家庭に託すことに決めた。彼女たちは希望どおり一〇月末までワシントンの家で暮らし、年長の二人は訪日する開拓使雇いアンティセルの妻に託して帰国の途に、梅はランマン家へ、捨松と繁は一〇月三〇日の夜行列車で森自身がコネチカット州ニューへイヴンへと連れて行った。

三人の少女たちは、森が定めたそれぞれの家庭で家族の一員のようにおよそ一〇年を過ごした。繁はヴァッサー・カレッジ音楽科を卒業して一八八一年に帰国。その翌年、留学期間を一年延長して、捨松はヴァッサー・カレッジを、梅子はワシントン市内のアーチャー・インスティテュート（Archer Institute）を卒業して帰国した。

米国に残った三人は、それぞれ学ぶところを全うしたのである。

女子留学生の教育の目的

デロングは、ヴァッサー・カレッジ学長レイモンドに女子留学生の入学について照会した際、彼女たちの留学の目的を「宮廷の若い女性たちを教育するため」(002)と述べている。そのうえでデロングは、もしあなたが女生徒たちを引き受け、成功を収めるなら、日本人は一度気に入ると滅多に変わらないので、今後より多くの学生を得ることができるであろう。デロング夫人はすでに他の高位の女性たちの留学についても相談を受けており、彼女が今回の件を日本政府の満足を得られるように処理できれば、それも実現できるであろう、と述べている。

一方、森はデロングに対し彼女たちの留学の目的について次のように述べている(005)。

強調しておく必要があるのは、子どもたちは、そう考えている人もいるようであるが、日本帝国の宮廷の教師となるためにこの国に送られてきたのではない。蝦夷の島で役立つ教師となるための、平易で実際的な学びをするために送られてきたのである。

新天地蝦夷で役立つ女性教師の養成。遠大な目的である。

森がこの当時すでに普通教育について考えていたことは確実である。森は早い段階からボストンの公立初等中等学校について熟知していたし、マサチューセッツ州の公立学校を改革したホーレス・マンについてもよく知っていた。また彼は発布されたばかりの「学制」をいち早く英訳して、内務省教育局長ジョン・イートンに贈呈している（『別巻四』に関係資料数点収録）。そのなかで彼は「新しい学校法の目的は、あらゆる階層において、男であれ女であれ、ひとりも無知のなかに置き去りにしないことである」と力強く宣言した。すでにこの時期に、彼が全国民を視野に入れた学校教育体系に強い関心を抱いていたことの具体的あらわれとして注目に値する。

イートンが森の求めに応じて*Education in Japan*に寄せたOn Education in the United Statesという論文には、興味深い記述がみられる。すなわち、イートンは「女性教師」という小見出しの冒頭に、「特に注意を喚起しておくべきことは、外国ではおそらくほとんど理解されないであろうが、（米国では）女性の大部分が教師として雇用されているという事実である」と述べているのである。ほかならぬ*Education in Japan*に寄せた文書にいう「外国」とは、明らかに日本のことである。「日本ではおそらくほとんど理解されないであろうが」、とイートンは述べているのである。

「女性の大部分が教師として雇用されている」という表現は誇張であるが、イートンは敢えて女性が教師として雇用されていることを強調しようとしたのであろう。前述のように、森編纂の*Life and Resources in America*においても、女子教育について、「日本国民が特別な関心を抱いているテーマである」と特記されていた。この記述は、森自身が女子教育に関心を抱いていたことを示すものであるが、執筆者が森との会話を通しておのずと了察したということでもあろう。イートンの前掲記述も、森との交流のなかで、自然に汲み出された表現であったと考えられる。

公立学校の教師の多くが女性であるという事実は、森にとってとりわけ興味深い事実であったろう。女子留学生を特定の階層の女性たちのための教師にするのではなく、普通学校の教師となるよう学ばせるという彼の方針は、日本に普通教育を普及させるという構想の延長線上にあったはずである。

森は少女たちを、ワシントンでの共同生活解散の日を前に、公使館での晩餐に招いた。吉川利一前掲書に、ランマンの筆になるその際のエピソードが紹介されている。森は、「日本の婦人たちは気の毒だね。学問したくともその学校がないのだから。あんたたちは幸福者だ。そのつもりでしっかり勉強しなくてはなりませんよ」（同書七三頁）と言い聞かせたという。森は、「学問したくともその学校がない」現状を、変革しようとしていたのである。

晩餐後のエピソードも同書から引用してみる。

> 食事のあと、お茶を飲みながらいい機嫌で、
> 「娘さんというものは、濃いお茶を飲むものではありませんよ」
> というたところ、即座に女史は申し出た。
> 「私は濃いお茶が好きです」歯切れのよいその口調が森を喜ばせた。実際女史は脂濃いものよりも果物や野菜が好きであった。お茶も好き、特に濃いのをすいていたので、率直にそれをいってのけたが、その後は決して濃いものを飲まなかった。悪いと知ると、きっぱりそれを思い切るところに女史の強い性格が現れている。（同書七四頁）

このエピソードはもちろん梅子の「強い性格」（強調傍点ママ）のあらわれとみることもできるが、それは「悪いと知ると、きっぱりそれを思い切る」というより、森の言い付けを守ったと解釈することはできないだろうか。これまで少女たちの教育に果たした森の役割が不明であったために留意されることはなかったが、彼女たちは

森に全幅の信頼をおいていた。

吉川前掲書に梅の母にあてたランマン夫人の手紙がある。津田仙の訳で、「梅の学問の進み早きには、何れの人も感心いたし候。併し私共は当人の年頃に余り多く学問を為致候事は好み不申候。森君より、当人の学問致し方指図いたし候様、御頼に御座候」（共同生活を解散して梅がランマン家に引き取られてから一週間ほどたった一一月六日付）とある。梅に勉強のしすぎを注意したいが、（自分たちの言うことは聞かないので）勉強の仕方について指図してほしいと森に頼んだ、という文面である。「強い性格」の梅も森の言うことは聞き入れるのである。少女たちにとって、森は絶対の信頼を寄せる何者にも代えがたい庇護者であった。彼女たちの米国における自由と前途は森によって保障され、また保障され続けていくであろうと彼女たちは感じていたのではないか。永井繁子も、森の特別な配慮のもとに置かれた自分たちは、アメリカの良質なキリスト者家庭の少女たちが享受しているのと同様の、完全な自由を享受することができたと回顧している（生田澄江『舞踏への勧誘――日本最初の女子留学生永井繁子の生涯』文芸社、二〇〇三年）。

森は、彼女たちが宮廷に仕える教師になるのではなく、普通教育の責務を担う教師となるためには、彼女たちに閉鎖的な寄宿学校のなかで保守的な女子教育観に基づいた教育を受けさせるのではなく、進歩的で知的な家庭において生活させ、かつより良い高等教育を受けさせることが必要であると認識していた。彼はそれを可能ならしめる環境を少女たちに与えることに常に意を用い、また実際に彼の力のすべてを用いて（辞表まで提出して）、彼女たちが安定して米国で生活していくための確固とした基盤を作ったのである。このことは大いに注目されるべきであろう。

第三部　初代駐米外交官森有礼のさまざまな働き

はじめに

森有礼が駐米少弁務使としてその職に任命された時、彼に与えられた職務は「交際事務」および「留学生管轄」であった。

これは米国側にも周知されていて、日本から初めて駐在外交官が送られてくることを報じた*New York Times*は、横浜在住の通信員からの次の報告を掲載した。

（一八七〇年）一二月一三日、駐日米国公使デロングは、従五位森有礼氏がワシントン駐在少弁務使に任命されたとの公式通知を受けた。これは日本政府による初の外交官任命であり、わが国に対する大きな敬意とみなければならない。彼には外交の職務に加え、すべての在米日本人、特に学生たちに対する全面的な責任が課せられている。学生には皇室メンバーも多い。森氏は平均的な日本人官吏よりずっと容姿のよい紳士である。もし、この通信が運ばれる船に彼が乗っていないとすれば、次の便でアメリカに向かうであろう。

（一八七一年二月一日付）

New York Tribune も、森について次のように伝えている。

彼は、少なくとも現時点では、外交的機能を行使することはほとんど期待されていない。彼の主な業務は日本人留学生の監督であり、留学生の処遇について裁量権が与えられている。だが米国社会を観察し、調査することを通して、次第に、より高次の政治的任務にふさわしく整えられていくであろう。そしてゆくゆくは、合衆国政府に日本への小さな負債の数々を支払うようにさせる難しい仕事に対応するようになるだろう。

（一八七一年二月二八日付）

かくして、交際事務と留学生管轄の職務を帯びて米国に遣わされた初代駐米外交官森有礼は、その職務を、彼なりのやり方で、あますところなく遂行することになる。

キンズレー関係文書にみるように、彼はさまざまな分野の人びとと親しく交流し、人間関係を築いていった。彼が築きあげた交友関係は留学生たちへと還元され、学生たちの勉学を支えた。

森は留学生たちを実に親身に世話した。森は学生たちの話に耳を傾け、彼らが自分自身で選び取った道を進むことができるようにつとめた。たとえば、永井荷風の父、永井久一郎はプリンストンカレッジで学び始めたが、ラトガースカレッジに転校したいと望むようになり、ワシントンに森を訪ねて相談した。話を聞いた森はプリンストンに行って事を決めようと、三日後にはプリンストンの学長James McCosh宅を訪問し、その場で話をつけた（瀬戸口龍一「永井久一郎と専修大学創立者たち——〔禾原《かげん》先生遊学日誌〕からみるアメリカ留学生の実態について」『専修大学史紀要』第三号、七四頁）。森は若いこともありフットワーク軽く、まるで兄弟のように学生たちの面倒をみている。なお、このMcCoshも、森が日本の教育についての質問紙を送り、寄せられた回答が*Education in Japan*に掲載されているひとりである。学生を転校させるといういわばマイナスの話題であっても、森がこれからの日本の教育について熱心に、また率直に話をしたからこそ、こうした関係を築くことができたのであろう。

森は学費や生活費のことはもちろん、学生が病気と聞けば直接医師によろしくと手紙を書き、根をつめて勉強している学生がいると聞けば、身体に気をつけるよう注意してやってくれと手紙を書いた（*Japanese Legation Letter Copybook*）。彼の学生たちに対する態度は実に親身なものであった。学生たちを、これからの日本を造っていく大切なひとりひとりと考えていたからであろう。

彼は与えられた職務を忠実に務めた。彼の辞職願も、まさに、与えられた職務を果たし得ないことに対して提出されたものだったのである。

だが、森の駐米時代を特徴づけるのは、彼の駐在外交官としての働きが、命じられた職務の範疇内には収まらなかったことではないだろうか。森にとって「交際事務」と「留学生管轄」とは、ふたつの別の職務ではなく、新国家の建設というひとつの命題に直接結びつくものだったからである。すでに第一部でみたキンズレー関係文書にも、第二部でみた開拓使派遣女子留学生関係文書にも、そうした彼の在り方がはっきりとあらわれている。

森にとって、新国家の建設とは教育を通しての日本再建にほかならなかった。彼は三条実美に呈した*Religious Freedom in Japan*において、「今や教育に関心を持つことの重要性と緊急性は明白である。（従って、政府の任についている）われわれすべての者は、われわれが現在置かれている立場が恐るべき重責を負うものであることを真に自覚しなければならない。われわれは、わが国の運命を形づくる責務を担っているのである」と記している。

森はその言葉どおり、国家の重責を担う者のひとりとして、外交官としての職務にあたっていた。外交関係を開く手始めとして、若年の森に下級外交官の立場で米国行きを命じた政権担当者の意図はいかにあれ、彼にとって「交際事務」と「留学生管轄」とはまさに「わが国の運命を形づくる」ための仕事であって、すべてはそこにつながっていた。信仰の自由論を著したことも、日本における教育について著したことも、新島襄に目をかけたことも、彼を教育担当理事官の案内者として付けたことも、女子留学生の教育に心を砕いたことも、金子堅太郎らを公立小中学校で学べるようにしたことも、すべてはそこにつながっていたのである。

第三部では、さらに広範囲にわたる多様な資料に目を通しながら、これまで注目されてこなかった駐米時代の森有礼のさまざまな働きに光をあてていくことにしたい。

第一章　米国公文書館所蔵公文録にみる森有礼

言うまでもなく、駐米外交官としての森有礼の公的な活動は日米双方の公文書に記録されているわけであるが、駐米時代の森についてより総合的に知ることができるように、米国公文書館が所蔵する関係公文録について、ここで改めて取り上げてみたいと思う。

一八七一年三月二日、ワシントンに到着した森は、同日正午ごろ国務長官フィッシュに信任状を提出した。森のワシントン着任についてはいくつもの新聞が報じているが、*Philadelphia Inquirer* には、フィッシュに信任状を提出した際の森の挨拶とフィッシュの返答も掲載されている。森は、「常に、力の及ぶ限り、両国政府と両国民の親密な交友関係を促進させることが自分の願いであり、そのためにあなたの助力と助言を心から望んでいる」と言葉を結び、対するフィッシュは、「当政府に関係するあなたの職務の遂行にあたり、私はいつでも喜んであなたに協力する」と答えた（一八七一年三月三日付）。

この日からおよそ二年を、森はワシントンに開設した日本公使館を本拠に働くことになるのであるが、森とフィッシュの最初の会談で交わされ両者の言葉は、両者ともに、決して外交辞令には終わらなかった。そうした両者のかかわりの実態を、「米国公文書館所蔵公文録」からみていくことにしたい。

同公文録は、日本公使館発信米国務省宛文書と米国務省発信日本公使館宛文書の二部からなる。これらの文書には、筆者が外交官の実務にうといせいもあろうが、かなり驚かされるようなことも記されている。公文録にあらわれた森の関わり方はあくまでも直截であり、無邪気ですらある。そこに、外交相手に対する森独自の姿勢が浮き彫りになっているように思える。

(一) 単純で一直線、森の外交手法

米国務長官への最初の願い

米国務省発信文書に綴られている日本公使館宛第一報は、国務次官デイヴィスからの一八七一年四月四日付書簡である。「昨日の話についてであるが、大統領は、貴国の青年がウエストポイントの陸軍士官学校に入学できるように法改正するよう議会に提案する、と国務長官に約束した」というものである。

アナポリスの海軍兵学校については、森とともにアメリカにわたった薩摩藩英国留学生の松村淳蔵がすでに一八六九年に入学していた。同校には、横井小楠の甥の横井佐平太や勝海舟の長男、勝小鹿も学んだ。一方、ウエストポイントの陸軍士官学校は、日本人入学を許可していなかった。森はこの状態を何とかしようとしていたのである。

森は着任早々、フィッシュやデイヴィスとの話にこの問題を持ち出した。森は、これが日本の発展にとって、また日米両国の友好的関係の強化にとって、いかに重要であるかを説いたと思われる。彼らは森の話に得心がいったのであろう。早速、即日あるいは翌日には大統領に話がとおり、大統領も議会への提案を約束したという

のである。森の説得力には注目すべきものがある。

しかし、一週間後、デイヴィスから、議会運営の手続き上の理由により、今会期中にその問題を扱うのは不可能になったという知らせが入り、入学許可は下りなかった。だが、森はここであきらめなかった。

この問題について、翌年初頭、*Washington Star* に面白い記事が掲載されている。「陸軍士官学校の日本人」という見出しで、「上院は本日投票をおこない、日本人のウエストポイント陸軍士官学校入校について不許可とした。日本公使の森氏は、反対議員らにこの件についての議決を再考させるべく、懸命に努力している」（一八七二年一月一〇日）という記事である。

待ち望んでいた議案がようやく上程された。しかし、否決されてしまったというのである。記事は、議案が否決されるや、森はその日のうちに、反対票を投じた議員らに考えを変えるよう説得して回っていることを伝えている。それが記事になるということは、森がかなり積極的に動いていたということであろう。結局、森の駐米時代に入学許可が下りることはなかったのであるが、しかし森のこうした活動の在り方は、これよりのち、吉田清成の駐米公使時代に下関賠償金返還をめぐって日本公使館が展開したロビー活動とはまったく性質を異にするものであった。国務長官に直接話を持っていくのも、反対議員を直接説得しに行くのも、驚くほど単純で一直線なやり方である。ここに、相手と一対一の議論を通して問題の解決を図ろうとする、森の面目があらわれているように思われる。

森はデイヴィスに、日本公使館のために秘書を斡旋してほしいとする文書も送っている。陸軍士官学校入学許可問題について相談したひと月後のことである。以前に口頭でお願いしたが、私の英語がまずいために正確に伝わらなかったかもしれないので、と詳細な条件を記している。求めているのは、政府の仕事に精通し、事務能力があり、かつ自分のさまざまな疑問に答えてくれる有能な米国人で、週に二日、半日の勤務で、という条件である。条件は紹介していただいた方と相談のうえ変更可としながらも、追伸に、契約は三か月更新を希望、と厳しい但し書きを付けている（五月二日）。

一方的に森にとって（というより、人件費を最小限に抑えるという意味で日本公使館にとって）都合の良い条件であるが、森はこうしたことを、四月中に国務次官に口頭で相談していたとみられる。デイヴィスにしてみれば、日本から初めて派遣された、しかもかなり若年の外交官への配慮として、こまごまとした相談にも親身にのっていたのかもしれない。しかし、森としてはあくまでも対等な関係での堂々の依頼であった。事の大小にかかわらず、彼はわが国にとって必要と思われることは、はばかることなく直接申し出ていた。

ダイレクトな交渉が次々に奏功

フィッシュにあてた次の文書は興味深い。日本公使館は、これまで米国の郵便料金を支払って公的文書を本国に送っていたが、その量が急速に増えてきたので、郵便物を公使館から直接出せる郵袋が欲しい。先ごろ外国郵便の管理官と非公式に話をしたが、日本公使館の郵袋を合衆国の郵便物に付けて送ることを、郵政長官は日本のためのよき行為として許可してくれるのではないかという印象を持った。両国間に郵便条約がない現在、これが許可されるなら大変便利であるし、この上なく感謝すべき友好的行為であると思う。この件が郵政長官の耳に届くとありがたい、というのである（七月一五日）。日本公使館の郵便物を米国の郵便料金を支払わずに日本に届けてほしいという、かなり厚かましい願いである。これに対して、一週間後に国務次官補ハンターから連絡があり、日本公使館の日本宛文書を別個の郵袋に入れて米国郵便と共に送ることに関して、了承の旨、郵政長官より返信があったので、その書簡の写しを同封する、というのである。

日本がまだ郵便条約を結んでいなかった時代に、森は相手の懐に飛び込んで交渉し、米国も森の意を汲み、無償で日本公使館の郵便物を日本に届け続けたのである。日米間の郵便条約の締結は森帰国直後のことで、その件は、五章で詳述するように森帰国に際して本国との齟齬軋轢の種のひとつになったのであるが、森は郵便条約の重要性を認識し、かつそれが締結されるまでの間、こうした働きをしていたことになる。

遠慮のない願いごとは続く。森はフィッシュに、同封の手紙を国務省のパリ宛急送公電袋に入れてもらえないかと願い出た（八月二四日）。これに対してもすぐに次官デイヴィスから、パリ行の特急便の袋に入れたと返事をもらっている。

森は公使館前の道路工事の苦情までフィッシュに持ち込んだ。「M街と二四番街の角で現在おこなわれている道路改良工事で大変不便をしているので、状況を改善してほしい。私がわが家に馬車で出入りするのを妨げているばかりでなく、今朝は水道管が破壊されたか掘り上げられたかで、わが家にまったく水が供給されていない。むろんこうしたわずらわしさがいつまでも続くとは思わないが、市の当局者に適切な指示が与えられるよう期待する」（九月二三日）。これに対し、すぐにデイヴィスから、できるだけ早く工事を終わらせるよう当局に要請した旨の連絡があり、その数日後にはフィッシュから直接、担当者からの報告書を同封した手紙が森に送られてきたのである。

この手紙で気付かされるのは、森がこの苦情を述べた時、決して「We」とか「our legation（公使館）」という語を使っていないことである。「M街と二四番街の角」とは日本公使館が置かれていた場所である。森や官員たちもそこに住んでいたのであるが、苦情を言う際、彼は公的立場を表に出すことなく、終始主語を「I」とし、所有格も「my」としている。彼は自分個人の責任で苦情を申し出た。こうした苦情を申し出る際に、主語が何かは重要であろう。そこに、それを訴える者の姿が明らかに見えるからである。それまで国務省にこうした苦情が持ち込まれたことがあったのか、なかったのか、知る由もないが、読んでいる者としてはハラハラもするし、思わず笑ってもしまう。フィッシュやデイヴィスの森への対応には、おそらくは、この青年外交官の滑稽にさえ見えかねない潔い強さに対する賛意も含まれていたのではないだろうか。

かといえば、「当公使館で使用する国旗のサイズについて意見をいただきたい。ひとつ作ったが、小さすぎるのではないかと思うので」（一〇月二一日）などと国務次官に質問している。森の問いかけはとどまるところを知らない。

こうした森の姿勢はどんな案件についても変わらなかった。

「国務省の規定にかない、かつ予備の副本があれば、過去三年間に貴国が他国と取り交わした外交文書の写しをいただきたい」（六月一日）。着任間もない時期のことであるが、こんなことまで願い出るものなのか。これについても「文書は大切に扱ってくれ」という付記とともに、森の希望はかなえられた。

「できればパリ万博米国長官報告を数部いただきたい。本国に送って役立てたい」（九月六日）というものから、政府の懸案事項であった条約改正交渉についての検討資料まで、森はその交渉相手である国務省に求めた。

条約改正交渉の参考にするために、エジプトと列強諸国間でなされた裁判権問題に関する資料の提供も求めた。フィッシュはその願いに、「依頼によりエジプト法規集の写し六部を送る。こちらに予備がないので、用が済んだら返してほしい。また、一八六九年と七〇年のカイロ国際会議については、当省は印刷物を持っていない」（一一月二五日）と応えた。その一週間後、森は借りた文書を返却したが、ただ返しただけでなく、厚かましくも、「本国の外務省に供したいので、アレキサンドリアの米国領事を通じて、（国務省にはないという）カイロ国際会議の文書を入手できるよう手配してほしい」（一二月一日）と頼んだのである。この願いに対しても、フィッシュはその翌日、「喜んでアレキサンドリアの米国総領事に問い合わせ、東京の外務省の役に立つようにしたい」と返答している。

大統領の差別的関税撤廃宣言

公文録には関税についての大変興味深いやり取りもある。

ある日、森は関税にかかわる具体的事案について、フィッシュに要望した。着任した一八七一年末のことである。

「日本人商人Masaki Chobeからの手紙を同封した。急ぎご配慮願いたい。税の過払分の返還を求める申請で、彼はサンフランシスコで積荷の輸入税として五六八ドル五四セントを支払ったという。訴えの理由は明白で説得力があり、財務省には容易に善処していただけるものと考える」（一一月二一日）

同日、フィッシュからこの件を財務長官の耳に入れておいたとの返信があった。これに関連して、翌年初頭の公文録に、「Masaki Chobeの件につき、一一月二九日付の財務長官からの書簡を同封する」（一八七二年一月四日）という記載がある。森の働きかけから一週間後には財務長官から返信があったということであるから、おそらくこの件は早くに解決をみたのであろう。

輸入税については、以下のようなやり取りも記されている。サンフランシスコに入港予定の、ある日本船に差別的な税が課されるようであると知らされた森は、これについてもフィッシュに訴えた。

森　「サンフランシスコに到着予定の日本船Fu Ju Maruの積荷に対して、米国法のもとに、差別的な課税がなされるとの連絡があった。これはあなたの権限内のことのようであるが、荷主たちが同法の完全な適用を免れることができるよう配慮願いたい」（一八七二年八月二七日）

フィッシュ　「この問題について考えるためには、本省は、日本の港に入る米国船とその積荷が、日本船とその積荷にかけられている税のほかに何らかの税の対象になっているかどうかについて知る必要がある。その事実を確認した上でこの問題を精査したい」（八月二九日）

森　「輸入の場合、日本船が日本の港に入る場合にはまだトン税や輸入税は実行されておらず、外国船にだけ適用されるが、国別の差はない。それゆえ、私は日本の貿易は差別的なトン税や輸入税の存在を許容することはできないと思う。今回の例において米国のリベラルな処置がなされれば、両国の親密で互恵的な商取引を発展させていくものと信ずる」（八月三〇日）

フィッシュ　「いただいた情報は今回のケースに完全には当てはまらない。本省が必要な情報は、日本の税関規則に、日本船が外国から日本の港に荷物を運んできた場合、そうした船や積荷は、アメリカ船とその積荷が日本の港に入る時に徴収されるものと異なるトン税や輸入税を支払う義務があるのかどうか、ということである」（八月三一日）

森　「米国からの荷物を運ぶ日本船が日本の港に入る場合、米国船が入港した時と同じトン税と輸入税を支払うことを保証する。私は日本の税関に、日本船を優遇し、米国船は優遇しないという規則があるとは承知していない」（九月二日）

それからおよそ一週間後、国務次官補から驚くべき文書が届けられた。すなわち、「合衆国の各港における日

本船とその積荷に対する差別的課税を撤廃する、との本月四日付大統領宣言の写しを同封する」(九月一〇日)
森の求めをはるかに超える結果であった。森はフィッシュに、フィッシュの権限の裁量内で、間もなく入港予定の日本船に対する課税処置に関与してほしいと求めた。森がフィッシュに求めたのは、あくまでも「今回の例」における善処であった。しかし森は、「今回の例」において「米国のリベラルな処置」がなされれば、今後「両国の親密で互恵的な商取引を発展させていくものと信ずる」とも述べていた。この森の問いかけをフィッシュは誠実に考慮し、ただちに大統領に働きかけて、すべての日本船に対する差別的課税撤廃宣言を引き出したのである。森にとって、思いに勝る、予想を超えた成果であった。これに対して、森は淡々と、「米国の港における日本船と積荷に対する差別的課税の撤廃を宣言した今月四日付大統領宣言の写しを同封した一〇日付書簡を拝受した」(九月一三日)と、国務次官補に返信した。

(二)　政府の代任たる交際官吏

黒田丸とケプロン丸

森の駐米時代の仕事のなかでも、開拓使に関係する仕事量の多さと、その煩雑さは抜きん出ていた。多種多様な物品の選定と発注、それらすべてに付随する資金の管理と支払、領収書の請求、開拓使に雇い入れる者たちの人選、本国との調整。森は、森以下三～四人という、今では考えられないような小所帯で、膨大で複雑な折衝と事務処理を先頭に立ってさばいていた。

とりわけ、開拓使が発注し、ニューヨークで建造した二艘の大型船、黒田丸(のち玄武丸)とケプロン丸(のち矯龍丸）にかかわる折衝と雑務の困難さはひときわで、その苦労は本国にいては到底わからなかったであろう。多くの困難を乗り越えて両船はようやく完成に至るが、今度はそれを無事に日本に回航するという大仕事が待っていた。国交がない国々を経ての日本回航である。森はこれについてもフィッシュに協力を求めた。

「ニューヨークで建造していた黒田丸とケプロン丸が完成し、間もなく日本に向け出航することになったことをお知らせする。回航の途上、日本が領事を置いていない国々の港に停泊することがあると思われる。こうした事情にあるため、両船の船長に便宜をはかっていただけるよう、各国駐在の貴国領事あてに紹介状をいただきたい」（一八七二年一二月一四日）

「両船が適切な便宜を受けられるよう米国領事あての紹介状を同封する（両船長のため同日付紹介状二通同封）」（一二月二〇日）

「両船の日本船籍証明書を同封するので、差支えなければ日本少弁務使としての私の署名に認証をつけていただきたい」（一八七三年一月四日）

「本省の認証をつけて船籍証明書をお戻しする」（一月四日）

「ジブラルタルの貴国領事から、黒田丸が同港を出港した旨の電報をいただいた。航海に必要な物資も供給していただいたようだ。領事に感謝の意を伝えられたい」（一月二八日）

「黒田丸に対しジブラルタルの米国領事から必要な補給を得られたとのこと。領事には日本政府とあなたからの感謝を伝える」（一月三一日）

黒田丸はこうして無事日本に回航された。

一方、ケプロン丸は、本国からの送金が遅れたため、引き渡されていなかった。それどころか、造船元デラメーター（C. N. Delamater）は、すぐに代金を支払わなければ提訴してケプロン丸を差し押さえると迫ってきた。北海道大学図書館北方資料室には『「ケプロン丸」機械代価一九、〇〇〇ドル支払いなくば船差押え提訴の通知（写）／デラメーター一八七三年二月七日」と題して、デラメーターから森有礼にあてた手紙の写しが保存されている。

森は本国に急報する一方、ただちにフィッシュにも助力を求めた。

「ケプロン丸の建造契約者証明書を同封するので、ベイカー氏が正式な公的代理人であることを証明する私の少弁務使としての署名に認証書きをしてほしい」（二月七日）

ベイカー氏とは、両船建造契約者である開拓使代理人ベイカー（David T. Baker）である。この翌日、森がデラメーターに出した手紙の控えが*Japanese Legation Letter Copybook*にある。

「デラメーター殿　ケプロン丸に積み込む機械代金の支払いの遅れと、債権担保のために提案された措置についての昨二月七日付書簡を落手した。

私は、貴殿が契約上の債務としている金額を、わが政府から別の目的のために当館に託されている基金から支払う権限を与えられていない。しかしながら私は、わが政府がわが国の名誉をそこなうような貴殿の主張に同意しないであろうことは断言できる。私はケプロン丸建造にかかる債務のすべてを賄う資金が、まだ私の手元に届いていないことを遺憾に思う。しかし、最終的にはすべての問題を解決するに足る十分な額が、最も満足のいく方法で届くであろうことに、なんら疑いをもっていない。

ベイカー氏がケプロン丸について日本に送った電報の返事が来るまで、ご提案の行動を延期されるのが妥当であると考える。ご一考されたい。私もベイカー氏と同じ日に電報を打ったが、それにもまだ返事がない。ワシントン・日本間のケーブルのどこかに不具合があるときく。返事の遅れは放置しているためではなく、事故または不測の事態のために違いない。願わくは、ベイカー氏への返信が届くまで待たれんことを。その前に何であれご提案のような措置をとることは非情であり、かつ、貴殿が本件に対してこれまで示してこられた友好的で寛容な精神にはそぐわない」

一〇日、ベイカーの開拓使代理人としての身分を保証する日本少弁務使としての自分の署名に認証書きをしてほしいという森の依頼に、フィッシュから返信が届いた。

「森氏の署名付き文書に当省の認証をつけてお戻しする」（二月一〇日）

森が認証書きを依頼した七日は金曜日であったから、フィッシュは週明け早々の月曜日に返事を寄こしたことになる。

翌一一日、デラメーターから提訴延期に同意する旨の連絡が公使館に届いた（提訴延期に同意（写）／デラメーター一八七三年二月一一日、北海道大学図書館北方資料室）。

こうして建造業者による不名誉な船舶差押え提訴は回避された。その後も、本国からの送金が届くまでに曲折があったが、森帰国前に、ようやくにしてケプロン丸の引き渡しが完了したのである。

森は黒田丸とケプロン丸の建造から日本回航に至るまで、多くの困難に直面しながら、事業を完遂するために奮闘した。また必要に応じてフィッシュの助力を求めた。この件に関する森とフィッシュのやり取りで目につくのは、森がたびたびフィッシュに、自分の少弁務使としての署名を認証してほしいと願い出ていることであろう。フィッシュに認証を求めたのは、日本という国が、国際的にみても、また造船業者への巨額な支払いという商取引においても、まだ十分な信用と認知を得ていなかったためであろう。米国務長官による署名認証は、維新間もないわが国に対するきわめて友好的な配慮であった。

言うまでもなく、森の署名を認証するということは、米国務省が日本という国、およびその国が代表者として送ってきた人間を信認するということであり、そのどちらに対する信頼が欠けても、署名の認証はあり得ないことである。だが、ここでぜひとも確認しておかねばならないことがある。それは、森がフィッシュに認証してほしいと求めたのが、彼の「少弁務使」としての署名であった、ということである。本書第二部において、森の辞表提出に関連して紹介したように、この前年、日本政府は米国政府にあてて、森を「中弁務使」に昇進させた旨の届けを出していた。森はあくまでもそれを固辞し、少弁務使を名乗り続けていたのであるが、この署名認証をめぐる一連のやり取りによれば、米国務省は森の主張どおり、森を少弁務使として認め、少弁務使としての森のサインを認証していた、ということになる。とすれば、フィッシュは、きわめて変則的ではあろうが、日本政府から与えられた森の地位、あるいは肩書の如何ではなく、むしろ森という人間そのものを信認していたのではないか、という感を強く抱かせるのである。

政府の代任たる交際官吏

森と国務省のこれらのやり取りをみていくと、小は公使館前の道路工事への苦情から、大は日本船に対する差別的課税についての訴えまで、森は清々しいまでに、はばかることなくフィッシュに訴え、フィッシュは実に丁寧に森の言葉に耳を傾け、そのすべての願いに応えていたことがわかる。筆者は一般的な外交の在り方というものについて知識を持たないが、建国一〇〇年という新生国家アメリカとしての国家的野望が背景にあったにせよ、ここには、世界のなかで生きようと歩きはじめたばかりの（という意味ではアメリカより若く小さい）国の、その未来に続く道を創っていこうと奮闘する若き外交官と、彼に心を寄せ、温かく見守る政権担当者の姿が見えるように思われる。

注意すべきは、フィッシュらの対応は、すべて森の要望に応えてのものだった、ということである。森からの働きかけがなければ、すべてはなかったのである。ここに、初代駐米外交官が森有礼であったことの意味があるのではないか。日本の官界であれば、「言行が上官の意に合わず、あるいはやり方が適好でない」と吊し上げられるような森の在り方が、米国政権担当者に、彼には私利がなく、その言うことには理があるという信頼感を生み出し、彼の言葉に耳を傾け、彼がそのために働いている日本という国を積極的に助けようという姿勢を引き出したのではないか。

興味深いことに、森に対するフィッシュの対応は、米国を代表して太平洋の向こう側に駐在していたデロングに対する対応とは著しく異なっていた。

デロングは一八六九年（明治二）一〇月から一八七三年半ばまで在任した第四代駐日米公使で、在任期間は森の駐米時代より前後に少し長いが、ほぼ同時期に駐日公使として働いた。当初は前任者たちと同じく弁理公使（当時の日本流に言えば中弁務使）であったが、任期途中の一八七〇年に特命全権公使に昇格した。デロングの特命全権公使への昇格は、日米関係を重視しようとするあらわれではあったろうが、しかし実際には、デロングによる懇願に押し切られたという面が強かった。昇格要求には英仏をはじめとする各国の外交官と対等に伍していくため、という真っ当な理由はもちろんあったが、それ以上に彼の個人的野心が際立っていた。

この件に関して、わが国の国立公文書館に二件の興味深い文書がある。一件目はデロングの日本赴任からおよそ一年後の文書で、「横浜在留米国弁理公使シーイデロンク儀、今般特派全権公使に任せられ候旨、別紙のとおり吹聴として書簡差し越し申候」とある。デロングから特命全権公使昇進を知らせる手紙が来たという報告であるが、「吹聴」という語が目を引く。この報告には次の「別紙」が添付されていた。

手紙をもって啓上いたし候陳は、拙者儀これまで弁理公使相勤罷《まかり》在《あり》候《そうろう》処《ところ》、このたび合衆国大統領より在日本亜米利加合衆国特派全権公使に任ぜられ申候。ついては委任状は昨日の郵船にて送り越し、落手いたし候。もし御望にも候はば、御検閲のため差出申すべく候、右可得御意御座候以上

於横浜　一八七一年第一月二八日

米利堅合衆国特派全権公使　シーイデロング

外務卿　澤　従三位清原宣嘉

外務大輔　寺島従四位藤原宗則　閣下

つまりデロングは、昨日の郵船で自分を特派全権公使に任ずるとの大統領からの書状が届いた。もし文書を検閲したいのであれば提出するが、というのである。筆者は外交手続きについて素人ながら、これはありえない言動であろう。いやしくも相手国に外交の代表者として送られた公使が、自分は昇進した、疑うのであれば証拠を見せてやってもよい、などと言うのは穏やかではない。この手紙を太政官に知らせる文書に外務省が「吹聴」などと、これも穏やかならざる言葉を使いたくなるのも、理解できないことではない。

二件目は、それからおよそ四か月後の文書で、「米公使シンデロンク特派全権公使ニ昇級ノ手書参朝捧呈伺」としてまとめられている。

デロングは五月二六日付文書で、「拙者儀、今般特派全権公使に任ぜられ候につき、天皇陛下へ宛たる我が合衆国大統領の手書昨日送り越し候。ついては拙者、陛下に拝謁右手書御手渡し致したく…」と述べ、大統領からの信任状が届いたので天皇に呈したいと申し出た。一件書類に収められた大統領親書の日付は同年四月一七日となっている。つまり、最初に外務省に昇進を知らせた時点では、彼の希望的観測か、あるいは何らかの仄めかしがあったのか、いずれにせよ昇進辞令は届いていなかったのであり、届いていないばかりか、書かれてさえいなかったのである。重大な虚偽である。

在任二年目に入るとデロングは国務長官から叱責を受け続けた（この部分は『別巻四』未収録の*National Archives, Records of the Department of State, Diplomatic Instructions, Japan.* Vol.1, Vol.2による）。米国商人と日本政府や各藩とのもめ事に口をはさんではならない（一八七一年一月二一日）。あなたは公使と領事の関係がわかっていない、公使は領事の支配者ではない（一月三〇日）。米国人の日本国内旅行許可に関して日本政府に強硬手段をとることは許されない、条約違反である（三月二日）。休暇中の代理を勝手に決めてはならない（四月二八日）。ロングフェローにいかなる外交上の地位も与えてはならない（一〇月一七日　来日中のアメリカの国民的詩人の息子チャールズ・ロングフェローをデロングが厚遇している件。フィッシュの心配どおり、デロングはすでに彼をハワイ使節団書記官と名乗らせ、天皇謁見に同席させてしまっていた）。議会のバンクス将軍から審議のために必要なので帳簿を届けよとの指示がきた（一八七二年三月一六日　デロングは下関賠償金の一部を領事館の賃料や経費に使っていたらしい）。横浜と江戸用の国旗二枚分の費用を請求してきたが拒否する、米国公使館はひとつである（一一月二五日　デロングは居心地のよい横浜に居住してそこを公使館とし、江戸の善福寺におかれた公使館を本格的に用いようとしようとしなかった）。本省からの指示を遂行する場合のほか、日本政府にいかなるクレームもつけてはならない（一八七三年一月四日）。民間人に函館港の海中電線工事の利権を得させるために動くとは何ごとか（三月一九日）、などなど、これらはごく一部にすぎない。

グラント政権誕生への尽力に対する報奨として駐日公使に任命され、いまだ世情不安定な遠い日本に意気揚々と乗り込んできたデロングは、米国政府の代表として、自分の思うようにふるまいたかったようである。彼は外交官の何たるかを理解しておらず、その結果、本国から数々の叱責を受けることになった。国務省からデロングに与えられたinstructionからはフィッシュのいら立ちが感じられる。

デロングはあらゆる場所に首を突っ込み、強権的に「仲介」を申し出た。彼が岩倉使節団に同行して帰国中に起きたマリア・ルス号事件におけるふるまいは、その最たるものであった。

ペルー船籍のマリア・ルス号は悪天候のために故障し、横浜に緊急入港した。同船はいわゆる奴隷貿易船で、多数の清国人クーリーが詰め込まれていた。過酷な取扱いを逃れて数人のクーリーが海に飛び込み、近くの英国軍艦に救助された。英国代理公使は二〇〇人を超える清国人クーリーの保護を日本政府に求めた。ペルーとの間で二国間条約が結ばれていなかったため問題も予想されたが、当時の外務卿副島種臣は人道的立場から彼らの救助を決定した。そこで同船長は米国に助けを求めた。デロング留守中の代理米公使シェパードは、「合衆国はペルー国籍の船舶に対しいかなる援助をも提供する用意があるが、貴船はクーリー貿易船であり、合衆国規則はクーリー貿易を認めていない。貴殿自身もクーリー貿易であると認めているので、わが国はいかなる援助も与えることはできない」と答え、国務省にその経過を報告した。フィッシュもシェパードの処置に同意の旨を伝えた（一八七二年八月二九日）。ところが、デロングは帰任早々、これまでの経過を無視して同船長を呼び出し、自分が仲介すると言い出したのである。あたかもペルーを代表するかのように介入を報告してきたデロングに対し、フィッシュは、あなたの行為は奴隷貿易船に合衆国の援助と支持を与えることが妥当であると言っているに等しい。日本政府は、合衆国政府がそうした違法行為に加担しているのではないかと疑っている。これは米国政府および米国人民にとってきわめて遺憾な事態である、と強く叱責した（一八七二年一二月五日）。フィッシュはこれまでもしばしばデロングに、あなたは誰を代表しているのかと問うた。まさしく「政府の代任たる交際官吏」としての資格が問われているのである。フッシュはデロングを不適格であると判断した。

森とデロングは実に対照的な存在であった。デロングが米国の代表者たる駐日公使であったことは、フィッシュに日本の代表者たる森有礼とのあらゆる面における違いを強く意識させずにはおかなかったであろう。フィッシュは森をより一層好ましく思ったに違いない。フィッシュは、岩倉らが退けた森の「言行」のひとつひとつを認め、「政府の代任たる交際官吏」としての森を全面的に信認し、その地位にこだわらずに、彼と彼を派遣した日本政府のために協力を惜しまなかった。それは彼が自己の利益拡張のためでも、みずからの立場を利用して理不尽な要求をするのでもなく、ただ日本政府の代表者として、日本の国益のためにのみ働いていたことを認めていたからであった。

森が初代駐米外交官としてわが国のためになした仕事は、これまで知られていなかっただけで、今日からみても計り知れないほど大きい。森有礼であったからこそ、なのである。

なお、米国公文書館所蔵の関係公文録は、同館によりマイクロフィルム化され、すでにほとんどのフィルムがわが国に入っていたものである。従って新出資料ではないが、今回、駐米時代の森の活動を総合的に知ることができるよう、日本公使館と米国務省が森の在任時代に相互に発信した文書については、翻刻して『別巻四』に収められることになった。手書きの文字が活字化されたことにより、格段に読みやすいものになっている。また、日本公使館発信文書のマイクロフィルムについては、一八五八年の日米修好通商条約以来のおよそ二〇年間の文書を一冊に綴った分厚い文書を、綴りを解かないまま撮影したため、頁を閉じた側が黒くなってしまっていた。これについても、必要に応じて公文書館の原典を参照し、欠を補ってある。関係各位には、ぜひご利用いただきたい。

第二章　簡易英語採用論

森有礼の英語採用論については、古くから繰り返し問題にされてきた。たしかに、日本語に代えて英語を使うという論はいかにも乱暴であり、センセーショナルでもある。その部分だけ取り出せば、森が軽薄であると非難されるのは当然のことであろう。

しかし、これまでこの問題で森自身が発信したものとして知られていたのは、*Education in Japan* の長い序文の末尾に記された二頁ほどの文章と、イェール大学教授ウイリアム・ホイットニーにあてた「簡易英語（simplified English）」についての質問状のみであった。従って、問題にされるにしても、検討されるにしても、必ずしも資料が豊富だったというわけではない。言語学的な立場からの検討は斯界の研究に委ねなければならないが、森にとって「簡易英語採用論」とはいったい何であったのか。駐米時代の森の活動をたどる一環として、この問題についても新たな資料を通してみていくことにしたい。

(一)「簡易英語採用論」とそれに対する痛烈な反論

平易な英語に変革せよ

森の簡易英語採用論は、わが国は日本語に代えて英語を採用すべきであるというより、むしろ、英語は簡易化される必要があると主張するところに眼目があった。森のこの主張は当時の米国でも一般紙で報じられ、また、それに対する猛然とした反論も掲載された。その激しい反論にこそ、森の簡易英語採用論とはいかなるものであったかが、わかりやすく提示されているように思われる。

一八七三年一月一五日、森の「簡易英語」を紹介する記事が*New York Tribune*に掲載された。これは森が、前年の五月に、ホイットニーに「簡易英語」について意見を求めた手紙の抜粋で、内容についてはすでにわが国でもよく知られているものである。

いかなる経路で新聞社にわたったものか、同書簡はまず*Elizabeth Daily Herald*という地方紙に掲載され、それに興味を抱いた*New York Tribune*が転載したのであるが、同紙はそれに「言語の横領」という皮肉めいた題をつけて掲載した。

森の「提案」は、ごく手短に言えば、英語を話す国、すなわち米国と英国は、日本人のために、英語を簡便な形に整理すべきである、というものであった。日本は世界の思想・科学技術を学び、貿易し、世界に伍していくために新たな言語を必要としている。それに最も適しているのは英語であるが、英語はあまりにも文法や綴りが不規則である。私は日本人の子弟に、不必要な不規則性を持つ言語を学ぶよう勧めることはとてもできない。現在の形の英語では、それを用いて意見を交わし知識を得るまでに、人生の最も重要な時期の数年を要するが、そうした時間は実際的な科学や有用な技術の学習に費やされるべきである、というのである。

英語を改良せよという森の「提案」は、言い回しは丁寧であったが、実質はきわめて直截で、ずけずけとした物言いであった。これは森の他の発言、たとえば女子留学生の処遇をめぐる岩倉やデロングとのやり取りにみられる姿勢とまったく同一のものであり、これが相手の如何を問わず、良くも悪くも森の一貫した態度であった。こうした態度は、森をよく知る米国人は別として、日本を後進国とみなす大方の読者に対して、森の不遜を強く印象付けることになったであろう。

痛烈な反論

森のこの手紙が*New York Tribune*に掲載された翌日、*New York Times*は、まさに弾かれたごとく、森に対する痛烈な反論を掲載した。「控えめな提案」という慇懃な見出し付である。

記事曰く、「いかにも、博愛主義者や文明の友は、みな日本の進歩を喜んでいる。だが、それにも限度がある。ミカドとその国民がわれわれの賞賛すべき慣習をまねるのは、何であれ良いことである。しかし、彼らが進歩の道程においてわれわれを追い抜こうとすること、また、不遜にもわれわれが彼らに教えたことを改良しようとすることには到底我慢ならない。いずれにせよ、それこそワシントン在住日本外交官森氏のもくろみであり、また、われらがそれら心得違いの異教徒たちを恐れる所以なのである。彼は最近、われわれは日本の文法の考え方に合うようわれわれの言語を改良すべきであるという、実に厚かましい提案をした。

森氏は、英語は日本がまさに必要としている言語であるが、そのまま採用するのは適切ではないという。英語は腹立たしいほど文法が不規則で、綴りは不合理だと憤り、不規則動詞はすべてやめ、複数形を統一し、気まぐれで空想的な綴りに替えて表音綴りにするよう提案した。そうすれば日本は喜んで改良言語を採用するであろうと宣言し、さらには、われわれの哀れな言語に、かくして授けられるご大層な体面に加え、われわれは普通の日本人とまったく簡単に自由に会話することができるという、この上なき恩恵を得ることができると確約するのである」と。

記者は、思い上がりもはなはだしいとばかりに森の案を切り捨てた。

「森氏提案の英語改良の労力など、まったくもって不要である。英語を改良などせずとも、何から何まで新しい言語が採用してくれる国を待っている。最近発明されたばかりで、まだその発明者しか学んだ者がいないAlwato（「科学的万国共通言語」として、一八七一年にStephen Pearl Andrewsによって発表された人造語）という魅力的で使い古されていない言語がある。森氏が必要とするのはまさにそれである。日本はAlwatoを採用することにして、未熟で野蛮なシェークスピアとミルトンの言語を保っているわれわれを、放っておいてはくれまいか」

言いたい放題に英語を改良せよという森に、記者は激しく反発した。たしかに、言語を単なる道具としてとらえ、あからさまに日本人の都合に合わせてそれを改変せよなどという乱暴な論は、聞くものを怒らせるに充分であったろう。嘲笑の種にもされたであろう。しかし、この時点での森は、日本の進歩のために、日本人の前に立ちはだかる英語という壁を何とか低くしたいと本気で考えていたのである。その本気さが、おそらく、記者をして彼を恐れる感情を引き起こさせたのではないだろうか。

（二）森はなぜ「簡易英語採用論」を打ち出したのか

「簡易英語採用論」の根拠

森が「簡易英語採用論」を唱えたには、大別してふたつの理由があるように思われる。ひとつは、わが国が当時置かれていた状況を反映するもので、新知識を獲得し、商業貿易を盛んにし、他国と意見や思想を交流して、わが国が世界のなかで名誉ある国家としての地位を獲得するためには、道具としての英語が不可欠であるという認識である。もうひとつは、日本語そのものが思想を伝達するにはあいまいで貧弱な言語であるという考えである。

後者については、さらにふたつの理由があると思われる。ひとつは、当時の知識人たちが一様に苦心していたように、英語で表記されている思想文物を日本語に置き換えようにも、その実態や概念がない、あるいは理解することができないために、置き換えられないという問題である。つまり、日本語は近代的な社会に対応できないという意味で貧弱であるというのである。だが、歴史をみれば、わが国はこの問題を、漢字を縦横に用いることによって乗り越えてきたのである。しかし皮肉にも、それこそが、森が日本語をあいまいで貧弱な言語であるとするもうひとつの理由であった。森は、漢字の使用にこそ重大な問題があると考えていたようなのである。

森は、わが国が長く漢語あるいは漢字を用いてきたことによる弊害を考えていた。*Education in Japan* の序文において、彼は、わが国には書き言葉と話し言葉の不一致という大きな問題があると述べたうえで、さらに言う。漢字を使用するにあたり、わが国ではそれを平易な音に変えて用いる努力がなされてきた。しかし、書き言葉であれ、話し言葉であれ、そもそも漢字というものは目から得られる情報量が多いために、平易に変換された音を耳から聞いてその意味を正確に理解するのはむずかしく、不便であり実際的ではない、というのである。

前述のように、森はごく早い時期に学制を英訳して教育局に提供しているが、その冒頭に「新しい学校法の目的」と題して学制の趣旨を次のように述べている。

日本には古くから学校があったが、その不完全さと不適切な方向性によって、学校は上層階級のみを益し、農民、機械工、商人、女性は無知のまま取り残されてきた。上層階級の教育も非常に不完全であって、芸術、文学、あるいは無益な議論に多くを費やし、実学は教えられなかった。新しい学校法の目的は、あらゆる階層において、男であれ女であれ、ひとりも無知のなかに置き去りにしないことである。

（『*Report of the Commissioner of Education, 1872*』）

彼は学校が上層階級の占有物であったことへの反省にとどまらず、教授内容に対しても厳しく批判した。「芸術、文学、あるいは無益な議論」という乱暴なくくりで批判しているのは、それらがすべて漢字を媒介としているからであった。彼が日本語について批判する時、それは漢語・漢学・漢文・漢字との関係においてであった。森は漢字を仏教・儒教を代表とする大陸からの学問思想の運び手として認識していた。そしてそれらは、支配層の形成、身分制度、封建制度、女性蔑視など、今日わが国の人民が光を求めてそこから脱出しようと苦闘している暗黒の源なのである、という認識である。

しかし、漢字を廃しては日本語が成り立たない、そうした現状に対して日本語は貧弱であると森は言うのである。日本語は人民をそうした旧弊にしばってきた漢字を用いずには何も表現することができない。仮名も漢字をもとにして作られた表記である。だから日本語には限界があるのだ、だからユニヴァーサルな英語がいい、ということになる。

学校では実学を教えるべきであるというのも、森にとっては、単に実業の実務を教えるという意味ではなく、従来の学校を独占していた「芸術、文学、あるいは無益な議論」は旧体制と旧弊を温存させるために機能してきたという認識がその基本にある。「実学」には、ユニヴァーサルな、という意味も込められているのである。

だが英語を思想の伝達手段として採用するには大きな障壁がある、と森は言う。英語の持つあまりの不規則性である。

森は、これは自分だけの意見ではなく、英語に通じる同胞たちの意見でもあると何度も述べている。森は米国で学ぶ二〇〇人、あるいはそれ以上の日本人青年たちの現状をみていた。そのなかの多くの者は、希望する分野の学問にたどり着く前に、英語の習得において足踏みし、あるいは挫折していた。森は彼らの苦しみと現状をつぶさに知っていた。優秀な青年たちが、学ぶべき学問、習得すべき技術の入り口に立つまでに、人生の貴重な年月を費やしていた。彼には留学生たちに対する同情と、日本の今後を期待するがゆえの歯がゆさがあったはずである。

英語の簡易化は世界にとって不可欠な仕事

しかし、森の面目は、英語の簡易化が、自国の都合だけにとどまらず、世界のために必要であると述べていることにあった。

森はスミソニアンのジョセフ・ヘンリーに次のような手紙を書いている。

あなたは日本の教育を前進させようという私の努力、特に言語に関する私の努力を常に励ましてくださっているので、イェール大学ホイットニー教授宛文書を同封します。大変重要な問題なので、私から送るのではなく、あなたからお渡しいただければ幸いです。文書をもう一度検討いただき、賛同いただけるなら、この問題についてご意見を添えてくだされば大変ありがたく存じます。これが絶対に必要なことであり、日本国民ばかりでなく文明一般に不可欠な仕事であると思わなかったならば、私がこうした重要な役割を引き受けなかったであろうことは申すまでもありません。

（一八七二年五月二一日付「スミソニアン・インスティテューション所蔵森有礼関係書簡録」）

森は、英語を簡易化することは日本国民にとってばかりでなく、文明一般に不可欠な仕事であると言う。簡易化された英語を用いることにより、英語を母語とする国とそうでない国との対話が容易になるばかりでなく、英語を母語としない国同士の対話も可能になるということであろう。英語の簡易化は世界の問題であるという認識である。

森に、世界の人びとを念頭においた小さなスピーチがある。この手紙から二か月あまり後にボストンで開かれた岩倉使節団歓送迎会でのスピーチである。晩餐後のスピーチ交換で、Oliver Wendell Holmesによる詩の朗読に続いて森が指名された。歓声に迎えられて森は立ち上がり、次のように述べた。

紳士諸君、私はどんなことをする準備も、正確に言えば、してみようとする準備でありますが、ほとんどできていません。けれども私は今、この壮麗なる晩餐会にいきわたる精神（spirit）に酔いしれています。私が今申し上げられることはただひとつ、この良き精神が地球上に運ばれて、それを飲んだ者たちがその製法を知るだけでなく、それを他者に分配する方法も知るようになる、それが私の抱く唯一の願いであり希望であるということであります。

（*Boston Daily Evening Transcript* 一八七二年八月三日付）

長いスピーチが続いたあとの、ごく短いスピーチであった。このとき森は何を言おうとしていたのか。「精神（spirit　酒）に酔いしれて」という表現があるように、森自身がこのスピーチに多重の意味を込めているので、さまざまな側面から考える必要があろうが、これを英語問題との関係で考えることもできるのではないか。

晩餐会では、まず主催者による歓迎スピーチがあり、それに応えて岩倉具視が返礼のスピーチをした。岩倉は日本語で語り、書記官塩田三郎が通訳した。前もって杉浦（畠山義成）がスピーチの英訳を参加者に配布していた。木戸の挨拶も塩田が通訳した。英語を通すことにより、人びとは互いに、歓迎と喜びの言葉を交換することができた。こうしたなかスピーチに立った森は、晩餐会にいきわたる精神に酔いしれていると言い、「この良き精神が地球上に運ばれて、それを飲んだ者たちがただその製法を知るだけでなく、それを他者に分配する方法も知るようになる、それが私の抱く唯一の願いであり希望である」と述べたのである。

森にとって、良き精神を世界中の「他者に分配する方法」の具体的なひとつが、英語の簡易化だったのではないか。それは「日本国民ばかりでなく文明一般に不可欠な仕事」であって、英語を簡易化することにより、西欧近代思想が蓄積してきたさまざまな成果を世界に分かち与えることができると考えていたのではないか。

先にあげたヘンリーへの森の手紙から察するに、かねてから森の主張に賛同していたヘンリーは、そのような重要な問題であるなら、まず米国の言語学の第一人者であるホイットニーの意見を聞こうと、森に提案していたのであろう。

スミソニアンには、ホイットニーからヘンリーに届いた返答を、ヘンリーが森に回送した際の手紙も残っていた。しかし、それは森が期待していた内容ではなかった。

> この手紙に同封して、日本における言語の改良について述べたイェール大学ホイットニー教授からの手紙を送ります。ホイットニー教授はわが国における言語学者の魁のひとりであり、学者たちのなかでも特に秀で、彼を知るすべての人からその経験に基づく判断力は高く評価されています。そのため、私は彼の助言を特に重んじています。彼の助言は、単なる知識ではなく、知恵に基づいているからです。彼の助言は、英語そのものに発達や改良の余地があることを示していますが、一方で、長い間ひとつの民族が使ってきた思想の伝達手段を根本的に変更することの難しさについて慎重な懸念を示しています。（七月一六日付前掲書簡録）

森が大望を抱いた英語簡易化の提案はほぼ却下されてしまった。それだからこそ、晩餐会での森のスピーチには、その「方法を知る」ことを願い求める彼の思いがあふれていたのではないだろうか。

全米教育大会での演説

ヘンリーのこの慎重な姿勢もあったためであろう、英語の簡易化という問題について、森は以後それほど積極的ではなかったようであるが、日本語のあいまいさ、脆弱性については、繰り返し発信し続けた。

ヘンリーからの返信を受け取った翌月の *Boston Daily Evening Transcript* に、これに関係する記事がある。記事によれば、森はボストンで開催された全米教育大会の席上、次のように語った。

日本における社会的政治的変革についてはすでにご承知のことであろう。その最も重要な成果のひとつが文部省の設置であるが、日本語の貧弱さがわが国の進歩の大きな妨げとなっている。多くの学生たちが外国の諸制度についての知識を得るため海外に送られ、すでに帰国した者たちもいる。彼らの報告は基本的に有益であったが、官吏たちが外国の諸制度の本質を理解することは難しく、政府は身をもって学ぶべく高官たちを海外に送ることを決めた。幸い、高官らはすでに青少年を男女を問わず教育することが必要であると確信するに至っている。使節団の教育担当理事官（田中不二麿）は、日本に英語を広く導入することに強く賛意を表明している。当地に滞在中の、百万の民を擁する江戸の市長（由利公正）は、教育の重要な基盤は諸外国との交流であり、教育の事業は、鉄道その他先進文化の付随物の導入より先に着手されねばならないとその心境を私に語った。日本ではすでに多くの学校が作られ、国全体が教育の問題に関心を向けている。私は本国政府に対して、海外の著名な教育家に意見を求め、日本に多くの師範学校を設立することにより、良質な日本人教師を養成することができると提案した。高等教育が日本にしっかりと根付くなら、それは日本を益するのみならず、アジア全体に強い影響を及ぼすことになる。なぜなら、私は、日本はアジアの門となると考えているからである。

（一八七二年八月九日付）

この後におもしろいエピソードが描かれている。会長が森に、日本語で一言、二言、話をしてほしいという参加者からの要望を伝えると、森は笑いながら何を言ったらよいかわからないと答えた。しかしブロンソン・オルコット（Bronson Alcott）の言葉を受けて、聴衆のために日本語で短い話をした。森はその後再び英語で話し、公立学校が日本に普及すれば英語が一般に使われる言語となり、今話したような、非常に貧弱な日本語は珍しいものとして保存されるだけになるだろうと予言した、という。この時の森の念頭には、簡易化した英語ではなく、通常の英語があったかもしれない。

『別巻四』には、これらのほかにも森の「簡易英語採用論」について考えるための資料が含まれている。必要な方は参照していただきたい。

第三章　森有礼と図書館

新聞紙上に掲載された森の英語簡易化の提案は大方の反発を招いたが、一方で、その記事に興味を持ち、森がなそうとしている改革に自分なら役立つと名乗りをあげた人物がいた。独語英語併用ドイツ人学校校長アドルフ・ドゥアイである。森の記事が掲載された翌日、ドゥアイは早速ホイットニーに手紙を書き、森を紹介してくれるよう懇願した（「ウィリアム・ホイットニー宛アドルフ・ドゥアイ書簡（一八七三年一月一六日）」）。

この手紙は、残念ながら書き手を満足させる結果にはならなかったが、わが国の近代史に重要な事実をもたらしてくれることになった。そのひとつはわが国の幼稚園史に関わる事実であり、もうひとつは、より広範な分野に影響を及ぼすとみられるわが国の図書館の成立にかかわる事実である。ここでは主として後者の、森有礼と図書館との関係について述べることにしたい。

（一）ウイリアム・ホイットニー宛アドルフ・ドゥアイ書簡

ドゥアイ、ホイットニーに森への仲介を懇願する

アドルフ・ドゥアイ（Adolf Douai 1819-1888）は、一八四八年のドイツ三月革命の混乱を経てアメリカにわたった政治亡命者のひとりである。未公刊ながら自伝を残している。そのドイツ語による手記を、一九五九年に彼の孫 Richard H. Douai Boerker が英訳したタイプ打ち原稿がある（*Douai, Adolf. Autobiography of Dr. Adolf Douai.*, Rauner Special Collections Library, Dartmouth College）。

自伝によれば、ドゥアイは二度にわたる投獄の後、一八五二年にアメリカにわたった。最初の五年ほどは、テキサスのドイツ人居住地で小規模な学校を開き、独英両語表記の新聞の編集をするなどして生活の糧を得ながら、奴隷解放論者として活動した。その後は、政敵や学校当局との対立、その結果としての余儀なき退職・転職を繰り返す生活を続けたが、ドイツ移民の子弟の教育について、独語と英語の両語を用いて一貫教育をおこなうという教育プランを持ち続けた。この手紙を書いた当時は、ニューヨーク州ニューアークの独語英語併用ドイツ人学校の校長であった。

名宛人のホイットニーは、スミソニアン長官ジョセフ・ヘンリーの求めに応じて、森の簡易英語論に意見を述べた言語学者である。

手紙の概要は以下のようである。

「一月一五日付 *New York Tribune* であなた宛の日本公使森有礼氏の手紙を読み、森氏が私と同じ改革をめざしていることに衝撃を受けました。英語の教授法を簡略化することに、私は人生の二〇年を費やしてきました。

私は日本国民のために森氏がなそうとしている計画を、比較言語学と合理的教育学の成果に基づいて立案する上で必ずや役立つと信じます。私が公使に近づくことは容易ではないので、紹介いただきたくお願い申し上げます。森氏に推薦いただくために、私の英語教本をお送りします。私の本の出版人であるニューヨークのシュタイガー氏に、用意が出来次第、私の英語の本をすべてあなたにお送りするよう指示しました。そこに書かれている計画は森氏に推薦すべきものとは異なりますが、幾つかの重要な点で一致しています。できるだけ早い返信をお待ちしております」

ドゥアイはホイットニーが会長を務める米国言語学会の会員であったが、これが彼にとって初めてのホイットニーへの手紙とみられることから、これ以前には両者に直接の交流はなかったものと考えられる。

この手紙の最大の注目点は、ドゥアイが自分の英語による著作をすべてシュタイガーを通して森に送ると述べていることである。森への仲介を懇願するドゥアイに対して、ホイットニーがいかに返答したかは不明である。しかし返事はいかにあれ、シュタイガーは間違いなくドゥアイの著書を森に送った。あるいは、ホイットニーに送られた書籍は確実に森に転送された。なぜなら、後述するように、森がシュタイガーに書いた初めての手紙は、送られた本に対する礼状だったからである。

国会図書館が所蔵するドゥアイの著作

ドゥアイが英語の簡易化を考える森に送りたいとホイットニーに申し出た英語教本は、*A. Douai's Series of Rational Readers* と題する五巻からなるシリーズで、一八七二年にシュタイガー社から出版された。このシリーズがわが国の国立国会図書館に所蔵されている。現存するのは、一巻、二巻、五巻の三冊である。一巻は表紙が取れて製本し直されているが、二巻と五巻は元のままで、表紙裏には「東京書籍館」のシールが貼られ、扉に「明治八年文部省交付（消印）」「明治十年四月文部省交付」「教育博物館印」の印がある。ドゥアイは前掲自伝において、この教本は販売数が少なくほとんど生活をうるおさなかったと嘆いているが、米国内にもわずかしか残っていない同シリーズが、太平洋を隔てた東京書籍館時代の日本に所蔵されているなど、通常では考えられないことである。

さらに、国会図書館にはシュタイガー社から出版されたドゥアイ著 ***The Kindergarten*** が収蔵されている。同書の初版は一八七一年であるが、国会図書館が所蔵するのは英語教本と同じく一八七二年刊行の第四版である。これには「明治十年三月文部省交付」「教育博物館印」の印がある。文部省交付年の異なりについては後述するが、これらドゥアイの著書が、ドゥアイの依頼によりシュタイガーから森に送られたものであったことは間違いないであろう。

ドゥアイが森に近づきたいと願ったのは、英語の簡易化という分野においてであった。自伝で生活の苦しさをたびたび吐露していたドゥアイは、この分野での仕事に活路を見出そうと願ったのではないかと想像される。しかし、彼が望んだ森有礼との対面や、おそらくは望んでいたであろう日本招聘は実現しなかった。また、ドゥアイが期待をかけた英語教本は、日本に運ばれたものの、一定程度の人びとに個人的に用いられたにすぎなかった。だが、彼のあずかり知らぬことではあったが、ドゥアイは、わが国初の完訳幼稚園文献の原著者として、日本幼稚園史にしっかりとその名を刻むことになった。すなわち、***The Kindergarten*** はわが国に幼稚園を創設するに際して翻訳され、幼稚園創始期の貴重なテキストとなったのである。明治九年、東京女子師範学校から出版された関信三訳『幼稚園記』がそれである。すなわち、このドゥアイ書簡により、わが国の幼稚園創始期のテキストとなった文献の原典が、森有礼を経由してもたらされたことが明らかになったのである。

森の「簡易英語」から見た*The Kindergarten*

森と幼稚園との関係については、第七章において改めて述べるが、ここでは*The Kindergarten*を森の簡易英語問題との関係からみておくことにしたい。英語問題とは一見関係がないようにみえる書名であるが、この書にもドゥアイが森に連絡を取りたいと願った所以の一端があらわれているからである。

ドゥアイに「合衆国におけるドイツ人諸学校」と題する論文がある。内務省教育局発行の教育長官報告に掲載された六頁にわたる論文である（一八七一年刊行）。そのなかで彼は、アメリカに何百ものドイツ人学校が存在する理由を以下のように記している。

理由の第一は、ドイツ生まれの親が、自分たちの子どもが急速にドイツ語を学ばなくなったことに気付いたことにある。英語はこの国の共通語であるが、他のどの言語よりも操りやすく発音しやすい。子ども同士は家のなかでも英語で話す。これは家族のなかに外国の要素を形成しているも同然で、家族関係の妨げとなっている。

第二は、より上層のドイツ人や年々増加する今日のドイツ人移民が、彼らの子や孫が世界の二大言語である英語とドイツ語両方を操る特権を失うのは惜しいと考えるからである。

第三は、これが最も重要と思われるが、ドイツは諸学校改革の揺籠の地であり、ドイツの諸学校は一八世紀後半から今日に至るまで世界最高と考えられている。故国でその最良の恩恵を受けてきた親たちは、子どもたちもそうした恩恵のもとで育てたいと願っている。

ドゥアイはこのように述べて、ドイツ移民の学校を以下の三種に分類した。

第一は最初期の移住者たちが建てたキリスト教各派教会による学校である。説教を理解し、互いに理解できる家族関係を維持するため、所属教会牧師により移民の子弟のドイツ語教育がおこなわれた。しかし初期の教会の牧師は教育程度も低く、良い学校教育が必要であるという認識も低かった。数百に及ぶこの種の学校の半数は学校の名に値しない。結果として二〇〇万〜三〇〇万の移民の子弟が母国語を理解する力と話す力を、完全に、あるいはほぼ完全に失った。

第二は現代に起源を持つ学校である。一八三〇年の不成功に終わった革命動乱後、より知的なドイツ人たちが移住し、アングロアメリカンの間にドイツ語とドイツ文学への嗜好を広めていった。これらの学校を支えたのは経済的に豊かな商人たちで、学校は商業の中心地である大都市につくられた。彼ら自身も家庭で英語を話したが、複数の言語習得の必要性と優越性を明確に認識しており、子どもたちに母国語を失わせないようにした。これらは第一の学校よりずっと整ったものであったが、創始者や経営者の私的関心に支配され、商業的な有用性にのみ基づいていたので、学校としてあるべき領域、義務、重要性についての理念をもたなかった。

第三は組合によって設立された学校で、一八四八年のドイツ三月革命後に亡命した人びとによってはじめられた。彼らには同時代の他の移民たちとは異なる特徴がある。故国で最高の教育を受け、政治的・社会的にラディカルな思想をもつ。彼らは新天地で良きリパブリカンを育てるためには、新しい国の言語である英語と故国の言語であるドイツ語を同等に身につけさせることが重要であると考え、英独二か国語を併用して教育する学校を開いた。この学校はドイツの理想的模範学校を目指したが、加えて完璧な英語の知識と、神学的衒学・非実際的な図式論から自由になり、自由な物の見方と独立した考え方を教えた。また学校では祈りをささげない、聖書を読まないなど、宗教教育をしなかった。これらの人びとは生活の基盤をドイツで奪われ、あるいはドイツに残してきたため、経済的余裕はなく、学校経営はおおむね厳しい。しかし第三の学校は良きアメリカ市民を作る上で重要な働きをすることが期待されており、また事実、現在もその役割を果たしている、とドゥアイは総括する。ドゥアイが働いてきたのは、言うまでもなくこのタイプの学校であった。

続いてドゥアイは、持論を展開する。ドイツ移民の子弟にドイツ語と英語を同等に獲得させるためには従来以上に長い期間を必要とする。しかし修了年限を先に延ばすことは実質的に難しいため、開始時期を早める方がよい。低年齢児を従来の学校に入れることは健康衛生上問題があるが、有効な方法としてドイツの思想家フレーベルが創始した幼稚園がある。三歳から教育する幼稚園を従来の二か国語併用校に付設させることにより、教育効果を高めることが期待できる、というのである。すなわち彼は、ドイツ移民の子どもをドイツ人としての尊厳をもつアメリカ市民として教育するために、幼児期から青年期まで英独二か国語併用教育をおこなう教育体系を構築するプランを立案し、その入口に位置する教育施設として、幼稚園の重要性を認識していたのである。その言葉どおり、彼は自分が関係したホーボーケン（Hoboken）とニューアーク（New Ark）の二か国語併用校に幼稚園を付設している。

つまり、ドゥアイの英語教本も、幼稚園解説書も、英独二か国語問題という同じ課題のもとに著されたものであった。ドゥアイは森への取り次ぎを願った英語教本の扉裏に、「ドゥアイの合理的英語読本はペスタロッチーの原理とフレーベルの教育法を組み合わせたものである」と記している。ペスタロッチーとフレーベルは、アメリカにおける当時最先端の教育哲学と教育法の代名詞であった。先に紹介したように、森がワシントンで暮らす五人の女子留学生につけたのも、「（ペスタロッチーの）事物教授の教授法を学んだ経験ある教師」あるいは「（フレーベルの）幼稚園教師」であった。ドゥアイは先進的と自負する一連の自著を森に送り、ドイツ人にとっては第二言語である英語教育の専門家として、また新教育思想の実践者として、自分を売り込もうとしたのである。

アメリカの幼稚園は、政治亡命者たちによってドイツから運ばれてきた。米国最初の幼稚園は、一八五六年に政治亡命者カール・シュルツの妻マーガレットによって、ドイツ人入植地ウィスコンシン州ウォータータウンのシュルツ家で開かれた。二番目の幼稚園も、同じくドイツ人入植地の個人宅で開かれた。次いで幼稚園は、ドゥアイが前掲論文にいう第三の学校である各ドイツ人入植地の英独二か国語併用校に付設されるようになっていったのである。

ドゥアイは一八七一年にニュージャージー州ニューアークに移り住むと、同地の二か国語併用校の校長となった。この時の彼は、経済的に行き詰まり、生活の基盤をほとんど失った状況にあった。生活の糧を得、また二人の娘を幼稚園教師として経済的に自立させるためにも、幼稚園に力を入れようとしていた。ドゥアイが森の英語問題を報じた新聞記事に敏感に反応し、日本の英語問題解決にわれこそはと手をあげた背後には、文字どおり人生の二〇年を費やした彼の苦闘の日々があったのである。

そうした苦しい状況下で著されたのが、英語教本シリーズであり *The Kindergarten* であった。ドゥアイは *The Kindergarten* において、遊び歌などの教材を英独二か国語で表記し、それを同書のセールスポイントとして売り出そうとした。彼は同書で、ドイツ語を母語とする教師と英語を母語とする教師を雇い、日常保育を両語でおこなうように勧めた。

今日でも興味深いドゥアイが提示する二か国語問題であるが、日本側はこれをどうとらえたか。

文部省の依頼を受けて *The Kindergarten* を翻訳したのは関信三であった。しかし彼は同書の背景にある米国の移民にかかわる事情を知らなかったために、ドィアイの意図を理解することはできなかった。そもそも開国間もない明治初年のわが国において、二か国語によって、わが国の場合は日本語と英語によって、教育をおこなうという構想自体、想像を超えるものであったろう。そのため、関信三は二か国語にかかわる部分を誤訳してしまった。すなわち、彼はドゥアイが意図した「二か国語で教育する幼稚園」を、「二か国語を教える幼稚園」ととらえてしまったのである。

今日わが国においては、小学校段階で英語教育が導入されたように、より早い時期に、より積極的に、英語を習得させることが喫緊のテーマになりつつある。第二の開国、第三の開国と呼ばれる時代である。従来冷ややかな目で見られていた森が提起した英語問題が、再評価される傾向にあるのもそのためであろう。*The Kindergarten* の翻訳者関信三も、明治五年に東本願寺洋行団の一員として欧州におもむき、一年数か月を英国に学んだ経験をもっていた。また、フランス滞在中は同行者たちの通訳の任も負い、欧州における複数の言語の共存併用という現実に直面して、母語以外の言語の習得の必要性を痛感していた。そうした彼にとって、原典にあったわが国には無関係と思われる二か国語にかかわる文章は、簡単に切り捨てることはできないものだったのである。

ドゥアイの英語教育法は学問的評価を受けているとは言えないし、幼稚園解説書 *The Kindergarten* についても同様である。米国で初めて英語による幼稚園を開設したエリザベス・ピーボディーは、同書をフレーベルの方法をいたずらに薄めるものとして厳しく批判し、彼の幼稚園を「変則幼稚園」と位置づけている。だが、わが国は幼稚園を導入するに際し、同書を翻訳して、そこから幼稚園について学ぶことになった。日本の幼稚園は、幼稚園の創始者フレーベルに倣おうとし、また倣ったつもりでいながらも、結果として別の形をとることになる。そこには別の要因があるのだが、ドゥアイの人生を色濃く反映した *The Kindergarten* も少なからぬ影響を及ぼしたことは間違いない。森の簡易英語論の発表の余波は、思わぬところにまで届いていたのである（なお、同書の二か国語問題に関する部分の翻訳の詳細については、拙著『関信三と近代日本の黎明』を参照されたい）。

（二）図書館の成立と再生に森有礼が果たした役割

森有礼由来文献のゆくえを探る

ドゥアイの手紙はわが国の幼稚園史研究に重要な情報をもたらしたが、その意義はひとり幼稚園史の分野にとどまるものではなかった。ドゥアイ書簡は、これまで不明であった森有礼由来文献のゆくえと、森が「図書館」に果たした役割について、実証的に解明する手がかりを提供する重要な資料ともなったからである。そこで、ここでは、ドゥアイ書簡の発見を契機に見えてきたわが国の図書館黎明期に焦点をしぼり、そのなかで森が果たした役割について整理しておくことにしたい。

森が持ち帰った大量の書籍については、木村匡が次のように証言している。

先生は米国より齎《もた》らし来りたる書籍を基本として書籍館を私設せんことを企図せり。事未だ成らざるに其企図変じて女学校と為れり、すなわち其書籍を売て資金に充てんとし外商ハートレーの鑑定を得て之を文部省に納め、其得る所の七千円を以って（中略）商業学校を設立せんことを企図せり。

（木村匡『森先生伝』七七～七八頁）

木村は、森の蔵書は文部省に売却され、曲折を経て、売却益は商法講習所（一橋大学の前身）の創設資金となったと伝えている。

文部省が招聘した「学監」モルレーも、日本の図書館を紹介する文書のなかで、文部省が開設した図書館の外国文献の中核は、森から購入した森の私的蔵書であったと述べている（*Public libraries in the United States of America*, *Special Report Department of the Interior, Bureau of Education* Part I, 1876）。

こうして木村とモルレーによって、森が米国から持ち帰った書籍が文部省に売却されたことについては、早い時期に明確に伝えられていた。だがそれ以上のことはほとんど明らかにされていない、というのが実情であった。なお、モルレー招聘の経緯についてであるが、それに関する新たな資料として、モルレー自身が「しかるべき立場」で日本に行くことを強く望み、ヘンリーに森への口添えを頼んでいる手紙が「スミソニアン・インスティテューション所蔵森有礼関係書簡録」に収録されている。必要な方は参照されたい。

では、森由来の書籍について整理して考えるために、わが国の公的図書館等が収蔵する森由来の書籍を、次の四つに分類してみたい。

第一は森が在米中に本国に送ったもの、第二は森が米国から帰国後に手放したもの、第三は森の斡旋ないしは関与によってわが国に輸入されたもの、第四は森の遺族により現国立国会図書館に寄贈されたものである。第四については森有礼旧蔵書としてあらまし整理されている。ここで取り上げるのは、第一から第三の書籍についてである。

木村とモルレーが述べるのは第二の書籍についてであるが、その前に、まず第一の書籍について考えてみたい。

森が在米中に本国に送ったもの

わが国の国立国会図書館はさまざまな変遷を経て今日に至る。なかでも明治前期はまさに図書館の黎明期であり、時代の不明や混乱を映して、所管の異動や蔵書の転籍などがしばしばおこなわれた。明治八年の「東京書籍館事跡沿革略報」（『帝国図書館年報』一九七四年）によれば、東京書籍館は明治五年四月に文部省博物局に設けられた書籍館にはじまる。これは森の駐米時代のことで、森が在米中に書籍類を送ったとすれば、各省各部局に留まったもののほかは、ここに収蔵されたと考えられる。

しかし、同館は翌六年三月、ウィーン万国博覧会のために設立された太政官所管の博覧会事務局に合併された。それに伴い、書籍館所蔵の和漢洋書はみな、博覧会事務局が所管するところとなったのである。ところが、八年二月、博覧会事務局は内務省の管轄となる。このとき書籍館は博覧会事務局から分離独立した。その際、博覧会事務局が所管していた書籍は、本来書籍館所蔵であったものも含めすべて博覧会事務局が所有するところとなり、書籍館は文字どおり無一物で再出発することになったのである。前掲「東京書籍館事跡沿革略報」は、これを短く「蒐集《しゅうしゅう》の書籍は悉《ことごと》く同局（博覧会事務局）の所管に属し、館史更に創始に係り」と記している。

すなわち、仮に第一に属する森関連図書があるとすれば、それらは明治八年の新生書籍館には引き継がれず、博覧会事務局所管のままになった、ということである。従って、それを確認するためには、現東京国立博物館の蔵書を調査しなければならないということになる。同博物館は、東京書籍館の蔵書を引き継いだ博物館事務局を前身とするからである。

東京国立博物館資料館は、近年、収蔵品の検索機能の整備が進んでいる。そのため、幸いにも『別巻四』出版前に一定の調査が間に合うこととなった。

端的に言えば、森が在任時に米国から送った書籍は同資料館に所蔵されている。なんとなれば、同資料館には森の*Life and Resources in America*が実に五冊も所蔵されているからである。一冊であれば、別の経路を考えてもよいであろう。しかし文部省が、あるいは太政官が、さらには内務省が、特別敬意を払っていたわけでもない森の、しかも米国で出版された書籍が五冊も入っているという事実は、それ以外の可能性を排除するものであろう。

しかも驚いたことに、それらはこれまでわが国で知られていた*Life and Resources in America*ではなかった。それらは、一八七二年春に出版された全一三章からなる完成版ではなく、一八七一年九月に出版された三章までを収めた簡易な装丁のペーパーバック本だったのである。同書の成り立ちについては、森の在米時代の活動を理解するうえで重要な要素でもあるから、第一部の森の著作について述べた個所をあわせて参照していただきたい。

なお、東京国立博物館に三章版が所蔵されていたことを受けて改めて調査してみると、東京大学総合図書館に一冊、京都大学に二冊の三章版*Life and Resources in America*が所蔵されていることが明らかになった。いずれも三章版を単行本としてではなく、「一二一頁まで」として、一三章版のいわば欠損本として書肆上の処理がなされていた。わが国では、これまで三章版の存在が知られていなかったためである。

東京国立博物館資料館には『浅草文庫　洋書目録引継書籍献納書籍区分録』なる目録がある。「浅草文庫」とは、博覧会事務局に合併されて同局に移管された旧書籍館の蔵書が、翌七年七月に浅草の官庫に移されたことにより用いられた呼称である。同目録の「浅草文庫洋書目録　引継書籍之部」の「第一引継六年三月文部省ヨリ博覧会事務局ニ公布シタル書類ヲイフ」には、明らかに森に由来すると思われる書名が多数みられる。「計六十三部九十七本」のなかには、ざっと見ただけでも、森の『ライフ　エンド　レソールス　イン　アメリカ』、すなわち前掲*Life and Resources in America*三章版のほか、米国東部諸州の諸学校および諸施設の報告書等多数、森の秘書チャールズ・ランマンの『米國「コングレッス」の辞書』（*Dictionary of the United States Congress*）などが目につく。同館が所蔵する森関連文献の本格的調査はしかるべき研究者に委ねるが、博覧会事務局に移管された書籍、すなわち最初期の書籍館の洋書の中核は、森由来の書であったとみられるのである。

当時、森は一刻も早く米国の情報を本国に届けようとしていた。三章版*Life and Resources in America* については、日本に送付された時期をしぼることができる。それは一八七一年九月以降、同年内の早い段階で日本に送られたはずである。二三章の完成版は翌年二月ごろには出版されているからである。

国立公文書館にも森が早い時期に本国に送った書籍がある。これらは博覧会事務局が引き継いだ書籍と一部書名が重なる。「書籍館」「浅草文庫」の印が押されている書籍もある。国立公文書館の蔵書をさらに調査すると、同館には、なんと一一冊にも及ぶ三章版*Life and Resources in America* が保存されていることも明らかになった。おそらく同館には、もっと多くの森関係書が、それとは知られないまま眠っているはずである。

わが国の図書館黎明期研究という面においても、東京国立博物館と国立公文書館をまたいでの蔵書調査がなされる必要があろう。

森が在米中からわが国に図書を送ることに意を用い、出発したばかりの文部省への情報提供者として、あるいは洋書籍の提供者として、中心的な役割を担っていたことは、注目されるべきであろう。

森が米国から帰国後に手放したもの

次に第二の、森が帰国後に手放した書籍について考えてみる。木村とモルレーが言うところの、森が文部省に売却したという大量の洋書籍である。これについても、売却の理由やいきさつが明らかにされているわけではない。

再び国立国会図書館の沿革に戻る。「東京書籍館事跡沿革略報」によれば、明治八年二月、博覧会事務局から分離独立し、ゼロから出発した書籍館は、早くも翌三月には「文部省より省中の蔵書を交付」され、四月に東京書籍館として再出発し、五月には閲覧業務を開始している。

ここで木村の証言を振り返る。「先生は米国より齎《もた》らし来りたる書籍を基本として書籍館を私設せんことを企図せり」。つまり森は当初、私設図書館を開設するつもりであった。帰国間もなくパリの鮫島尚信にあてた前掲書簡にも、「かねて話し置き候書籍院の取設方、今来日にかけ出来至るべし（中略）書籍の方は誰にても入社出来申候」とある。誰でも入会できる私設図書館を設立するというのである。しかし、国民のための図書館の中核的存在として期待された書籍館は、明治六年三月、彼の帰国直前に文部省の手を離れ、太政官が管轄する博覧会事務局に合併されていた。さらに七年七月、書籍はすべて「浅草の官庫に移し人民の閲覧を禁」じられた。森帰国翌年のことである。森は、図書館の将来は暗いと見てとったであろう。事実、明治八年二月の博覧会事務局からの分離に伴い、書籍館はそれまでの書籍をすべて失い、名称を残すだけのガランドウとなる。こうした状況下で、森は私設図書館の企図を捨て、それまで収集した書籍をすべて、新生東京書籍館の蔵書とするために文部省に売却したのである。

書籍ゼロの書籍館の独立という摩訶不可思議な状況は、たとえ書籍はすべて譲ろうとも、何としても内務省管轄の博覧会事務局から書籍館を分離する、という文部省側の強い姿勢なくしては起こり得ない。そして文部省側のその強い姿勢を支えたのは、当初の蔵書をすべて失っても、その幾層倍もの書籍がすでに手中にある、あるいは入手することが保証されている、という事実であったに違いない。それが森の蔵書であったことは言うまでもないであろう。東京書籍館の発足時に、その蔵書のほとんどが洋書籍で占められていた理由もそこにある。当時の文部大輔は田中不二麿。新生東京書籍館の実質的な初代館長となったのはハリスのコロニーで生活をともにした畠山義成。学監は森がその招聘に関わったモルレーである。いずれも、森ときわめて関係の深い人びとである。東京書籍館の再生、あるいは誕生に、森は単なる書籍の売却人として関わったわけではあるまい。否、書籍館の博覧会事務局からの分離独立という企図そのものに、森が直接・間接に関わっていたことは、十分に考え得ることなのである。国立図書館の設立は森の悲願であったからである。

以上を踏まえると、一八七六（明治九）年に頒布された東京書籍館の洋書カタログ*A Classified catalogue of the books in the English, French and German languages of the Tokio Shoseki-kwan or Tokio Library*（以下、同カタログの別称である「東京書籍館洋書目録」と称する）は、大変興味深い目録である。そこにはその後の献本や購入により加わった書籍も含まれているが、あくまでもその中核は森から購入した書籍群であったことが明確に見てとれるからである。

目録は英仏独語別に分かれ、それぞれいくつかの部門に分類されているが、圧倒的に多いのは英書である。そこには、森が直接入手したことが確認できる米国連邦政府、諸州、諸機関が発行した多様な報告書類が多数みられる。たとえば、議会図書館をはじめ、ボストン公共図書館ほか地方自治体や大学図書館の目録や報告書、スミソニアン研究所の年報や各種出版物。マサチューセッツ州、コネチカット州をはじめとする各州各都市の公立学校、教育委員会、師範学校、聾唖学校、盲学校等の年報。全米教育協会、全米教師協会、内務省教育局の出版物。マウントホリヨークカレッジ、アマーストカレッジ、コロンビアカレッジ、プリンストンカレッジ、アンドーヴァー神学校、ブルックリンカレッジ、ハーバードカレッジ、イェールカレッジ、コーネルカレッジの出版物等、枚挙に暇がない。

個人の著作としては、トーマス・レイク・ハリスの*Arcana of Christianity*と*Millennial Age*が複数巻。ハリスが主宰した月刊誌*Herald of light, A Monthly Journal of the Lord's New Church*が数十冊。これらは森ならではの書目であろう。

また、森の*Education in Japan*に回答を寄せた一三人のうち、著作を出している者はほぼ全員の名があがっている。すなわち、Boutwell, G. S.、Eliot, Charles W.、Hopkins, Mark、McCosh, James、Murray, D.、Woolsey, Theodore D.らは著作そのものが、Sterns, W. A.はアマーストカレッジ学長としての講演やカレッジの出版物が、Cooper, PeterはCooper Unionの出版物の、Henry, Josephはスミソニアン研究所の出版物の、Northrop, P. G.はコネチカット州の各種出版物の贈り手としてそれらの書籍の背後に存在する。

その他、森と直接面識や関係があったことが明確な人物による著作も数多い。目についた名前を目録の分類部門にかかわらずアルファベット順にあげるなら、Alcott, A. Bronson、Barnard, Henry、Brooks, Charles、Emerson, R. W.、Froude, James Anthony、Greeley, Horace、Harris, William T.、Holmes, Oliver Wendell、Huxley, T. H.、Lanman, Charles、Longfellow, H. W.、Mill, John Stuart、Muller, Max, M. A.、Oliphant, Laurence、Peabody, E. P.、Philbrick, J. D.、Putnam, G. P.、Spencer, Herbert、Sumner, C.、Whitney, W. D.などである。また、直接面識があったかどうかは不確実であるが、文部省音楽取調掛に招聘されるMason, L. W.の著作が入っていることも特筆に値するだろう（第四章参照）。本人の没後ではあるが、Mann, Horaceも森が身近に感じていた人物である。

森が国務長官フィッシュに欲しいと願い出た米国務省の外交文書も、おびただしい量が、と言ってよいと思うが、収蔵されている。両者で議論された関税規則に関係する資料も複数ある。同じく森が便宜をはかってほしいと願い出た郵政に関する資料も複数巻ある。米財務省の年報も、森帰国の時期までおよそ二〇年分さかのぼって所蔵されている。

圧巻は、目録の第二部門Division D. Elementary School booksである。そこには一二科目の教科名のもと、四六〇タイトルを超える小学校用テキストがあげられている。複数冊備えられているものも多々あるから、テキストだけでも相当な量になる。

森が米国において教科書を精力的に収集していたことは、多くの資料から具体的に明らかになっている。そのために最も重要な役割を担ったのは、スミソニアンのジョセフ・ヘンリーであった。彼は森の求めに応じて、米国内の主要な教科書出版社に教科書を寄贈してくれるよう依頼した。少なくとも一八七二年二月二八日までに、全米一九の出版社から教科書が寄贈され、スミソニアンを通して何箱もの教科書が森のもとに届けられた。それ以降も森への教科書の寄贈は続いたのである（「スミソニアン・インスティテューション所蔵森有礼関係書簡録」）。

*Education in Japan*の出版社であるAppleton社の出版物が多くみられることも、特筆してよいだろう。森が後掲シュタイガー宛書簡で、「地球儀はブロードウエイのAppleton社に送っていただければ、他の書籍や品物と一緒に日本に届くように手配する」と述べていることから、同社が森帰国に際してまとまった量の荷物を扱ったとみられるが、目録にはAppleton社の出版物が、同社カタログをはじめ、百科事典等多数あげられている。

新出資料が明らかにしたさまざまな事実から、「東京書籍館洋書目録」の中核は、まぎれもなく、森が米国から持ち帰り、新生書籍館のために売却した書籍群そのものであったことがわかるのである。

東京書籍館の書籍はさらに変転する。「東京書籍館明治十年報」によれば、明治一〇年二月、東京書籍館は廃止され、その蔵書は、東京開成学校（東京大学の前身）に交付された若干の書を除き、文部省所轄の教育博物館と東京府所管の東京府書籍館に分けられることとなった。さらに明治一三年七月に至り、東京府書籍館は再び文部省の管轄となり、東京図書館と改称するに至る。教育博物館もやがて東京図書館に統合され、曲折を経て現在の国立国会図書館となったのである。

ここでドゥアイ書簡に話を戻す。「東京書籍館洋書目録」には、言うまでもなく、ドゥアイの英語教本シリーズと*The Kindergarten*も掲載されている。ところが先にみたように、英語教本には「明治八年文部省交付（消印）」と「明治十年四月文部省交付」の印がある一方、*The Kindergarten*には「明治十年三月文部省交付」の印がある。すなわち、これらはドゥアイ書簡によりシュタイガーを通して同時に森に贈られ、同時に日本に向けて発送されたことが明らかであり、かつ「東京書籍館洋書目録」に記載されているにもかかわらず、交付年月が異なっているのである。これは、理由や事情はあれ、文部省交付年月はあくまでも交付の日付、ないしは受け入れ側の登録事務の日付であって、当該書籍がわが国に入った日付を示すものではない、ということである。ドゥアイ書簡は、図書館黎明期の書籍に関しては、交付年の印だけに依るのは危険であることも示している。国会図書館蔵書の分析にあたり留意すべきことであろう。

森の斡旋ないしは関与によってわが国に輸入されたもの

第三の、森の斡旋ないしは関与によってわが国に文献が輸入されていたことも、ドゥアイ書簡からはじまったシュタイガーと森の交渉から確認することができる。

現在、二通のシュタイガー宛森書簡が知られているが、最初の手紙は届けられた本に対する礼状である。

一九日付お手紙拝受。ご親切に送ってくださった本もありがたく受領しました。これらの書籍は、夜明けと進歩に向かって苦闘しているわが国の男女にとって間違いなく有益なものです。お申し出の地球儀もありがたくお受けします。江戸に設立される予定の図書館の目立つ場所に置くことになりましょう。地球儀はブロードウェイのAppleton社に送っていただければ、他の書籍や品物と一緒に日本に届くように手配します。日本の定期刊行物についての問い合わせについては、私は情報を持っておりませんが、どんな形であれ、あなたの仕事を促進する手伝いができればうれしく存じます。メモを送ってくだされば日本に持ち帰り、喜んでご要望に応えましょう。

（一八七三年二月二八日付『全集別巻二』）

シュタイガーは日本との広範な取引の開始を望んでいた。書簡からはシュタイガーがドゥアイの書のみならず、多くの書物を森に送っていたことがうかがわれる。事実、国会図書館には当時のシュタイガー社のカタログに掲載されていた英独仏語の書籍が多数所蔵されている。シュタイガーにとって、日本への窓口である森に接近することは、今後の事業展開のうえで願ってもないことであった。森も協力する意向を伝えている。「東京書籍館明治八年報」には文部省から交付された書籍類の内訳が記されている。「洋書之部」には英書だけで「四千二十八冊」とあるが、そこに「地球儀　一基」と記されている。シュタイガーから森に贈られた地球儀もAppleton社から一括して日本に送られ、大量の書籍とともに「洋書之部」として一括して収められたことがわかる。

なお「スミソニアン・インスティテューション所蔵森有礼関係書簡録」に、この手紙にみえる「江戸に設立される予定の図書館」に関係する手紙が数通収録されている。関心のある方は『別巻四』を参照されたい。

もう一通は、その翌月の書簡である。

日本文学に興味を持ってくださるのを大変うれしく存じますが、残念ながら私には作品を購入する手立てがありません。公使館は、仲介料をとってそうした仕事をすることには不都合でありましょう。日本の江戸の書店瑞穂屋卯三郎氏と直接連絡を取ると、迅速に満足のいく結果が得られると思います。手紙は瑞穂屋に送り、その件についてあなたから連絡が来るであろうと伝えておきましょう。

（三月一四日付*Japanese Legation Letter Copybook*）

森は公使館が書籍売買にかかわることはできないとして、江戸の瑞穂屋（清水）卯三郎を紹介した。瑞穂屋とシュタイガーの取引の推移は不詳であるが、国会図書館が所蔵する森の帰国後に出版された幼稚園文献のなかには、シュタイガー社のシールが貼られたものが散見される。「E.Steiger 22 & 24 Frankfort Str., New York」と印字された、シュタイガー社が販売を扱ったことを示すシールである。このことからすれば、ある期間そのルートが機能していたことは確実である。森を介したシュタイガーと瑞穂屋の取引は、確実に外国文献の購入ルートの一角を占めていたのである。

瑞穂屋は幕末から薩摩藩とかかわりがあった。生麦事件の講和談判に関係して、潜伏中の寺島宗則・五代友厚をかくまった。慶応二年に幕府がパリ万博に参加した時の出品人総代でもある。寺島・五代は慶応元年に薩摩藩が森有礼らを英国に派遣した時に同行し、パリ万博に参加しているが、留学中の森有礼も見学したという記録がある。森とは個人的にも面識があったであろう。明治二年からは出版事業をはじめ、洋書や機械、薬の輸入取次もはじめている。森がアメリカから帰国直後に結成した明六社にも、会計掛として加わっていることは大いに注目されよう。

その答えは森有礼にあり

国立国会図書館のレファレンス協同データベースには、同館に以下のような質問が寄せられたことが記録されている。

岡田正章「明治初期の幼稚園論についての研究（その一）」（『人文学報』三一）という論文の中に「明治初年購入外国幼稚園書目録」があり、Duuai《ママ》, A., *Kindergarten* ほかの図書が掲載されている。元々は教育博物館の蔵書で、「明治一〇年三月文部省交付の公印」が捺印されているドイツ語、英語図書が五六冊ある。この本が購入された背景がわかる資料はないか。

この質問に対して、担当者は幾つもの参考資料・文献をあげたのち、「該当図書の購入背景に関する記載は見当たりませんでした」と回答している。そのうえで、回答者は末尾に次のような文章を加えた。

なお、「レファレンス協同データベース」に「明治時代に内務省及び文部科学省はどのようにして西洋の医学雑誌や医学書を入手（輸入）していたのか」という質問があったが、「資料を確認することはできなかった」との回答が出されている。

最初の質問者は幼児教育史の学徒であろう。質問者は、わが国最初の幼稚園書の原典となったドゥアイの*The Kindergarten*をはじめとする、幼稚園関係図書が購入された背景を知りたかったのである。しかし、答えは得られなかった。レファレンス・サービスは、以前にも医学関係の文献の入手ルートについての質問があったが、それについてもわからなかった、と付け加えている。このままであれば、おそらく、あらゆる分野の書籍について、同じ質問、同じ回答がはてしなく繰り返されるであろう。わが国の図書館の黎明期にかかわる研究はこれまで少なくはなかったが、実質的なことは明らかになっていなかったからである。

その答えは森有礼にある。

彼はあらゆる分野の書籍を集めていた。森は、わが国の図書館がまだ図書館の体をなしていなかった時代に、図書館の重要性を認識し、その創設と充実のために具体的に力を尽くした人であった。知らずして彼の活動の恩恵を受けていた多くの分野があったであろうことは、容易に推測できる。

第四章　音楽教育導入への布石

森有礼が駐米時代からわが国の普通教育について考え、またその具体化に向けてさまざまな働きをしていたことは、もはや疑いのない事実である。ここで取り上げるのは、森が、学校教育の教科として音楽を取り入れるために、具体的に動いていたことについてである。

これに関する興味深い記述がニューイングランド音楽院（New England Conservatory）の創設者イーベン・トゥルジェー（Eben Tourjée 1834-1891）の伝記（*For God and music: the Life story of Eben Tourjée, Father of the American Conservatory*）にみられる。

同伝記に森有礼とトゥルジェーのかかわりに関する記述があることについては、近代洋楽史研究の立場から安田寛氏が報告された。すなわち、「一八七二年八月のはじめに講演旅行から戻ったイーベン・トゥルジェーは、ブロック島で家族と合流した。この島で、イーベンは駐米日本大使に会った。彼も休暇中だった。このまたとない会談で興味ある計画が実現された。音楽院の教授の一人だったメーソンが日本に派遣されたのだ」（安田寛『唱歌と十字架』音楽之友社、一九九三年、三二六頁）という、森有礼がわが国初等学校への音楽教育の導入にかかわっていたことを示唆する記述である。

両者の会談で名前が出たとされるメーソン（Luther Whiting Mason 1818-1896）は、文部省に創設された音楽取調掛に指導者として招かれ、一八八〇年から一八八二年まで日本に滞在して『小学唱歌集』の編纂にたずさわった人物である。

明治期、音楽の授業は唱歌と呼ばれていた。近代統一国家建設をめざして明治五年に布達された「学制」の第二七章において、小学校の一四番目の教科として、音楽が「唱歌」という名で掲げられたからである。しかし現実には唱歌の教材がなかったため、「当分之を欠く」と付記されて長いあいだ実際の授業はおこなわれなかった。その欠を埋めるため、文部省に音楽取調掛が置かれたのは一八七九（明治一二）年のことであった。メーソンが招聘されたのはその翌年の一八八〇年、最初の『小学唱歌集』が音楽取調掛によって編纂されたのは一八八二年のことである。

従って、本資料をそのまま読むとすれば、メーソン来日のおよそ八年前の森とトゥルジェーとの出会いにおいて、メーソン招聘、あるいは派遣、の話がはじまり、それを契機として唱歌、すなわちわが国の学校教育における音楽教育が形成されていった、ということになる。ロードアイランドの保養地ブロック島で両者が会った一八七二年とは、まさに、小学校の教科として唱歌があげられ、そこに「当分之を欠く」と付記された学制が公布された年のことであった。

トゥルジェーの伝記は、彼の甥Lee Eben Tourjéeによって編まれたおよそ三〇〇頁のタイプ打ち未公刊文書で、ニューイングランド音楽院図書館の蔵になる。同図書館によれば、伝記は一九六〇年の完成とされる。編者の父親、すなわちイーベン・トゥルジェーの弟が収集した資料や親族からの取材を核とした文書であるためトゥルジェーの評価が高めになる傾向がみられるが、トゥルジェーと「駐米日本大使」、すなわち森有礼との出会いを記した前掲記述をはじめ、わが国に関係する貴重な記録が含まれている。

二人の会談が八年後のメーソン派遣にいかにつながったのか、それについての検証は斯界の研究を待つこととし、ここでは、森有礼関係資料から、トゥルジェーとの出会いに至る森と音楽のかかわりについて整理し、この出会いが彼にとってある種の必然であったということについて述べておきたい。

(一)　森有礼と洋音楽

洋音楽との出会い

森有礼が初めて洋音楽に接したのは、慶応元年、薩摩藩英国留学生のひとりに選抜されてロンドンで学びはじめた時のことであった。キリスト教を国教とする英国においては、折々に賛美歌に接する場面が生じたであろうからである。もちろん、その時はあくまでも音楽との表面的出会いにすぎなかったであろうが、一八六七年夏に英国での学業を放棄して米国にわたって以降、森は音楽とより身近に接することになる。

森の最初の米国滞在時における音楽体験は、ハリスのコロニーでの賛美歌であった。薩摩藩留学生をハリスに誘引したローレンス・オリファントが、友人への手紙で「フェイスフル（ハリス）は歌と踊りが神賛美の本来の形であると言った」と述べている（Lawrence Oliphant's Letter to Cowper, Jan. 3rd 1869. Butler Library, Columbia University）ように、コロニーでは賛美歌が多用されていた。ハリスのコロニーでは賛美歌を歌い、時にダンスもした。賛美歌はハリスが作詞し、女性信徒が曲を付けたものである。ハリス門徒には富裕層の出身者が多く、ピアノの素養のある者も少なくなかった。礼拝でもハリスの作詞による賛美歌が用いられ、ハリスの秘書格の女性がピアノで伴奏した。

ニューヨークのワグナー・カレッジ（Wagner College）には、ハリスの信奉者であった詩人Edwin Markhamのコレクションがあるが、そのなかにハリスが作詞した賛美歌がいくつか残されている（Edwin Markham Collection, Box75）。森有礼も賛美歌を歌っていたと推測される。

しかし、これとて教科としての唱歌に直結する洋楽体験と言うことはできない。森は一八七一年にわが国初の駐米外交官として再渡米するが、この二度目の米国生活において、ハリスのコロニーという閉ざされた世界から広い社会へと解き放たれ、音楽についてもより広く体験することになるのである。

森は赴任するや、外交官としての職務上の付き合いを超えてボストンの知識人たちに迎えられ、彼らの全面的な協力を得ることとなった。森は再渡米にあたり、わが国の教育を構築するために働くことをみずからの使命としていた。それは学校制度に限定したものではなく、社会構造全体を視野に入れての教育構想であったが、当然のことながら学校教育も含まれていたから、彼はあらゆる段階における学校教育に関心を持ち、カリキュラムやテキストの収集に努めた。しばしば訪れたボストン市は、後述するように、小学校の正式な教科として音楽を採用したばかりであった。

一八七二年、森赴任二年目に岩倉使節団がワシントンに到着した。森は使節団が帯同した開拓使派遣女子留学生の教育に責任を持ち、彼女たちにピアノを習わせた。これは通常考えられてきたような、上流階級の女子教育をまねたものではなかった。森は彼女たちを普通教育の学校の教師となるよう教育することを考えており、ピアノ教育はその一環であった。彼女たちのひとり、永井繁子がヴァッサー・カレッジ音楽科を卒業して帰国し、黎明期のわが国の音楽教育にたずさわったのはその成果である。

森の英訳学制にみる「音楽」

明治五年八月三日、西暦一八七二年九月五日、学制が公布された。森はこれを英訳した。森の学制翻訳が具体的にいつなされたか不明であるが、同年九月一九日付の*Times*に次のような記事が掲載されている。

ワシントンの日本公使は日本に学校を設立する計画の具体化を進めている。ノースロップ牧師はこの計画を実施させるため、日本に行くよう招かれている（中略）。彼の主な任務は、日本帝国の七か所に立てられる予定の、教師を教育、訓練、養成する師範学校を組織化することにある。ノースロップ氏は五〇～一〇〇人の教師を同伴する。後発の教師たちも手配されるであろう。師範学校では英語が重視され、学者の通語とみなされるであろう。科学系の授業は全学年英語でおこなわれ、日本語の音を表現するためにローマ字が用いられる。師範学校には音楽と絵画も取り入れられる。

わが国に実際に招聘されたのはノースロップではなくモルレーであるが、考察すべき点が多い記事である。なにしろ、「ワシントンの日本公使は同国に学校を設立する計画の具体化を進めている」というのである。学制が「当分之を欠く」としていた唱歌についても、「師範学校には音楽と絵画も取り入れられる」と記している。着々と学校教育を構築する準備を進めていた森が、この時からすでに普通教育のなかに音楽教育も含めて考えていたと解するのが妥当であろう。

森は学制の翻訳に際して、「唱歌」を「singing」、「当分之を欠く」と付記された部分を「singing,（the last-mentioned not for the present.）」と訳している（『*Report of the Commissioner of Education For the Year 1872*』）。

当時米国では、日本の教育に関する記事が新聞紙上にしばしば掲載されていた。英訳学制の抜粋、およびそれについての論評までも、新聞は詳しく報じていた。森自身も教育関係者の会合に進んで出席していた。日本の教育の現状と課題は、今日われわれが想像する以上に、米国の教育関係者たちに広く知られていたのである。日本公使館には日本行きを志願する申し出が多数寄せられていたことがわかる。*Japanese Legation Letter Copybook* をみると、日本公使館には日本行きを志願する申し出が多数寄せられていたことがわかる。「五〇〜一〇〇人の教師を同伴する。後発の教師たちも手配される」と書かれたこの記事も、教育関係者の一部に、教師として日本に行くという思いを抱かせるに十分であったろう。メーソンがこのころから日本行きを希望していたとしても、少しもおかしくない状況であった。しかも英訳学制には、「singing,（the last-mentioned not for the present.）」とまで記されていたのである。後述するように、メーソンは当時、ボストン市公立小学校担当の音楽専門指導者であった。

同年一一月、森は開拓使派遣留学生の山川捨松と永井繁を寄宿先のコネチカット州ニューヘイヴンに連れて行った。その際に森が高校で音楽の授業を見学した時の様子を、ニューヘイヴンの地方紙が報じている。記事によれば、授業は一行を歓迎するために講堂でおこなわれた。壇上には森と捨松、繁、それにノースロップに伴われた二人の日本の少年と市の教育関係者らが立った。生徒たちは、教師があらかじめ黒板に書いておいた曲を初見で歌い、また歌曲集のなかから教師の伴奏で「ホーム・スウィート・ホーム」など馴染みのある曲をいくつも歌った。森は大変喜び、美しい英語で感謝の言葉を述べた。授業終了後に生徒たちがピアノに合わせて退場する様子も見学した。行進の時には、教師に代わって生徒が巧みにピアノで伴奏した。森のみならず、ピアノを練習中の捨松と繁にとっても、大いに刺激を受けた授業見学であったろう。

学校教育における音楽教育の実態を知り、故国ではそれが実現できない状態にあることを認識していた森である。「singing, not for the present」、しかしやがて、と彼ははっきり考えていたはずである。

森が帰国に際してピアノを持ち帰ったことも注目される。ピアノは、開拓使が建造を発注し、森がその支払い等を含めて折衝に苦労し、ようやく引渡しに至った船舶ケプロン丸に積み込まれて日本に向かうことになった。*Japanese Legation Letter Copybook*には、出航直前の森が、ピアノに一〇〇〇ドルの保険をかけるよう代理店に依頼した記録がある。

わが国における「唱歌」の誕生

森の洋音楽に対するこうした親和的態度は、当時のわが国の人びとのそれとはかけ離れていたと言ってよいであろう。

洋音楽に対する人びとの一般的態度がきわめて特異な形であらわれた例が、幼稚園唱歌である。

一般には知られていないが、唱歌は小学校に先立って幼稚園に誕生した。しかし、メーソン招聘後に編まれた小学校唱歌が洋楽調であったのに対し、幼稚園唱歌は雅楽の旋律で出発した。作曲を式部寮雅楽課に依頼したからである。小学校とは異なり、幼稚園には、明治九年の開設当初から、楽曲もあり、高価なピアノも備えられ、ピアノを弾くドイツ人保姆《ほぼ》もいた。それにもかかわらず、「歌」は歌詞のみ翻訳され、楽譜は紹介されなかった。それは直接的には、幼稚園文献を翻訳した関信三がキリスト教排斥運動に身を投じた僧侶の出身だったためであるが、一方でそれは、鎖国禁教下に生きた人びとに深く根付いていた、キリスト教に対する忌避的感情の抑えがたい反映にほかならなかった。洋楽、ことに歌唱は、当時の人びとにとって邪神の楽であった。学制公布時、わが国はいまだ禁教政策を放棄していなかったことに注意しなければならない。わが国にとって、「唱歌」の導入は、単に教材や指導者の不備という物理的な事情を超えた、高い国家的ハードルを抱えていたのである。

本資料の存在を報告された安田氏は、「「唱歌」というのは当時アメリカの小学校のカリキュラムにあった「Vocal Music」の訳語だった。「唱歌」は「ショウガ」とも読み、もともとは、器楽の譜を「ターラロー」など と声で歌うことを意味した、宮中の雅楽の専門用語だった。「Vocal Music」にどうしてこんな古い訳語があてられたのか、いまとなっては知る由もない」（前掲書一一頁）と述べている。だが、小学校のカリキュラムのVocal Musicに雅楽の専門用語をあてた背景には、当時の人びとの洋音楽に対する強い忌避的態度があったことは、ほとんど間違いないであろう。それに配慮せずしては、学校教育に音楽を導入することはできなかった、そうした状況を反映する語だったのであろう。しかし、森は学制を英訳するに際し、本国で重々しく置きかえられた「唱歌」という語を、singingと軽やかに訳し返した。各種教科書やカリキュラムを収集し、音楽の授業を参観していた彼が、Vocal Musicという語を知らなかったわけではあるまい。彼にとって、「唱歌」は「歌うこと」と同義であったように思われる。

林竹二氏の指摘のように、薩摩藩留学生として英国に派遣された初期の段階から、森のキリスト教に対する嫌悪感が総じて低かったことも根底にあろう。英国留学一年後に書かれた「航魯紀行」（『全集三巻』）に、森はキリスト教に対して「無心のわれわれら」と記している。反感や敵対心ではなく「無心」と述べていることが注目される。加えて、日本の教育を構築することへの意欲と、第一次在米期間を含め、渡米以降の諸経験において、音楽、あるいは歌うことに親和的であったことが、彼が音楽教育に着目することにつながり、音楽教育のわが国への導入に向けて積極的意志を形成するうえで有効に作用したと思われる。森にとって、歌うことは、儒教的封建的道徳規範のなかで美徳とされてきた感情の抑圧に対比される清々しい精神の発露として、それはとりもなおさず新しい国家形成においてあるべき教育の姿として、受け止められていたのではないだろうか。

(二) メーソン派遣へとつながるトゥルジェーとの会談

トゥルジェー、教員養成における音楽教育の重要性を論じる

イーベン・トゥルジェーがボストンにニューイングランド音楽院を創設したのは、一八六七年、三三歳の時であった。森赴任四年前のことである。同音楽院はアメリカで最初に設立された音楽学校とされ、今日までアメリカ有数の音楽学校として存続している。

トゥルジェーは教育に果たす音楽の働きの重要性を認識し、音楽を通して全人的教育に貢献しようとした人物であった。伝記によれば、彼は音楽院設立の翌年、ボストンのノース・エンドの人びとの悲惨な暮らしを知り、のちにNorth End Missionと呼ばれることになる活動に加わった。教会を通して多くの人びとに協力を呼びかけ、ノース・エンドに一軒の家を借りて地域の人びとに開放した。新聞書籍を備え、代価を払えない人には無料で、払える人には有料で、食事も提供した。伝道師夫妻がそこに住み、人びとの世話をした。トゥルジェー自身もそこで子どもたちのために日曜学校を開き、賛美歌を教え、みずから歌った。

一八六九年にボストンで歴史に残る大音楽会が開かれた。National Peace Jubileeと銘打たれた全国規模の音楽会で、一〇〇〇人のオーケストラ、一万人の合唱団からなる破格の規模の音楽会であった。その発案者Patrick S. Gilmoreが同音楽会を詳細に総括した*History of the National Peace Jubilee and Great Musical Festival* (Boston, Published by the author, 1871) によれば、多くの反対や困難を乗り越えて実現に至ったこの音楽会で、合唱

団の総監督の役割を最終的に引き受けたのがトゥルジェーであった。伝記は、トゥルジェーは音楽の力を広めるためにこの責任を引き受けたと記している。

音楽を通した彼のこうした社会的活動は、ボストンの教育界で高い評価を受けていた。伝記には、トゥルジェーが一八七〇年にクリーブランドで開かれた全米教育協会の年次大会に招かれ、Music In Its Relations to Common School Educationと題して講演したことも記されている。教員養成における音楽教育の重要性について論じたものである。

その講演を踏まえて、トゥルジェーは一八七一年度の内務省教育局年報にMusical Education in Common Schoolsと題する文章を寄せている。全米の各州に公立学校への音楽教育の導入強化を進めるよう働きかけた論稿である。そのなかで彼は、音楽の授業を通して子どもの道徳性を涵養することができると述べ、児童生徒が音楽の授業を受けるために教師がなすべきことは何かについて、また希望する教師には無償で専門の音楽指導者の指導を受けられるようにする必要性を説いていた。森は日頃から教育局長イートンと教育情報の交換をしていたが、言うまでもなく、トゥルジェーの論文が掲載された同年報も森が入手していた文書のひとつである。

トゥルジェーが前掲講演をした当時、ボストン市は音楽を学校教育の教科として取り入れていたが、いまだ日浅く、一八七二年一月三一日現在で、音楽専門の教員は高校中学小学、合わせて五人にすぎなかった。メーソンがボストン市公立小学校の音楽教師の指導者に正式に任命されたのは一八六四年であったが、それから八年たったその時点でも、小学校担当の音楽専門指導者はメーソンひとりという状況であった。

そうした実験的な状況ではあったが、ボストン市学校委員会は公立学校における音楽教育について熱心に報告し続けていた。なかでも興味深いのは一八六九年の同委員会年報である。年報によれば、同年五月、ボストン公立学校の音楽祭が開催され、メーソンの指揮のもと、一〇〇〇人のボストン公立小学校の生徒たちが一時間一五分にわたって合唱した。これほど大人数の音楽会は、ボストン学校史でも初めてのことであったという。翌六月にトゥルジェーが一万人の合唱隊を率いた前掲音楽会が開かれたが、その最終日を飾ったのが一〇〇〇人のボストンの公立学校生徒たちの合唱であった。このとき年少の児童は出演しなかったためメーソン自身は指揮をしなかったが、この成功もメーソンによるところが大きいと年報は彼の功績を称えている。

森は、公立小学校音楽指導者としてのメーソンの活躍を伝える、このボストン市学校委員会年報一八六九年版も早い段階で入手していた。渡米直後から森を支え続けたエドワード・キンズレーは、ボストン市学校委員会のメンバーでもあった。また、キンズレーを通して同市教育長フィルブリックとも懇意であった森は、トゥルジェーと会う前に、すでにメーソンの名とその業績を知っていた可能性がきわめて高い。さらに、森が駐米中に収集した書籍のなかには、前述のように、メーソンの著作も含まれていた。

岩倉使節団、トゥルジェーが合唱団の総指揮をした大音楽会に参加

一八七二年六月、ボストンで二回目の大音楽会が開催された。World's Peace Jubileeと称し、前回の二倍の規模で開かれた音楽会である。二万人の合唱団、二〇〇〇人のオーケストラ、一〇万人収容のパビリオンが設営され、英仏独伊露から一流のバンドとトップアーティストが招かれた。トゥルジェーはこの時も大合唱団の責任者をつとめた。

当時在米中であった岩倉使節団もこの大音楽会に参加した。すなわち、条約改正交渉が完全に暗礁に乗り上げて、なすすべがなかった使節団は、六月に入ると北部巡回の旅に出た。九日にワシントンを出発した一行は、

ニューヨーク、ウエストポイント、ナイヤガラ瀑布、避暑地サラトガを経てボストンに到着した。久米邦武『特命全権大使米欧回覧実記』には、一七日夜にボストンに到着した使節団が、一八、一九日の二日にわたり「太平楽会」に参加した模様が記されている。

久米によれば、岩倉一行は二〇日朝にはスプリングフィールドを経由して帰途についているから、この大音楽会がボストン行きの主なる目的であったと推測される。北部巡回旅行そのものも、音楽会に合わせて日程調整されたのではないか。木戸日記によれば、森は、一五日にナイヤガラ見物をしたあと、一行と別れて一足先にボストンに向かった。森の一足先のボストン入りは、官民あげて大混雑するボストンでの使節団滞在の最終準備のためであったろう。

Gilmoreによる第一回音楽会の前掲報告書によれば、無謀とも思える試みに当初は反対や慎重な意見が強かったが、結局は開会式で祈禱したEdward Everett Haleや音楽会の総裁を務めたAlexander H. Rice、音楽会のために詩を書いたOliver Wendell Holmesなど、ボストンを代表する市民や、大統領グラントをはじめとするワシントンで要路を占める人びとも参集した。HaleもRiceも、森が米国着任早々パーカーハウスで食事をともにして以来、親しく交流してきた人たちである。今回の音楽会にも、かなりの数の森の知人がかかわっていたとみてよいであろう。

ブロック島でのトゥルジェーとの「chance meeting」

北部巡回から六月二二日にワシントンに戻った使節団は、夏休みに入って官民とも休業状態の暑い首都で無聊をかこちながら、一時帰国した大久保・伊藤のワシントン帰着を待って、七月二二日午後、フィッシュと面談し、条約改正交渉の打ち切りを告げた。一行はその五日後にワシントンを発ち、ボストンを経由して、八月六日に英国に向けて出航した。

何かと気苦労の多かった使節団をボストン港から送り出したその日、森は全米教育協会の年次大会に参加した。全米の教育関係者が集まった同大会の閉会式において、森が名誉会員に選ばれ、満場のあたたかい拍手に迎えられて演説をしたことを新聞は伝えている。大会期間中には「The Jubliee Singers」による合唱もあった。The Jubliee Singersとは、ボストン市公立学校の生徒による合唱団である。

前述のように、トゥルジェーは同教育協会の一八七〇年の年次大会で講演している。トゥルジェーが今回の大会に参加していたか否かは不明であるが、地元で開かれた大会であり、出席していた可能性は高いであろう。森がブロック島でトゥルジェーに会ったのは、「一八七二年八月のはじめ」の森の日程からみて、この大会直後のことであったと考えられる。

森はわが国に新しい学校教育を構築するために精力的に動いていた。森は同じ月に開催されたペンシルベニア教師協会第一九回年次大会にも参加している。フィラデルフィアの音楽院（The Academy of Music）において、八月二〇日から二二日まで開催された登録者一一〇〇人という規模の大会である。森はその開会式で演説もした（『*Report of the Commissioner of Education, For the year 1872*』）。「ワシントンの日本公使は日本に学校を設立する計画の具体化を進めている」「師範学校には音楽と絵画も取り入れられる」と新聞が報じたのは、森がこれらの教育関係大会に参加して程なくのことであった。

トゥルジェーの伝記にいうブロック島での二人の「chance meeting」は、あらゆる状況からみて、少なくとも、見知らぬ者同士の偶然の出会いということではなかったはずである。それまでの両者の足跡をみれば、互いにその存在について知っていた可能性は高く、加えて、森にはメーソンについての情報もあった。当時メーソンは、ニューイングランド音楽院の教授陣の一員でもあった。伝記によれば、トゥルジェー家は毎年夏をブロック島で過ごしていた。全米教育協会大会参加後に森がブロック島を訪問するについては、事前に何らかのコンタクトがあったことも十分に考えられる。しかし、たとえそれがまったくの偶然の出会いであったとしても、メーソン派遣という会談内容は森の一連の活動に連なるものであり、きわめて納得し得る記述といわねばならない。

森は音楽教育の導入、すなわち、学制が定めながら「当分之ヲ欠ク」としていた「唱歌」と称する教科を実現させるために、きわめて自覚的に働いていた。それは単に音楽教育の導入というにとどまらず、わが国の教育を根底から作り上げようとする彼の教育構想の一環にほかならなかった。

二人の会談後、メーソン派遣はいかに実現されたのか。音楽教育導入史研究の分野において、その後の研究はいまだなされていない。

第五章　森有礼と精神病院

森有礼と精神病院との関係については、後述のように、これまでに言及されたことはある。しかし、それらは両者の関係を正面からとらえるものではなかった。すでに繰り返し述べてきたように駐米時代の森の活動に関する資料はきわめて限られているが、この問題についても実質的な資料は皆無に等しかった。この問題が検討課題のテーブルにあがらなかった理由をさらに踏み込んで言えば、資料の如何のみならず、わが国の近代史においては、そもそも森が軽んじられる傾向が強かったためであろう。

残念ながら、本書も森と精神病院との関係を明らかにするものではない。しかし、ここで取り上げるドロシア・ディックスにあてた森の手紙と、ディックスが所持していた森に関する新聞の切り抜きを通して、森の駐米時代の活動がいかに埋もれていたかを知ることができるであろうし、さらには、森がやがてわが国の近代史に埋もれていく命運にあることを推量することができるのではないかと思う。森は常に剛毅で大胆に語ったが、自身の活動の宣伝と自己を弁護することにおいては饒舌ではなかったのである。

（一）　森有礼と精神病院設立とのかかわり

ドロシア・ディックス宛森有礼書簡（一八七五年一一月二三日付）

ハーバード大学Houghton Library所蔵Dorothea Lynde Dix Papersには、森がドロシア・ディックスに日本における精神病院の創設について報告した手紙が収められている。

ドロシア・ディックス（Dix, Dorothea Lynde, 1802-1887）は、一九世紀のアメリカにおいて多方面にわたる人道的活動に取り組んだ社会改良家で、特に精神疾患患者の処遇改善に力を尽くしたことで知られる。

Dorothea Lynde Dix Papersには森と日本に関係する三点のファイルがある。

第一のファイルに収められているのがドロシア・ディックス宛森書簡である。

第二のファイルには、森の*Religious Freedom in Japan*が収められている。表紙上部に森のディックス宛献辞がある。一六頁のパンフレット様のものであるが、ディックスはそれを縦に二つ折りにしていた。持ち歩いたのではないかと推測される。彼女はそれに二か所、小さく修正の手を入れている。こうしたことから、ディックスは大きな関心を抱いて森のこの著作に接していたものと考えられる。

*Religious Freedom in Japan*には小型の封筒がはさまれており、封筒には新聞の切り抜きが入っていた。Mori in Bad Reputeとの見出しで森の不評を報じた一八七三年六月一三日付記事である。封筒の表側には鉛筆で次のような走り書きがあった。"A vicious falsehood as says professor Henry and all who knew Mr. Mori."（ヘンリー教授や森氏を知っていた人がみな言うように、悪意ある作り話）。professor Henryはスミソニアンのジョセフ・ヘンリーのことである。この表現から、ディックスは切り抜きをヘンリーや知人たちのところに持ち込み、彼ら

と憤慨し合ったのではないかと推察される。

第三のファイルには、津田梅を預かったアデライデ・ランマンにあてた梅の母、津田初の手紙とその英訳文が入っていた。初の手紙は、ごく薄手の罫線入り和紙便箋三枚に筆で書かれている。うち二枚は一八七三年三月二二日付、もう一枚は、投函前に日を改めて書き足したものである。英訳文は三月二二日付分のみである。文字はチャールズ・ランマンのもので、ランマンが通常使用していた便箋が用いられている。梅の手を借りて翻訳したものであろう。

これがディックス文書中にあるのは、手紙が関係者の間で回覧され、何らかの理由で彼女のもとに留まったためと推測される。薄い和紙に流れるような墨書はそれだけでも異国情緒に富み、人びとの関心をひいたであろうが、手紙がディックスに回覧されたのは、珍しさからだけではなく、彼女が森の庇護下に置かれた日本の少女たちについて知っていたからである。ランマンは森と親しかったディックスにも梅の母の手紙を廻したのであろう。

ディックス宛森書簡については、まず日付が注目される。森有礼は、一八七三（明治六）年七月二三日にヨーロッパ経由で帰国し、その二年数か月後に特命全権大使として清国に派遣された。彼が清国に向けて品川から出航したのは、一八七五年一一月二四日のことである。すなわち、一八七五年一一月二三日付のこの手紙は、森有礼が清国に発つ前日に書かれたものであった。

帰国後の森の働きはめざましかった。帰国まもなく西村茂樹を訪ねて学術会議を組織する相談をし、八月には明六社を発足させ、九月一日には仮住まいの自宅で明六社の第一回会合を開くまでにこぎつけている。明六社は以後、毎月二回、定期的に会合を開き、翌七年三月には機関誌『明六雑誌』を創刊して、森自身も次々に論文を発表した。明六社はまたたく間に明治の啓蒙期を代表する存在となるが、自由民権運動の弾圧・取締りのために讒謗律《ざんぼうりつ》・新聞紙条例が施行されたことで、状況は一変した。森は『明六雑誌』の発行継続を希望したが、彼の清国派遣と相前後して同誌は中絶・廃刊に追い込まれ、明六社も事実上の解散となる。

明六社と並行して、森はわが国初の商法講義所の設立に取り組んでいた。帰国直後から商法講習所創設のために各方面に働きかけ、一〇月には具体的に東京府や東京会議所を動かしている。翌年からは資金集めに奔走。森自身も米国から持ち帰った書籍を売却して七〇〇〇円を資金として提供し、一八七五年九月に開設させた。これは森の私立学校であったが、まもなく森が清国に派遣されることになったため、東京会議所に移管され、さらに東京府に移された（一橋大学の前身）。

これらは彼のいわば私的活動であったが、この間、公務も多忙であった。帰国した年の一二月に外務大丞に任じられ、翌年四月には「日米条約試案」を編纂、五月には外国条約改締書案取調理事官主任に任じられている。六月には太政官正院並びに太政大臣三条実美に、「外国交際を正すの議」および「外国交際に情実を用いざるべきの議」を提出した。これらは彼の駐米外交官としての活動の総決算と今後の展望とみてよいであろう。さらに翌一八七五年六月には外務大輔に任じられた。

個人的にも多忙であった。帰国した年の末に彼は鹿児島から両親、義姉らを呼び寄せている。森有礼は五人兄弟の末子であるが、存命なのは彼ひとりであった。翌年末、木挽町に二階建ての洋館を新築。翌一八七五年二月に、当時開拓使女学校の学生であった広瀬常と結婚。世間を騒がせた「婚姻契約」を結ぶ。八月からは商法講習所の教授として米国から招いたウイリアム・ホイットニー一家を自宅に住まわせている。

こうして、公私ともにきわめて多忙な日々を送っていた時、清国派遣が決まった。特命全権大使としての準備はもちろんのこと、明六社についても、商法講習所の扱いについても、あとに残す両親や妻の生活についても心を砕き、木戸、大久保、岩倉その他、多方面に挨拶に出向き、いよいよ明日出航、という日に、ドロシア・ディックスに手紙を書いたのである。

『明治事物起源』に翻訳あり

実はこの手紙については、その翻訳が早い時期に、石井研堂『明治事物起源』（一九〇八）の「瘋癲《ふうてん》病院の始」の項に掲載されていた。さほど長文ではないので全文をあげてみる。

「瘋癲病院の始」

本邦維新前、狂人病院有しなり。江戸日本橋新乗物町医師林一徳、狂人の療法を常陸の医師大川開元に受け、弘化三年郊外小石川に狂病治療所を設く。元治元年一徳の子元春の業を受け、明治九年癲狂院《てんきょういん》と改め、二四年小石川精神病院と改め、又加命堂と改む。

東京府巣鴨病院は、明治一二年の創立にして、東京府の管轄に属する精神病院なり。

米国ドロセア、ヂックス嬢は、一生八六年間に、直接或は間接に、地は欧米より日本に亙《わた》り、彼の悲惨なる瘋癲者を愛護すべき病院の建設、通計三四に及べりという。本邦の瘋癲院の如きも、源を同嬢に発したるは、或は知らざる者多からん。

嬢は、恭謙にして、其没するまでは、其の功業偉徳を頌せらるゝを欲せざりき、嬢の没後、篤志者によりて、始めて嬢の言行録世に公にせらる、森有礼の信書あり。

余が親愛なるヂックス嬢、久しく通信不申上、御身が深き熱心に居ます事業に関して、なおざりにせしと思召すこと勿《なか》れ、私事其後多くの時日と注意とを此問題に注ぎ、終に京都にて一の瘋癲病院を首尾よく設立いたし、今また東京にて更に一つ設立中に有之、遠からず此の善事の為めに開かるべしと存じ候。此外尚追て設立可致、願はくは多くの不幸者をせめて少しにても減ずるの便りとならんことをと、熱望致し居り候

一八七五年一一月二三日　　日本東京にて　森　有礼

明治九年十月の〈東京新報〉に、京都癲狂院を、東山南禅寺に設く、期年ならずして痊《い》ゆる者甚だ多しとあり。

（石井研堂『明治事物起源』増補改訂版、下巻、一一七一～一一七二頁）

このなかで、石井はまず江戸末期に創設された病院について説明し、次いで明治に入って創設された二つの精神病院の名を前後の脈略なくあげている。「東京府巣鴨病院」と「京都癲狂院」である。「東京府巣鴨病院」は都立松沢病院の前身で、一八七九年七月に上野恩賜公園内に開設され、当時は東京府癲狂院と称していた。「京都癲狂院」は、日本最初の公立精神病院である京都府癲狂院で、一八七五年七月に開院された。ただし、同院は、財政難のために数年後に私立に移管され、その後閉院となった。すなわち、石井が名をあげた「東京府巣鴨病院」と「京都癲狂院」は、一見何の関わりもないようであるが、出発の時点では、「京都府癲狂院」「東京府癲狂院」と、同じ名称、同じ府立として、京都、東京の順に設立されたということになる。

森はディックスに対し、「私事其後多くの時日と注意とを此問題に注ぎ、終に京都にて一の瘋癲病院を首尾よく設立いたし、今また東京にて更に一つ設立中に有之」と述べ、すでに京都に精神病院をひとつ設立し、東京に

もうひとつ設立準備中であると報告している。設立時期・場所ともに、前掲精神病院の設立と符合している。森と両者のあいだには何らかの関係があったと考えてしかるべきではないだろうか。

ところが、石井はドロシア・ディックスの業績を高く評価し、その影響がわが国にも及んだとする一方、森書簡を掲載したものの、森と精神病院との関係については特に言及していない。そもそも石井がここに森書簡の翻訳を載せたのは、「嬢の没後、篤志者によりて、始めて嬢の言行録世に公にせら」れ、そのなかにたまたま「森有礼の信書」があったからで、石井の目的はあくまでもわが国では無名のディックスの顕彰であった。

「嬢の言行録」とは、Francis Tiffany, *Life of Dorothea Lynde Dix.* (Houghton, Mifflin, 1890) である。たしかに同伝記には、ディックスの働きは世界に及び、彼女の働きかけにより日本にも精神病院が建設されたと記されている。だが、著者がその根拠としたのが、この森書簡であった。つまり、ディックス伝の著者は、森書簡をもって日本における精神病院の建設をディックスの業績の及ぶところと伝えたのであり、石井はディックス伝をもって「本邦の瘋癲院の如きも、源を同嬢に発したる」と、やや断定的に述べるところとなったのである。

本書簡をどう読むか

問題は本書簡をどう読むか、である。森は清国赴任前夜にディックスに手紙を書いた。寸暇も惜しまれるこの時に、森が空事を書き送ったとは思われない。森の言う「私事其後多くの時日と注意とを此問題に注ぎ」とは、何を意味しているのか。森はいかに公立精神病院の設立に関わったのか。管見ながら、わが国の精神病院史において森に言及するものはきわめて限られ、言及するも石井の前掲文あるいはディックス伝をその典拠としている。つまり、この問題への森の関与については、関与の有無も含めたその在り方について、実証的に明らかにされているとは言い難い状況なのである。

むろん、森のこの分野における働きは、ディックスとの交流において具現化されたと考えることは可能である。しかし、動機はすでに彼自身のなかにあった、という方向から考えることも必要であろう。森はすでに英国留学中みずから聾唖学校、盲学校を見学し、そうした施設を西洋文明の及ぶところと看取し「嗚呼《ああ》宜哉《よきかな》西洋の開盛なる事、斯《かか》る聾唖盲等の人をも遂に不捨、よく人間の事を教え辨《わきま》え、生活を安く保たしむるは可謂盛《さかんというべし》俟、餘之事は随而《したがって》知るべし」（「航魯紀行」『全集三巻』）と記していた。駐米時代にも積極的に監獄、精神障害者施設等を見学していたことが、当時の新聞記事から明らかになっている。関係文献を多数集め、本国に送ってもいた。「此問題」についての彼の関心は、決して付け焼刃のものではなかった。こうした森の経験の積み重ねと、ディックスとの交流が、いかに結実したのかが明らかにされる必要があるのではないか。

留意すべきは、ディックス伝の著者が本書簡を伝記に収めていなければ、森の精神病院設立への関与については、示唆すらされないままであったということである。ディックスと森に交流があったこと、また同伝記の出版が森の死の翌年であり、米国では彼の死が大きく語られていたことから、著者はおびただしい数のディックス宛書簡のなかからこの一通を選び出すことができたのである。石井の前掲書は、ディックス伝の七年後の出版である。ディックス伝はディックスと森の共通の友人たちに読まれ、それらの人びとにより米国留学中の日本人に伝えられ、日本に持ち帰られて、石井の前掲書に紹介されるに至ったのであろう。

森の活動はわれわれの想像を超えて、はるか広範に及んでいるのではないか。そう考えずにはいられない森の手紙である。

（二）森を待ち受ける故国の現状

新聞記事「森の悪評」

Dorothea Lynde Dix Papersの第二のファイルに入っていた新聞の切り抜きは、初代駐米外交官としての働きを終えた森を、故国がどのように迎えたのかを示していた。Mori in Bad Reputeと題する一八七三年六月一三日付記事である。

記事は「江戸」発の手紙を引用する形で、森が同国人たちから、ずさんな資金管理と政府に対する強情な態度について厳しく糾弾されていると伝えていた。森は欧州歴訪を終えて、六月八日にマルセイユから帰国の途についたばかりであった。横浜着は七月二三日であるから、こうした話が彼の帰国前にしきりに取沙汰されていたということになる。

記事が紹介した江戸発の手紙によれば、日本の官界は、森の理解しがたい行動と彼の今後の運命についての話で持ち切りだという。曰く、森は公金取扱いに問題があるのみならず、大使たちの命令に従わなかった。ワシントン政府に達するよう命じられた指示を、フィッシュ国務長官にまったく取り次がなかったか、もしくは彼の考えに合うよう変えて取り次いだ。こうした罪状の男が召喚されないのは不思議であるが、森を召喚するのは簡単ではない。この二、三か月以内に、辞任するか、または休暇を申請すべしという指示が三通以上森に届けられたが、彼はまったく意に介さなかった。だが最後の手紙にアメリカ政府に通報するとの脅しがあったため、江戸に休暇願を提出した。休暇願はただちに認められ、返事が通常の郵船で送られた。ところが、このころ政府は米英仏独との郵便条約締結協議のため、あるアメリカ人を理事官として米国に派遣することを決めた。そこで、休暇許可書送付の一〇日後に電報を打ち、理事官の到着を待って条約交渉を助けたのちに休暇を取るよう指示した。森は、電報の日付が手紙の一〇日後であり、手紙とは異なる内容であったにもかかわらず、本国に対し最後に受け取った手紙に従うと返事をしたのである。そして荷物をまとめて、ヨーロッパに発ってしまった。二、三日前の地方紙はこの件を次のように報じている。「森氏は職務から逃げ出した。彼はおそらく残りの生涯をヨーロッパのどこかの国の政府の庇護下で過ごすだろう。彼は日本には戻らない。帰国したら切腹を命じられるからである。政府高官の多くは、彼は敢えて戻らないだろうと言っている。職務上彼を個人的に知る者は一様に、彼は狂っているという。それが彼のきわめておかしな行動を説明するに最も適した言葉なのだろう。矢野二郎氏が先の郵船で公使館員としてワシントンに向かった。森の突然の撤退のため、彼が少弁務使になるであろう」と。

記事が書かれた背景

森が糾弾されているのは、公金の取扱いと政府の指示に従わないという二点で、特に後者について厳しく非難されている。ディックスら米国の友人たちがそれらを「悪意ある作り話」とするのは理解できるが、問題は、その評価は別として、これらが必ずしも事実無根の作り話ではなかったことである。

まず公金問題についてであるが、これは森の帰国費用支出にかかわる件で、国立公文書館に関係文書が残っている。「在米森代理公使欧州経歴旅・二条」（太政類典第二編・明治四年～明治十年・第三百十五巻理財）としてまとめられている二通（種）の文書である。一通は（明治七年）一月一三日付で、標題に「在米森代理公使帰朝の節欧州経歴の旅費自ら給せしむ」とある。森は欧州を経て帰国したが、それが問題となり、欧州旅行中の費用は自弁すべきとされたのである。

実はこの文書は、明治六年一二月一五日付で外務省から出された「伺い」に対する返答であった。そして伺いのとおり、森申請の「入費公私区別立方」は不明であり「欧州回歴中の費用は一切自費を以取賄《とりまかない》可然儀《しかるべきぎ》に存候」とされたのである。

この決定が出る元となった外務省伺いには、森が「帰朝の砌《みぎり》、欧州へ渡り拙者並鮫島両公使へ面会諸事示談を遂げ度御用向之有之旨当省へ申出」とある。ということは、森の旅費の件で疑義を申し立てたのは、「拙者」、すなわち当時の在英公使で、「伺い」提出時に外務卿であった寺島宗則だった、ということになる。森は欧州の自分と鮫島に面談したい用務があると外務省に申し出たが、あれはわざわざ欧州に来るほどの理由ではなかった、しかも森は政府から許可を受ける前に出立してしまった、と寺島は「伺い」で森を非難していた。つまり寺島の森に対する非難は、本記事が紹介した江戸発の手紙が伝えるところの、森の公金の使途についての疑義と、政府の指示に従わないという、ふたつの非難と同一のものであった（ただし、前掲「在米森代理公使欧州経歴旅・二条」には、その翌年、鮫島尚信が一時帰国した折に、鮫島の説明により納得したとして、この決定が覆され、改めて森に費用が支給されることになったことを記した文書が追加されている）。

寺島が「伺い」で述べる、森が政府の許可が出る前に米国を発ってしまった、というのは、新聞が伝える郵便条約締結に関する件である。国立公文書館にはこれに関係する一連の文書も残っており、森帰国に際して新たなしこりになっていたことがわかる。

さらにまた、記事が伝える「ワシントン政府に達するよう命じられた指示を、フィッシュ国務長官にまったく取り次がなかったか、もしくは彼の考えに合うよう変えて取り次いだ」という非難も、事実無根だったわけではない。岩倉らの森に対する悪感情を醸成する要因となったのは駐日米公使デロングとの軋轢であったが、今回もまたデロングに関係する問題であった。森帰国前夜、郵便条約締結に関する本国とのやり取りと前後して、外務卿副島から森に対し、米国政府が日本政府に駐日公使交代を申し出ているが、それを止めさせるよう国務長官フィッシュに働きかけよ、という指令が出たのである（「米国公使テロンク辞職を止めん事を森代理公使に伝ふ」『太政類典第二編・明治四〜明治十年・第八十五巻・外国交際二十八・公使領事差遣三』）。

キリスト教禁止政策をとっていた明治五年、米国の宣教師ヘボンがデロングを通じて内密に天皇に聖書を献上したことがあった。この件に関連してデロングの辞任が取り沙汰されているが、わが国としては天皇はじめ政府一同デロングの業績を高く評価している、彼には生涯、駐日公使としてわが国に留まってもらいたい、ついては駐日公使交代を取り止めるようフィッシュに働きかけよ、という指令であった。「此の良吏は永久其職を奉ぜしめたく、我皇帝陛下切に希望被致候」とある。森が本国からのこの指令にいかに対処したかは不明である。しかし、おそらく、森は動かなかったのではないか。すなわち、新聞が伝えるとおり、彼は本国から来たこの指令をフィッシュに伝えなかった、あるいは駐日公使交代阻止を積極的に働きかけなかったのではないかと思われる。彼はむしろ、「此の良吏は永久其職を奉ぜしめたく」などという指令を、外交上不適当と考えていたであろう。本国が期待したデロング続投は、結局実現しなかった。

新聞が採録した「江戸」発の手紙は、こうした具体的事案の数々を正しく反映した内容になっており、政権中枢に近い者からの情報であったと思われる。森帰国の前に、森は切腹を命じられるのを恐れてどこか欧州の政府の庇護のもとに余生を送るなどと取沙汰されるのも、裏を返せば、わが国が彼を捨てても彼には受け入れてくれる国があると云々されていたことにほかならず、官界には森に対する憤りと、そしておそらくは怨嗟が、渦巻いていたのであろう。これが、明治初年の日米外交を切り拓いた森有礼の在り方そのものが招来させた日本におけるる反応であり、森を待ち受ける故国の現状であった。

日本の官界は、こうした「きわめておかしな行動」をとる森を「狂っている」と言った。アメリカの友人たちは、これらを「悪意ある作り話」と言った。アメリカの友人たちは前述のような「事実」を知ったとしてもなお、同様の感慨を抱いたであろう。両者の間にみられる違いは、おそらく、日本の外交および森の人生とその業績の評価に関わっていく性質のものであろう。

第六章　森有礼への期待と危惧

故国では、政界を中心に帰国後の彼の命運についてしきりに取り沙汰されていた。同様に、関心の方向は逆であったが、アメリカ側にも帰国後の森の命運に関心を寄せる多くの人びとがいた。森の友人ブルークスも、ロンドンからキンズレーにあてた手紙のなかで、「もしその尊い命が、彼が期待している計画が実現されるまで保たれるならば」（第一部）と書き、帰国後の森への心配をのぞかせていた。森の駐米時代の在り方に、アメリカの人びとにも何らかの危惧を抱かせるものがあったのだろう。ここではそのなかから、森に対する期待と危惧を記した二人の人物の手紙を紹介したい。

（一）　オクタビウス・ペリンチーフの手紙

森有礼の秘書をつとめたチャールズ・ランマンの友人オクタビウス・ペリンチーフが、ランマンにあてた手紙である（「チャールズ・ランマン宛ペリンチーフ書簡」）。ペリンチーフは森が日本の教育について識者たちに意見を求めた際に回答を寄せたひとりで、のちに、ランマン家に暮らしていた津田梅に洗礼を授ける牧師である。

ランマンがペリンチーフと出会うのは、ペリンチーフがジョージタウンのSt. John's Churchに牧師として赴任した一八六七年のことである。ペリンチーフの説教に感銘を受けたランマンは、私的にも親しく交流するようになる。ペリンチーフはその二年後にジョージタウンを離れるが、ふたりの友情は一八七七年にペリンチーフが亡くなるまで続いた。

ペリンチーフは、死に際して説教原稿や日記などをランマンに託し、ランマンはそれらを柱に伝記を著した（*Octavius Perinchief: his life of trial and supreme faith*, Washington, J. Anglim, 1879）。ここで紹介するのは、同伝記に収録されていたランマン宛のペリンチーフの手紙二通である。伝記には森に言及したこれらの手紙のほかに、津田梅について、洗礼式の様子をはじめ数か所の記述がある。また、ランマンが駐米公使となった吉田清成の秘書として再び日本公使館で働きはじめた関係から、日本および日本人に関係する記述が少なからず含まれている。

「私は今まで以上に日本と日本人に興味をもつようになった」（一八七一年九月二七日付）

ランマンが森の秘書として働いたのは一八七一年九月から翌年八月までである。従ってこの手紙が書かれたのは、ランマンが森の秘書になって間もない時期ということになる。

ペリンチーフは、「私は今まで以上に日本と日本人に興味をもつようになった」「あなたのボスはどこで英語を学んだのか。あれほど英語を流暢に話し、読んで正確に理解できるとは」と書いている。自慢の「ボス」を紹介したかったのであろう。ランマンはかなり早い時期に、当時ペンシルベニア州ブリッジポートに転任していたペリンチーフをワシントンに招き、森に紹介したのである。

ペリンチーフはそれ以前にも日本人についての評判を聞き、またニューイングランドで学ぶ日本人学生が書いたものを読んだことがあったようであるが、森に会い、日本と日本人に一層興味を持つようになったという。

注目されるのは、ペリンチーフが森と会った際に、日本人留学生たちが書いた文章を読んだとみられることである。「これらの日本人たちは、われわれの文明に対するずけずけとした、生半可でない批判によって、われわれにより良いものをもたらしてくれるのではないか。自分を“**Pagan**”（異教徒）とサインしているあの男、あれは実に独創的だ」と書いているからである。

ランマンはこの翌年*The Japanese in America*を出版するが、その第二部The Japanese *Student*は日本人学生らのエッセイ集である。その前書きでランマンは、現在米国には二〇〇人に及ぶ日本人留学生がいるが、学んだ成果を森氏に送ることを習慣にしている学生たちがいる。これらはそうして集まったコレクションのなかから選んだものである、と述べている。そのなかには、サインという形ではないが、自分たちをPaganと呼んでいる文章もあった。彼らの文章はそのほとんどが、ペリンチーフが言うように、実にずけずけとした、鋭い、まさに言いたい放題の文章であった。

森は、手元にたっぷりたまっていたそれらの文章を、ランマンが*The Japanese in America*を編むにあたり自由に使わせたわけであるが、ペリンチーフの手紙から推察するに、ランマンが森の秘書になった時にはそうしたものがすでに集まっていて、森はそれらを、これはと思う来訪者たちに読ませていたようなのである。森はさまざまな機会をとらえて、アメリカの人びとに日本や日本人たちについて知らせようとしていたのであろう。同時に、森が学生たちの存在を貴重なものとし、彼らが自由に意見を表明することを喜び、かつそれを励ましていたことがうかがわれる。

先達としての自負と自戒、そして日本人に対する畏怖（一八七二年一月二三日付）

先の手紙から四か月後に書かれた手紙である。興味深いのは、日本人や森に対するペリンチーフの見方が、四か月前とは異なっていることである。

学生たちの批評はたしかに鋭い。しかし、彼らの観察は目に見えるところに止まっている。機関車を見る子どもは、山のような真鍮と赤いペンキだけを見る。だが、それらは機関車の重要部分ではない。蒸気は誰にも見えない。その分野の技術を持つ者だけが、本当の力がどこにあるかを知っているのである、と。

日本人留学生を幼児にも模した辛辣な批判であるが、しかしペリンチーフは彼らを単純に否定したわけではない。先達としての大いなる自負と自戒、そして日本人に対する畏怖ともいえるまなざしがある。

「彼らに、日本だけが改革を成しつつある世界唯一の国であると思わせないようにしなければならない。すべての人類は動いており、われわれもまさに今、彼らが批判するものの多くを投げ捨てようとしている。五〇年後には、日本よりこの国において、より大きな、よりよい変化が観察されるであろう」

「日本もわれわれが今歩んでいると同じ過程を通らざるを得ないであろう。しかし、彼らがわれわれの失敗や愚行から学ぶことができるなら、日本は幸いである。われわれの前に足跡はなかった。彼らの前にはわれわれの足跡がある。彼らには『急がば回れ』と警告しなさい。将来、彼らは他の国に法を与えるようになるだろう。（われわれに代わって）彼らの番になれば、憐れむべき人類がその時代に受け取り得る最善の法を与えることが、彼らの運命となるだろう」

ペリンチーフは、森についても、彼が物事の外見だけを受け取ることのないようにしなければならないと忠告する。

「たとえば、森が嘆く議会や新聞にみられる悪態は、われわれが森以上に嘆いていることである。しかし、そこにある事実とは何か。それは人権と権利の濫用という事実であり、すなわち発言の自由という事実である」

「人は利己的で貪欲にみえる。あらゆる意図や目的もそれに奉仕している。けれども町に火を付けてみよ。たちまち利己と貪欲は消え去り、一千万ドルが気前の良い流れとなって必要なところにあふれ出す。これが、森が見るべき事実、森が彼の国民に見せるべき事実である。人間は互いに助け合うと信じることができる存在である。日本をわが国のように、あるいは英国や世界のあらゆる国のように、突然解き放ってみよ。そうすれば、森はそれまで彼が見たことのなかった光景を見るであろう。われわれは互いに欠点を見つけるが、物事を良くするよう常に努力もしているのだ」

「国を動かす人びともいるが、不幸なことに国が動かさねばならない人びともいる。われわれはそれを、森よりもずっと悲しく感じている。彼がそれを知るならば彼の誉れとなろう。彼はそれゆえに、彼の国民にとってより安全なガイドである。われわれの前に足跡があったなら、われわれは無駄な経験の多くをしなくとも済んだであろう。もしわれわれが日本に善を選び、悪を逃れる方法を示すことができるなら、われわれの足跡は無駄にならずに済むであろう」

ペリンチーフが危惧し、また忠告したいと考えていたこと、それはまさに森自身の問題意識であった。森は機関車を見る子どものように「山のような真鍮と赤いペンキ」を見ていたわけではない。彼はそれを動かす力の所在とその性質を見ようとしていた。「議会や新聞に見られる悪態」をただ批判していたわけではなく、そこに「発言の自由という事実」と「人権と権利の濫用という事実」を見ていた。彼はアメリカのみならず先進諸国の多様な諸経験に学び、世界に門戸を開いたばかりのわが国がいかにして世界の名誉ある国家となりうるか、そのために為すべきことは何かを考え続けていた。*Life and Resources in America* はまさにそのための具体的事例として編まれたのであり、森はペリンチーフが指摘したこの問題について、早くも三章版の緒言に、「アメリカで生じている自由の誤用に起因する弊害は、修正あるいは改良することが最も困難なものであり、注意深く避けねばならないものである」と書いていた。

もちろんペリンチーフもそれはわかっていたのである。彼は、われわれの前に足跡があったなら無駄な経験の多くをしなくとも済んだであろう、とみずからを顧みたうえで、先進諸国の足跡や無駄な経験から学ぼうとする森を「彼の国民にとってより安全なガイド」であるとしているからである。しかし、森は彼の国家から「国民にとってより安全なガイド」と認められることはなかった。その終焉からみれば、森は彼の国民から「より危険なガイド」とみなされたと言うべきであろう。

(二)　ジョセフ・ヘンリーの手紙

ジョセフ・ヘンリー（Joseph Henry 1797-1878）は、一八四六年にスミソニアン・インスティテューションが創設された際に初代長官に就任した人物である。以来、一八七八年に没するまで、三一年の長きにわたってその職にあった。彼自身優れた物理学者であったが、合衆国内外の科学者たちの研究を調整し、資金を手当てし、オリジナルな研究の発表の機会を設けるなどして科学の発展に寄与した。今日に至るアメリカの科学史に大きな影響を及ぼしたといわれる。

森のワシントン着任は一八七一年春、まだ二三歳の若者であった。ヘンリーはスミソニアン長官に就任後二五年を経て、すでに七四歳になっていた。スミソニアン・アーカイヴスには多くの森関係文書が収蔵されているが、それらは、新政権樹立間もない遠い日本からやって来た若き外交官と、老科学者であり、今日とは比べものにならない規模であったとはいえ、合衆国の科学知の殿堂ともいうべき政府機関の代表者との、交流の全容を示すものである。文書の内容は多岐にわたり、これまで知られていなかった情報が多く含まれているが、森とヘンリーとのやり取りだけでなく、ヘンリーと他の関係者間の書簡にあらわれた森有礼像に接することができるという意味でも興味深い資料となっている。

ここでは、そのなかからジョセフ・ヘンリーの手紙二通を紹介したい（「スミソニアン・インスティテューション所蔵森有礼関係書簡録」）。

森の危険な立場を予見——ランマンへの手紙（一八七二年九月一一日付）

契約期限が来て秘書の職を失ったばかりのランマンへの手紙。ヘンリーはランマンのこれまでの労をねぎらったのち、次のように述べている。

「私は、突然文明化し、すべての慣習をただちに変えようとする日本人の試みを、深い憂慮をもって注視してきた。日本人はたしかに偉大な変革をなしつつあるが、いかなる結果になるかは明確でない。確率論からみて、彼らがあらゆる場合に正しい道を選ぶことは不可能である。多くの誤った方法があるのに対し、正しい方法はひとつだからである」

「私は森氏に対するあなたの意見に同意する。彼は危険な高みに立っている。もし彼が主唱した計画や実行に移そうとする試みが期待された結果を生み出さなければ、彼は弾劾されるだろう。非難は賞賛より惜しみなく与えられるものである。ひとつの失敗は多くの成功より重い（中略）。しかし、日本人はもはや後戻りすることはできない。彼らは進まなければならないし、進み続けるであろう。世界の歴史を見るに、彼らの進む道が常に平坦であると期待することはほとんどできない。指導者たちの地位、たとえばわれらの友人である森の立場が危険でないと期待することもできないのだ。にもかかわらず、彼らは前進していくのである」

日本の近代化について、ヘンリーはそれまで常に積極的であった。森のために教科書を集め、下関賠償金を日本の教育のために用いるべきことを主張し、森の簡易英語論についても理解を示していた。しかし彼もまた、あまりにも急激な改革に危惧を抱きはじめていた。日本で今なされつつある大きな変革は先が見えない。努力したとしても成功が約束されているわけではない。むしろ、成功の可能性の方が小さいのだ。森は危険な立場にいる、とヘンリーは述べる。

「諦めてはいけない。長い時間を要するのだ」――森有礼への手紙（一八七五年六月二一日付）

スミソニアンが所蔵する最後の森有礼宛書簡である。ヘンリーは森に結婚の祝いを述べ、またワシントンの日本人たちから森の昇進を伝え聞いて喜んでいると述べたのち、次のように語った。

あなたはこの国に多くの友人を残した。友人たちはあなたの今後の歩みに強い関心を持ち続けるだろう。この国の一般の人びとはまだ日本の繁栄に関心を持ち、より高度の文明へと向かう日本の発展を妨げるようなことが起こらないよう心から望んでいる。しかしながら、あなたがまさにそのなかで働いているような大きな変革は、大いなる知恵と深慮と労苦によらずしては達成されることはなく、また、それが真の愛国心に促されたものでなくては決して達成されることはない。さらに、恒久的変革は漸進的でなければならない。何世紀にもわたって広められた思想や、異なる時代に存在した風習や習慣は、すぐに変えることはできない。それらを取って代えるには、忍耐強く努力し続ける長い時間が必要なのだ。だから、あなたが期待するほど進歩が速くなくとも、諦めてはいけない。

森の結婚はこの年の二月。ヘンリーは返事が遅くなったことを詫びているから、これは森がヘンリーに結婚を報告した手紙への返信ということになる。森はそのなかで、思うように進まない日本の現状を嘆いたのであろう。ヘンリーは諭すように森を励ました。諦めてはいけない、あなたがなそうとしていることは、長い時間を要するのだと。今日伝えられている森宛書簡のなかで、かくまで懇切に森と「対話」をしている書簡はみられないのではないか。

明治二二年二月一一日、大日本帝国憲法が発布された。その日の朝、森は式典におもむく準備のさなか、暴漢に襲われた。当時日本滞在中であった津田梅子の友人アリス・ベーコンは、森の死を次のように本国に伝えた。

二日間にわたって祭りが続いていたあいだに、日本という国家にとって非常に重要な悲劇が進行していた。日本は、憲法を得たその日に、最も賢明で最もリベラルな精神を持つ政治家を失ったのである。

森の友人エドワード・キンズレーが切り抜いて保存していたアリス・ベーコンの署名記事である。ヘンリーはこの手紙を書いた三年後に亡くなるので森の最後をみることはなかったが、ヘンリーが生きていたら、森の死を深く深く悼んだであろう。

第七章　森有礼と幼稚園

「森有礼」というテーマの前では「幼稚園」はあまりに小さな話題であろう。にもかかわらずこれを第三部の最後に置くことにしたのは、ここに、初代駐米外交官としての彼の知られざる姿が象徴的にあらわれていると思うからである。

森が幼稚園に関心を持ったのは、まだ年若い、年端もいかない、開拓使派遣女子留学生の一〇年にもわたる教育について真剣に考えていたからであった。彼は必要に迫られていた。彼が女子留学生たちの教育に精魂を傾けていなければ、幼稚園との出会いはなかった。また、デロングや岩倉らの言いなりに彼女たちをデロングに引き渡していたならば、森が幼稚園に出会う必然性はなかったのである。デロングとの軋轢の中で女子留学生を護り抜こうとした森の姿勢が、幼稚園に出会わせたというべきであろう。彼のその孤立無援の闘いが、伊藤博文と大久保利通からの厚い信認につながり、後年、伊藤が森を初代文部大臣に任命する伏線ともなっていったのである。

ただ、森がいかに少女たちの教育について考えていようと、彼ひとりの力ではとても幼稚園にたどり着くことはなかったであろう。幼稚園は、旧大陸から新大陸へと届いた新たな潮流であり、当時アメリカにおいても「新教育」と呼ばれていた時代であった。単に職務に熱心なだけで出会えるものではない。彼が幼稚園を知るためには、彼にその意義を伝える先進的な人びととの交流と協力が不可欠であった。彼は現場主義といってもよいほどさまざまな教育現場を見て歩き、各種教育施設を実際に訪れ、テキストを集め、カリキュラムを研究し、各地で教育関係者と会談を重ねた。これまで本書において述べてきた彼のすべての経験の積み重ねの上に、幼稚園との出会いがあったのである。

本章では、草創期のアメリカ幼稚園史において特別な存在であるエリザベス・ピーボディーを軸に、駐米時代の森の足跡をたどりつつ、森と幼稚園との関係、およびわが国への幼稚園の導入過程について記してみたい。

(一)　エリザベス・ピーボディーの *Kindergarten Messenger*

アメリカの幼稚園は一八七〇年ごろまではドイツ人の間で展開されていたが、唯一の、米国幼稚園史にとって最も重要な例外は、一八六〇年にエリザベス・ピーボディー（Elizabeth Palmer Peabody 1804-1894）によって、ボストンに英語による幼稚園が開かれたことであった。彼女の活動が原動力となり、幼稚園は英語を話す人びとの間にもその存在が知られるようになっていく。幼稚園関連の英語文献も出版され、識者の注目を集め、ボストンでは実験的に幼稚園を公立小学校に付設させる試みもおこなわれた。連邦政府の教育局からも、幼稚園に関する情報が多く発信されるようになっていた。幼稚園はドイツ人入植地を出て、より広い層に浸透するきざしをみせはじめていた。森有礼の駐米時代のことである。

エリザベス・ピーボディーは草創期のアメリカの幼稚園運動を強力に推進した人物である。幼稚園のみならず多くの分野に足跡を残しており、ホーレス・マンと結婚したすぐ下の妹メアリーと、ナサニエル・ホーソーン

(Nathaniel Hawthorne) と結婚した末の妹ソフィアとともに、Peabody Sistersとも称されている。

*Kindergarten Messenger*は、エリザベス・ピーボディーが創刊した世界初の幼稚園専門月刊誌で、森がアメリカを去った直後の、一八七三年五月に創刊された。経営上の理由により、一八七六年に*The New England Journal of Education*誌に吸収されたが、翌年ピーボディーの手に戻った。しかし、同じく経営上の理由により、*The New Education*誌に合併された。短命に終わったが、幼稚園についての情報を全米に広めるうえで大きく貢献した雑誌である。

ここで紹介するのは、*Kindergarten Messenger* (Vol.III, No.6 June 1875, p.139) に掲載されたエリザベス・ピーボディー宛ジョン・クラウス書簡と、それに付されたピーボディーによる脚注である。日本教育学会第五一回大会（一九九二）において、大戸美也子氏により資料の存在が報告された。

手紙の差出人ジョン・クラウス (John Kraus) は、森の駐米時代、内務省教育局長ジョン・イートンの助手をしていた。手紙を書いた当時は、エリザベス・ピーボディーによりハンブルグから招聘されたマリア・ベルテと結婚し、ニューヨークで幼稚園と幼稚園教師養成所を運営していた。夫妻はピーボディーと連携をとりつつ幼稚園運動を牽引し、アメリカにおける初期の幼稚園運動において中心的な役割を果たした。

ピーボディーが全責任を担っていた*Kindergarten Messenger*は、創刊当初から常に経営的に不安定な状態にあった。米国の幼稚園はいまだ草創期にあり、幼稚園数もきわめて限られていたためである。教育局が幼稚園についての最初の統計を発表したのは同誌の創刊と同じ一八七三年であったが、それによれば、当時、幼稚園は全米で四二園にすぎなかった。

創刊三年目に入ると、同誌はいよいよ深刻な経営危機に直面した。存続を望むなら定期購読者を獲得してほしいというピーボディーのアピールが、毎号誌面に掲載されるようになっていた。そうしたなか、クラウスは奮闘するピーボディーを励ます気持ちも込めて、幼稚園をめぐる世界の動きを報告する長文の手紙を彼女に送った。彼女はまずそれを五月号で紹介し、さらに六月号で前回紹介できなかった部分に言及した。クラウスが、期待される新規購読者として森の名をあげ、教育局長ジョン・イートンとともに数人の日本人を幼稚園に案内した時のことを記した箇所である。

クラウスの手紙

クラウスは新規に定期購読者になってくれると見込まれる人物として、森の名をあげた。ワシントンの元公使森氏がどれほど教育に興味を持っていたか、あなたもよくご存じでしょう、あれほど教育に関心を持っていた森氏なら定期購読してくれますよ、という口調である。

森はワシントン在任中、しばしば教育局にイートンを訪ね、親しく情報交換した。当時、教育局は位置づけもあいまいな内務省のごく小さな部局で、イートンの下に数人の助手がいるだけの小さな所帯であった。クラウスはその数少ない助手のひとりであったから、森とは直接面識があったと思われる。同じ頃、ピーボディーもイートンに招かれ、ワシントンで幼稚園についての情報を教育局から発信するための仕事をしていた。こうした状況下で、クラウスとピーボディーは森に出会ったと考えられる。

アメリカの幼稚園は、森の駐米時代にひとつの転換期を迎えていた。すでに述べたように、ドイツに生まれた幼稚園は、ドイツ人子弟のための教育としてドイツ人入植地を中心に展開されていたが、ピーボディーの精力的な働きにより、英語を話す人びとの間でも認知されはじめていた。森赴任のころには、政府刊行物もさかんに幼稚園を紹介していた。一八七〇年の教育局年報にはエリザベス・ピーボディーのKindergarten Cultureが、翌年の年報には、クラウスとピーボディーの二編の幼稚園紹介文が収録された。ピーボディーがワシントンに招かれて働いた成果は、冊子*The Kindergarten*として実を結び、一八七二年七月に教育局から出版されて、各方面に大量に配布された。

森はこれらすべての文書を確実に入手していた。森はイートンから多くの教育関係文書を贈られ本国に送っていたが、これらもわが国の国立公文書館に収蔵されている。森がサインしたものもある。従来の幼稚園史では知られていなかった、ごく早い時期になされたわが国への幼稚園文献の紹介である。

続けてクラウスは、「今からちょうど三年前、六人の日本の紳士がイートン長官と私に伴われてワシントンの幼稚園を訪れた」と述べている。

「今からちょうど三年前」、すなわち一八七二年にイートンとクラウスがワシントンの幼稚園を案内した「六人の日本の紳士」とは、言うまでもなく、岩倉使節団の教育担当理事官田中不二麿とその一行である。イートンがクラウスを伴って田中一行を案内した幼稚園とはどこであろう。一八七三年版の教育局統計によれば、当時ワシントンには二つの幼稚園があった。Fannie Perleyの幼稚園と、Emma Marwedelの幼稚園である。前者はワシントン市のI街にあったが、翌年の統計では姿を消している。後者は、クラウスの妻となったマリア・ベルテと同じくピーボディーの要請を受けてハンブルグから渡米したEmma Marwedelが、一八七一年にK街に開設した幼稚園である。ピーボディーは同園をワシントンにおけるモデル幼稚園と呼び、*Kindergarten Messenger*にも同園がしばしば登場している。一八七四年の教育局統計にはワシントン市内に三つの幼稚園があったことが記録されているが、同市の幼稚園概況報告の項目ではMarwedelの幼稚園だけが紹介されている。こうしたことから、イートンが教育視察の日本人たちを連れて行ったのは、ワシントンの幼稚園を代表するMarwedelの園であったとみて間違いないであろう。

Marwedelは、教育は幼稚園で終わるのではなくそこからはじまるとして、三歳半から一二歳までの幼児・児童を集めた学校を設立し、幼稚園はそこに付設されていた。教育局統計によれば、同校は全生徒数五〇、教師数五であったから、幼稚園としては一〇人程度であったと推察される。しかし同園は事情があったらしく市内で転居し、最終的にはワシントンを引き払い、一八七六年にはロサンゼルスに移ってしまった。クラウスは手紙のなかで、六人の日本人を案内した「その幼稚園はもうない」と嘆息している。

ピーボディーの脚注

ところが、クラウスが「その幼稚園はもうない」と記した部分に、ピーボディーは次のような脚注を付けている。

もし森氏の気まぐれがなければ、ミス・フーパーの幼稚園は放棄されず、当時ワシントンにいた少女たちの教育に採用されていたであろう。そうすれば幼稚園がまるごと日本に移植されることになったであろうに。しかし、ミス・フーパーが彼の求めに応じてすべての準備を整えた途端、話は打ち切られてしまったのである。

「当時ワシントンにいた少女たち」とは、もちろん開拓使派遣女子留学生のことである。当時、森はデロングの要求を退けて、彼女たちを自分の保護下においていた。ピーボディーのこの脚注は、それが森の「気まぐれ」であったかどうかはともかく、少なくとも森が、彼女たちの教育の選択肢のひとつとして幼稚園を考えたことがあったことを示している。Marwedelの幼稚園を視察した田中不二麿らは同所に特別な感想を抱かなかったようである（田中の視察報告書『理事功程』合衆国の部には幼稚園についての記述はない）が、現に満七歳から一四歳の少女たちの教育に責任をもっている森には、大変興味深い教育施設であったに違いない。

クラウスが書簡で「もうない」と嘆いているのはMarwedelの幼稚園であったが、ピーボディーは森に言及したクラウスの言葉に刺激を受けて、かつて森が彼女に示した幼稚園への関心を思い起こしたのである。彼女は、森の「気まぐれ」のせいで、「ミス・フーパーの幼稚園」が放棄させられてしまったと憤慨する。

森の「気まぐれ」のせいで、「ミス・フーパーの幼稚園」が放棄させられてしまったとは、どういうことであろう。

森が女子留学生のワシントンにおける教育に尽力した一八七二年の時点で、「ミス・フーパー」が全米のどこかで幼稚園を開いていたという記録はない。従って、すでに運営されていた彼女の幼稚園が、森のために廃園に追い込まれたということではないようである。「ミス・フーパー」の名は、一八七四年の*Kindergarten Messenger*一二月号に登場するのが記録上の初出である。同号に掲載された幼稚園教師一覧に、ピーボディーによりベルリンから招聘されたMatilde Kriegeの養成校の卒業生として名があげられ、「Miss Hooper, Kindergarten in private house, Alexandria, Va.」と記されている。彼女は少なくとも一八七四年にはヴァージニア州アレキサンドリアの個人宅で幼稚園を開いたのであろう。

ピーボディーの幼稚園にかける情熱にはすさまじいものがあった。彼女は幼稚園を全米に展開するために力を尽くしていたが、特にセントルイス市教育長ウイリアム・ハリス（William Torrey Harris）には、幼稚園がいかに素晴らしいかを説き、幼稚園を公教育のなかに採り入れるよう粘り強く働きかけていた。

ピーボディーはハリスにたびたび手紙を送っていたが、そのなかに、Kriegeの養成校の卒業生のひとりが、ワシントンのD街と七番街の角の個人宅でまもなく幼稚園をはじめることを知らせた一八七一年三月二八日付書簡がある（Missouri Historical Society蔵）。この手紙は、'Department of the Interior, Bureau of Education' のヘッドがある用箋が用いられている。すなわち、彼女がイートンの要請により、ワシントンで教育局のために執筆作業をしていた時期に書かれた手紙である。従って、もしこの幼稚園が実現し、かつ一八七二年中は存続していたとするなら、教育局発行の同年度の統計からその情報が漏れることはなかったはずである。しかし、教育局統計にはそれに該当する幼稚園の記載はない。従って、ピーボディーがハリスに開設を予告した幼稚園は、結局実現しなかったものと考えられる。新たな幼稚園の開設見込みは、ハリスに公立幼稚園設立を働きかけ続けていたピーボディーの希望的観測、あるいは勇み足であった可能性が否定できない。

以上のことから、ピーボディーの脚注を以下のように読むことができよう。すなわち、彼女は女子留学生の教育について考えていた森に、積極的に幼稚園教育、あるいはもう一歩進んで幼稚園の設立を働きかけていた。クラウスが *Kindergarten Messenger* の定期購読者として当然のように森の名をあげたことが示すように、森は大いに幼稚園教育に関心を示していたのであろう。事実、女子留学生のひとり永井繁子は、後年、「Minister Mori rented a house in Columbia Avenue for us girls and a kindergarten teacher came daily to instruct us」（*Japan Advertiser Tokyo*, Sunday, September 11,1972　生田前掲書）と述べている。森が借り受けたワシントン市内の家で五人が一緒に暮らしていた時期に、幼稚園教師が毎日教えに来ていた、というのである。ただでさえ数の少ない幼稚園教師を日本人少女のためにタイムリーに派遣することができた人物として考え得る最右翼は、幼稚園教師養成情報を一手に握っていたエリザベス・ピーボディーである。森も幼稚園教育に大いに関心を示し、何らかの形でそれを少女たちの教育に取り入れようと考えていたのであろう。森から好感触を得たピーボディーは、彼女一流の行動力で早速人選に動き、「ミス・フーパー」に白羽の矢を立てて準備をはじめたが、実現には至らなかった、ということなのではないか。「もし森氏の気まぐれがなければ」というピーボディーのいわば恨み節は、彼女が森に抱いていた大いなる期待の裏返しだったのである。

なお、一八七五年の教育局統計には、ワシントン市内にMiss Hooper's Kindergartenが開設された記録があるから、「ミス・フーパー」は最終的にはワシントン市内で幼稚園を開くという望みをかなえたのである。

森も五人の女子留学生のうち、最年少の梅の教育には迷いがあったと思われる。年長の少女たちの受け入れ先は七月には決めていたにもかかわらず、早くから梅の受け入れを希望していたランマン夫人には、「なかなか決められなかったので」と返事が遅れた。返事が遅れたのは、しばしば指摘されるランマンとの「確執」などではなく、以上の次第が関係していたと思われる。森は少女たちにニューイングランドで教育を受けさせることを望んでいたが、梅はあまりにも幼年であった。森が最終的に梅を一年間だけランマン家に託すことに決めたのは、九月一〇日のことである。森は少女たちの処遇にからんで提出した辞職願に、みずから辞職の時期を記していた。その期限がきていたのである。森は自分で定めた期限のぎりぎりまで、少女たちの教育に対する責任を果たすべく思案していたのであろう。

梅は知的にも優れ、意志も強く、言葉のハンディがあっても小学校での学業に耐えると判断され、ランマン家に引き取られたのち、地元ジョージタウンの私立小学校に入学した。結果として、幼稚園のシステムは森にとって現下の必要物ではなくなってしまったのである。しかし、イートンとクラウスに案内されてMarwedelの学校を見学した田中不二麿が幼児の教育に特別な関心を抱かなかったことに比べれば、自分の責任下に保護教育すべき幼年の少女を擁し、ピーボディーら幼稚園運動の戦士たちと直接にかかわりを持ち、教育局発行の幼稚園文献を入手し、Marwedelの幼稚園を実際に訪問していたはずの森有礼が、幼児期の教育について一定の認識と関心を持っていたことは疑い得ない。

(二)　知られざる森有礼と幼稚園とのかかわり

森と幼稚園との関係について初めて記したのは、すでに述べたように、森の非業の死から一〇年後に著された木村匡『森先生伝』であった。しかし、木村が明確に記した森と幼稚園のかかわりについては、関心が向けられないまま長い時間が経過した。

木村の記述から八〇年を経て、阿波根直誠氏によりシュタイガー宛森書簡の発見が報告され、これにより、すでに『森有礼全集』(宣文堂書店、一九七二年)に収録済みの一通に加えて、計二通のシュタイガー宛森書簡が『新修森有礼全集』(文泉堂書店)に収録されるところとなった。シュタイガー社は幼稚園に関する書籍の出版や冊子の配布、幼稚園遊具の製造販売を手がけ、アメリカにおける幼稚園運動に一定の役割を担った出版社であることから、森と幼稚園との関係に光が投じられることとなった。次いでその一〇年後に、大戸美也子氏により本資料の発見が報告された。だが、そのほかには森と幼稚園の関係を示唆する資料はなく、資料の解読は進まなかった。そうしたなか、今回発見された森の駐米時代の活動を示す多彩な資料群が、森と幼稚園とのかかわりの全貌を浮き彫りにさせたのである。

幼稚園とのかかわりを示す資料群

「ウイリアム・ホイットニー宛アドルフ・ドゥアイ書簡」は、わが国で最初に完訳された幼稚園文献の原著者とその出版元が、森有礼との関係を強く結びたいと願っていたことを明らかにした。さらに、ドゥアイの著書をはじめとする多数の幼稚園文献が、森有礼を通してわが国にもたらされたものであったことをも明らかにしたのである。

「開拓使派遣女子留学生関係文書」は、ピーボディーのいう「当時ワシントンにいた少女たち」に対して、森が最大限の努力をもってその教育にあたろうとしていたことを明らかにした。森は、自分が米国を去った後も少女たちが十全に生活し、よりよい教育を受けることができるよう識者たちに相談し、彼女たちをぎりぎりまで手元に置いて、ワシントンにおける彼女たちの生活に幼稚園教育を取り入れようとしていた。

「森有礼関係新聞記事集」にも、森と幼稚園に関係する記事が複数ある。

前述のように、女子留学生のひとり永井繁子は、ワシントン市内の家で五人が一緒に暮らしていた時期に、幼稚園教師が毎日教えに来ていたと回想しているが、同様のことを、当時のワシントンの新聞も伝えていた。

森が、エリザベス・ピーボディーの友人であり、全米で初めて幼稚園を公教育に採り入れたセントルイス市の教育長ハリスと面識があったことも、新聞記事により明らかになった。ボストンで開かれた岩倉使節団歓迎晩餐会において、ラルフ・エマーソンが使節団に、全米教育協会大会に参加してハリスに会い、彼の助言を求めるよう勧めたことを報じた記事もあった。エマーソンの助言どおり、森が同大会に出席してハリスに会ったことも確認された。もちろん、同大会にはエリザベス・ピーボディーも参加し、盛んに発言していた。

「エドワード・キンズレー関係文書」は、われわれの想像をはるかに超える森の幅広い交友関係のはじまりを示していた。そのなかには、マサチューセッツ州の公教育制度を作ったホーレス・マンも含まれていた。むろんマンはすでに故人であったが、森はキンズレーの友人たちの好意により、米国着任早々、マンの業績を紹介され、彼の重要な報告書を贈られたのである。

マンの妻はエリザベス・ピーボディーの妹メアリーである。森は遅くとも一八七二年春までには、教育局長イートンから教育局で幼稚園関係文書を執筆中のピーボディーを紹介され、彼女がホーレス・マンの義姉であると教えられていたであろう。ピーボディーはマンの没後メアリーと同居しており、メアリーも幼稚園に深くかかわっていた。マンが没したのは一八五九年、ピーボディーの幼稚園はその翌年に開設された。メアリーはその運営に参加しており、エリザベスが著した米国最初の英語による幼稚園案内書は二人の共著であった。そして森帰国の二か月後に、二人が住むケンブリッジの故ホーレス・マン宅を発行所として、***Kindergarten Messenger*** が創刊されたのである。

「森有礼関係英文雑録」に収められた「*George Palmer Putnam 1814-1872*」は、ピーボディーとのかかわりという点からもおもしろい。G. P. Putnam はニューヨークで手広く書籍の取次会社を経営していた人物で、森の親しい友人であった。森の私家本 ***Religious Freedom in Japan*** の出版を手がけた人物であったとみられるが、彼はピーボディー姉妹の従兄弟であった。***Kindergarten Messenger*** が創刊された時、ニューヨークにおける販売引受人となったのは、この G. P. Putnam's Sons 社である。

こうした人びととの交流のなかで、森がいかなる幼稚園観、あるいは幼児教育観を抱いていたかは定かでない。

しかし、その理解の片鱗をうかがわせる資料が皆無というわけでもない。

森が教育局に贈呈した英訳学制を詳しく紹介した新聞記事がある。それによれば、森は学制が小学校の一種として掲げていた「幼稚小学」をinfant schoolと訳していた。infant schoolは当時アメリカではそれほど一般的な語ではなかった。しかし森はその語を選択したのである。

興味深いことに、エリザベス・ピーボディーは妹メアリーとの共著*Moral culture of infancy, and Kindergarten guide*の一章冒頭に次のように述べている。「幼稚園とは何か。私はそれを否定形で答えよう。幼稚園とは、母親が働いている間に子どもを事故や悪習から守るための古めかしいinfant schoolではない。私が言うのはペスタロッチーのものではなく、今日わが国や英国でおこなわれているinfant schoolのことである。」

一八七二年という早い時点でのkindergartenとinfant schoolの使い分けは、エリザベス・ピーボディーとの交流において形成された森の幼稚園理解の具体的表出にほかならない。のちに幼稚園創設を太政官に願い出る田中不二麿は、岩倉使節団の教育担当理事官として英国を視察した際、ロンドンのinfant schoolでフレーベル考案の幼稚園遊具が難しい授業の合間のいわば息抜きとして使われているのを見て、infant schoolとkindergartenを混同してしまった（拙稿「明治初期の保育の実践と研究」日本保育学会編『戦後の子どもの生活と保育』相川書房、二〇〇九年）。その誤解が日本の幼稚園の原点となるのであるが、しかし、森は明らかにinfant schoolとkindergartenの違いを認識していたのである。

文部大輔田中不二麿の幼稚園設立願い

ボストンで開かれた岩倉使節団歓送迎晩餐会で、エマーソンは教育についてセントルイスの教育長ハリスに相談するようにと助言した。しかし、教育担当理事官田中不二麿は、すでに新島襄を伴って欧州に旅立っていた。森はひとり全米教育協会大会に参加し、ハリスと面談した。

これよりのち、明治八年七月、文部大輔となっていた田中不二麿は、太政官に幼稚園設立伺いを提出する。だが、翌月、伺いは却下されてしまう。すると田中は、特別な予算措置は求めないので何卒許可を、とただちに再伺いを提出した。九月、それほどまでに望むのであれば、と設立の許可が下りた…。

わが国の幼稚園は、文部大輔が設立伺いを二度までも太政官に提出するという、きわめて公的で明白な、しかしある意味ではきわめて特異な行動から出発した。わが国の幼稚園は当時世界に類をみない国立として出発したのであるが、国家が定めた教育法令によらず、特別な予算措置を求めず、文部大輔のたっての願いにより、国家の最重要政策であった小学校建設に先だって、わが国初の女子師範学校である東京女子師範学校に付設されたのである。この不思議な光景は何を意味するのか。

幼稚園設立準備たけなわの明治九年初頭、田中はフィラデルフィアで開催される米国百年期博覧会参加のため再渡米する。田中はフィラデルフィアに向かう途上、セントルイスに立ち寄り、ハリスと面談して、幼稚園についての認識を新たにした。ハリスとの面談の模様は、田中の帰朝報告である『米国百年期博覧会教育報告』のなかで詳しく報告され、その部分を、東京女子師範学校附属幼稚園の初代監事（園長）となっていた関信三が、「幼稚園創立法」（文部省『教育雑誌』八四号、明治一二年一二月）に引用した。「セントルイスのハリスに相談せよ」とのエマーソンの言葉は、森から、明六社の一員ともなっていた田中に確実に伝えられたのである。

田中が参加したフィラデルフィア博覧会については、森が帰国を前にした三月八日、アルゼンチン共和国領事とともに同博覧会事務局を訪問したことを報じた新聞がある。「森氏は大変興味をもって国別展示に関する諸計画や文書類を吟味し、あらゆる手段を用いて日本製品の大規模かつ完全な展示を実現させたいという、真剣な願いと意欲を表明した。森氏は二、三週間のうちに母国に向かう。彼は博覧会の目的について熟知しているので、日本政府への切り札となるだろう」

博覧会への参加準備は、総裁に大久保利通、副総裁に西郷従道を据え、内務省が中心となって進められた。森が博覧会に具体的にどのようにかかわったかは不詳である。しかし、その準備の過程で文部省から博覧会への参加申請が出され、特別参加の形で、文部大輔田中不二麿以下五名の派遣が認められたことは注目すべきであろう。

第三章「森有礼と図書館」で述べたように、明治八年二月、文部省は所蔵していた書籍のすべてを手放して、書籍館を内務省管轄の博覧会事務局から分離独立させていた。そして、森が米国から持ち帰った大量の書籍をもって、ただちに書籍館を再生させたのである。田中が幼稚園設立願いを太政官に提出したのは、その数か月後のことである。さらにその後、田中はフィラデルフィア博覧会への参加を申請した。参加が認められた田中は、フィラデルフィアに向かう途上、セントルイスに立ち寄ってハリスと面談した。森と田中との間には、きわめて緊密な連絡があったことを覚えておく必要があるだろう。

従来の日本幼稚園史においては、幼稚園設立への具体的関心が起こされる契機となったのは、一八七三年のウィーン万国博覧会における見聞であるとされてきた。しかし、わが国の幼稚園は、そうした、いわば一過性の経験によって創設されたわけではない。

森有礼が駐米したのは、いまだ草創期にあったアメリカの幼稚園が全米への展開に向けて大きく胎動をはじめた、アメリカ幼稚園史にとって特別な時代であった。森はそのただなかにあって、幼稚園運動を牽引していた人びとと同時代の空気を吸い、親しく交流し、多くの幼稚園文献を入手してわが国に伝え、さらには文部省の責任ある地位の者に多様な情報を伝えていたのである。森有礼のこうした活動は、これまで想像すらされていないことであった。

わが国の幼稚園成立史研究は、森有礼という存在の出現を通して、他の多くの分野における研究と同様に、まったく新たな段階に入ることになったのである。

結語に代えて

アメリカ側の資料が照らす森有礼

森有礼の駐米時代の資料については、古くからその量の少なさが指摘されていた。一九七二年に森の最初の全集である『森有礼全集』全三巻（宣文堂書店）を編んだ大久保利謙氏は、刊行にあたり、次のように記している。

明治維新が生んだ特筆すべき人物は、数少なくないが、青年期からふかく欧米の文物に接触したうえ、行政官僚にして、思想家を兼ね、しかも、そのいずれの方面においても特異な存在であるという例は、森有礼をおいてほかにあまりみられない。そういうところから、森は明治維新期における西洋文明の受容とそれに対する対応の複雑な紋様を一身に具現した特色ある人物の一人である（略）。しかし、顧みると、近代日本の著名人物のうちで、生前ならびに没後にわたって、森有礼ほど、さまざまな毀誉褒貶《きよほうへん》の声を浴びた人もまた少ないであろう。これも、その特異で果敢な人となりからきているが、そこには、またいろいろ誤解によるところも少なくないのである。そこで、森有礼の人物、思想を正しく理解するためには、森の文章、書簡、演説等の原資料のみならず、関係資料を網羅した全集、或いは周到公平な伝記の刊行が何よりも必要となってくる。

（「はしがき」同全集第一巻）

そのためにも、全集には、

　駐米時代における公務以外の日常生活に関する資料も伝記資料として掲げる必要があるが、これが案外に少ないのである。森家文書中には渡米の日記以外にまずないといっていい。海門山人の『森有礼』には「当時彼の公使としての位置は一種の名誉職にして頗《すこぶ》る安閑なりき」とあるが恐らくそうであったろう。当時の日本として外交事務はたしかに繁忙ではなかった。しかし森は、多年の海外体験から、彼独自の文化外交に熱意を傾け、この間、館員のチャールス＝ランマンを助手として数々の英文編著を刊行した。しかし、どうも駐在中の行動や交友関係になると詳しいことはよくわからない。森の伝記的研究のためには、アメリカ側の資料を探求するほかはない。

（「解説」同全集第一巻）

「森有礼の人物、思想を正しく理解するためには」「アメリカ側の資料を探求するほかはない」という大久保氏の問題提起から長い歳月が流れたが、森の駐米時代の資料の発掘はほとんど進まなかった。

　森有礼研究に新たな地平を開いた林竹二氏も、かつて、今後の森有礼研究は「二度目のアメリカでの彼の経験したものと、彼の編著の立ち入った吟味が必要である」（「森有礼研究第二　森有礼とキリスト教」『東北大学教育学部研究年報　第一六集』）と述べている。その後多くの研究が発表されたが、「二度目のアメリカ」、すなわち外交官として赴任した彼の第二次在米時代そのものを取り上げて、新たな資料を発掘し、そこから彼の経験を明らかにしようと試みた研究は無きに等しかった。今回、図らずもある程度まとまった資料の発掘に至ったのは、幼稚園史研究における必要から、という細い横道からであった。けれども、入り口の如何はともかく、大久保氏推断のとおり、「アメリカ側の資料を探求する」ことにより、駐米時代の森の足跡がかなり見通せることになった。その結果として、彼の駐米時代の足跡は、単に「森の伝記的研究」の欠を埋めるばかりでなく、近代日本の黎明期の諸分野に広範に及んでいることが明らかになったのである。

資料が明らかにした彼の活動の実態は、「一種の名誉職にして頗る安閑なりき」と評される姿とは対極に位置するものであった。森にとって、外交官とは決して「名誉職」などではなく、「頗る安閑」としていたわけでもなかった。それどころか、彼はわが国の初代駐米外交官として、実に正々堂々と、全力をあげてその職責を果たしていたのである。

そもそも森は望んで外交官になったわけではない。戊辰戦争のさなかに帰国した森は、その海外経験を買われて政府に重用され、多くの役職を与えられた。開設されたばかりの公議所の議長心得に任命されたのもそのひとつである。就任早々の森が公議所に提出したいわゆる廃刀論が直接の原因となり、森はごうごうたる非難のうちに、すべての役職を解かれて故郷鹿児島に帰った。しかし翌年、森に出府命令が下る。出府命令を受けて上京する途上、森は五代友厚に次のような手紙を書いている。

このたび弟ら出府の儀、およそ洋行の都合かと案じおり申し候（中略）もしその儀にこれなくば、何様の御用筋にてもぜひぜひ遁去の決意。（中略）弟ら世外の身、これより七八年間は黙学の決意なり。

（五代友厚宛明治三年一〇月二日付森有礼書簡『全集三巻』）

隠遁生活をし、世俗の外で自己鍛錬をしようとしていた森は、出府命令が洋行ということであれば、学生として必死に勉学に打ち込む覚悟で受ける、しかしそれ以外であれば、どんな役職であっても断り、鹿児島に戻る、という決意を五代に述べた。結局、在外使臣をおくことを決めた政府により、森は少弁務使として米国に遣わされることになるのだが、森はこの任命を唯々諾々と、あるいは嬉々として受けたわけではない。派遣が決まった森は、五代に次のように報告している。

このたび西洋再行勉学致したき心願にて出府候ところ、色々云々の説これ有り、ついに少弁務使と申す役人にて米国在留拝命候。ついては職務上異を申立て候わけもこれ有りそうらえども、ついにそれも立たず。やむを得ずそのまま閉居し、来月初旬太平洋飛脚船より開帆のつもりに御座候。役人は誠にうるさいものにて、どうぞ再び書生のところをと望みおりそうらえども、うるさいも又学科中の一と申す訳にて、まず気張り相勤め心得御座候（後略）

（追伸）このたび役人相成り候については、定めて異論誹説これ有りと存じそうらえども、実にやむを得ず。ことに人説等にこだわり、一身の進退仕位にては人間の職掌相立たぬわけに候ゆえ、断然決意、更に毀誉人言等には関せぬ積り。しかしいまだ弱齢不学のことゆえ、了簡違い少なからずにつき、お気づきのところは追々お心含みなく御示誨《じけ》懇希《こんぼう》たてまつり候。

（五代友厚宛明治三年一一月一三日付森有礼書簡『全集三巻』）

人材難であった新政府は、彼に書生の身分ではなく、彼が拒んでいた任務を与えた。「役人とはうるさいもの」とその地位を嫌った森であったが、しかし「うるさいも学科中の一」と前向きにとらえ、周囲のかまびすしい言説に左右されず、「断然決意」してその職をまっとうする覚悟であると五代に伝えたのである。

森の公使としての立場を「一種の名誉職」であったとした海門山人の『森有礼』（民友社）が書かれたのは一八九七年、森の死後八年のことであった。明治も三〇年を経て、根拠薄弱ながら何かしらの自信を得ていたわが国には、「公使は一種の名誉職」と考えて、お飾りのごとくその席に座していた輩がすでにいたのかもしれない。公使という名誉職を求めての猟官運動もあったのかもしれない。しかし、森と鮫島尚信が少弁務使として旅立った最初の時代はそうではなかった。わが国の在外使臣は彼ら二人だけだったのであり、わけてもこの二人は、猟官運動とも、名誉職とも無縁の人間であった。彼らを重用した新政府は幾つもの職を彼らに負わせたが、不肖のわれらが重責を汚し過当な給与を得ていることは実に不安の至りであり、給与だけでも下げていただきたい、と連名で給与下げ願いを提出していた。

彼らは身命を賭して職にあたったのである。伝統ある欧州に遣わされた鮫島尚信にいたっては、職務のために文字通り命を削った。肺の病のため幾たびも危機的状況に陥りながら、外交慣行に暗いよちよち歩きのわが国のために外交入門書を編み、人材不足のために療養中の場から現場に引き戻されて難しい外交交渉の矢面に立ち、命の炎が尽きるまで仕事を止めなかった。名誉職という語があまりにもありふれている今日の観点から彼らを評してはならない。

鮫島の臨終に立ち会った森有礼もしかりである。森はかつての留学生仲間であった吉田清成への手紙に、「近時暴習の稍《やや》脱するを覚ゆ」と記している（明治四年一〇月二三日付吉田清成宛森有礼書簡『全集三巻』）。出発前に五代に心情を披歴したように、彼が公使の座に安んじていたはずはなかった。彼はあたかも書生のように、みずから「暴習」と表現するほどに、何ごとに対しても貪欲に学んでいた。それが外交官としての彼の在りようであった。

米国社会の見取り図である *Life and Resources in America* の編纂は彼の書生としての学びの結果でもあり、教育局やスミソニアンとの緊密な交流、幼稚園、小学校から大学、聾唖学校、各種の学校まで、多岐にわたる教育機関や諸施設に関する文献の読破および実地調査、行く先々での教育担当者や学者やその道の専門家たちとの積極的な議論、それらはすべて近代化へ向かうわが国の下地を作っていくことになったのである。

彼の駐米時代の行動の多くはこれまで知られていなかったが、その働きは近代日本のさまざまな分野に、あたかも地下水脈のように行き渡っていた。アメリカ側に、他国に先んじて日本と和親条約を結んだという自負と、それを契機として高まった極東の小国に対する関心があったにせよ、ほとんど素手で乗り込んでいった青年外交官が縦横に活動できた根底には、こうした森の姿勢があったのである。むろん、出発の時点でチャールズ・ブルークスと、彼の友人エドワード・キンズレーとの貴重な出会いがあったわけであるが、しかし、それは一方的に強者が弱者に施し与えるという関係ではなかったことに注意すべきであろう。森は彼らに堂々と彼の希望のすべてを述べ、彼らは語られた森の言葉に私欲をみなかった。ブルークスもキンズレーも、森を一個の人間として信頼し、彼に大切な友人たちを紹介したのである。

着任以降、森は国務長官フィッシュをはじめ、政界在野を問わず多くの人びとと意見を交わし、己の信ずるところを主張したのみならず、はばからずに彼らの助言と助力を求め、多くの成果を得た。そうした彼の在り方は、おそらくは一官吏に求められるそれではなかったであろうが、しかしまさにその点において、彼はわが国の初代外交官として赴任地の人びとの信頼を勝ち取ったのである。彼がなしたのは、一外交官に期待される仕事をはるかに超える仕事であった。そして、その働きが、わが国の尊厳を認め、その順調な発展を願う多くの人びとをかの地に残すことになったのである。

森という人間に対する信頼と、この若者がまさにそのために命がけで働いている日本という国の発展を願う彼らの具体的行為は、外交上のことがらから日常のささいなことに至るまで、随所に認められた。それは、本書で述べた数々の場面においてもあらわれているが、最後にもうひとつだけ、小さいけれども印象的な例を紹介しておきたいと思う。

服従して果てるのではない

岩倉使節団が米国を離れる少し前、彼らのためにボストンで盛大な晩餐会が開かれた。その席でなされたエマーソンのスピーチである。

晩餐会にはボストン市やマサチューセッツ州内外の政財界人をはじめ、科学芸術分野の著名人たちが招かれた。その模様を詳細に報じた新聞記事によれば、豪華に飾られた広い会場は、およそ二〇〇人の人びとで埋め尽くされた。主賓席には岩倉具視、その左右に日米の主だった者が交互に着席した。森の隣はラルフ・エマーソンであった。会もたけなわの頃、スピーチ交換がはじまり、エマーソンの番となった。

エマーソンのスピーチは、マルコ・ポーロのジパング発見からはじまり、大統領フィルモアの英断によりペリーが派遣され今日に至る日米の歴史が開かれた、という型どおりの話に、エマーソンらしく日本美術に対する彼の評価を加えたものであった。しかしスピーチ後半、彼はまったく別のテーマで話しはじめたのである。彼はかつて日記に、日本人は「もし切腹を命じられたら、将軍や自分より高位の者に従わなければならない。彼らの心臓に、頭に、身体に、服従の精神は満ちている」（塩崎智『アメリカ「知日派」の起源』平凡社、二〇〇一年、五一頁）と書き、主人への絶対服従や切腹に対して、強い嫌悪感を示していたという。その彼が、晩餐会の席上、私は日本について本当に無知であったと前置きして、日本人の国民性の強さのあらわれとして自害に言及した。すなわち、「日本においては、若者は、護り補佐すべく誰かを委ねられると、委ねられた者を所属する階級の最も上質な人間と同等に育て上げようとし、また、自分より下の階級の者たちより優れた人間に育て上げようとするが、それができないと悟ると、悩み苦しみのあまり自分の国に帰ることができない。結果として、彼は自己犠牲という結論を引き出し、主君への忠誠心を失うくらいなら喜んで自害しようと覚悟するのであるという。驚くべき特質である。私はこのことを知ったばかりである。われわれの、いい加減で商業主義に毒された通俗的な文明社会においては、到底理解することはできない。しかし、それを有する国民にとっては絶大な力なのである」と。

これが、二時間にわたる会食中の森との会話の成果であったことに疑いの余地はない。ここでエマーソンが語ったのは、彼が理解した森の言葉そのものであったろう。切腹の話題はエマーソンが出したのであろう。それこそ彼が知る日本であったから。注目されるのは、自害が教育との関係で語られていることである。ここに語られた日本における若者の教育とは、森の故郷鹿児島での郷中教育であるし、任務を果たさなければ自分の国に帰ることができない若者とは、まさに森有礼自身であろう。

森は激しい非難を浴びながら廃刀論を主張し、そのために地位を追われ、命をもねらわれた人間である。自分に向けて刃を振るう切腹ならばよし、と考えていたわけではない。彼は、（自分は）上位の者に服従して果てるのではない、同胞である国民を育てるというみずからの責務に命をかけているのである、という意を切腹の話題において伝えたのであろう。だからこそエマーソンは、自害を受身の行為としてではなく、人としての強さととらえたのである。

最後にエマーソンは、次週ボストンで全米教育協会大会が開催されること、そこにセントルイス市の教育長ハリスが参加するので、彼に教育問題について助言を求めるようにと強く勧めて、スピーチを終えた。教育大会の告知と、遠隔地の教育長の名前。エマーソンらしからぬスピーチの締めくくりである。森は会食中、公教育について、あるいは国民の教育について、熱心にエマーソンに語ったのであろう。森が語った言葉がエマーソンを動かし、エマーソンに予め準備してきたスピーチを変えさせたのである。エマーソンはこの若者の熱い思いに、何とか応えたいと思ったのであろう。

使節団一同は、この高名な哲学者であり文学者であるエマーソンのスピーチを、謹んで拝聴していたはずである。だが、彼らの耳に届いたのはスピーチの前半ではなかったろうか。しかし森は、その後半に、エマーソンからの確かな応答を受け取ったのである。またエマーソンも、森との語らいを通して、みずからの表面的な日本観が改められたことを感じ取ったのではないか。岩倉使節団歓送迎晩餐会でのエマーソンのスピーチは、森とエマーソンとの交歓の賜物であった。

服従して果てるのではない。森との語らいを受けてエマーソンが満場の人びとに熱く語りかけたスピーチは、森の終焉をみると感慨深い。

帰国した森を待っていたのは、彼を「きわめておかしな行動」をとると非難し、「狂っている」と断じる憤りと怨嗟の渦巻く官界であった。「帰国したら切腹を命じられる」とはやしたてる匿名の者たちであった。森は帰国後も、その実力をもって重要な役割を担うことになるのであるが、時に上官の命に服さず、上意下達の伝達機械としては終始しなかった森を、政府を構成する人間たちは許容することはできなかった。そうした政治風土とそこから生み出された世情が、彼をforeignerとして片付け、正当に評価することを拒んだのである。彼の業績は埋もれ、やがて非業の死へとつながっていく。

わが国は森有礼を受け止めることができるであろうか

これまで駐米時代の森を新資料を通してたどってきたが、そこで感じたのは、近代日本の黎明期には空白領域が残されたままになっているということであった。森有礼はその象徴的存在である。なぜそうした状況になったのか。その仕組みを明らかにすることは、森を再評価するのみならず、学問学者世界の在り方も含め、わが国が今日までいかに歩んできたのかを改めて問うことにつながるのではないか。

はたしてわが国は森有礼を受け止めることができるであろうか。

政治の分野ではどうであろうか。

一八七二年八月初めに表面化したマリア・ルス号をめぐる問題は、わが国が初めて国際裁判の当事者となる重大な事件となった。事態が泥沼化した翌年、ペルー政府は日本に損害賠償を要求したが、外務卿副島種臣は人道的立場とわが国の主権を守るために果敢に立ち向かった。事件は二国間では決着せず、国際的仲裁を第三国であるロシア皇帝に委ねることに両国が合意し、一八七五年六月、わが国の対応の正当性が認められ、問題は最終的に決着した。

本書がこの事件で注目したいのは、デロングの仲介申し出を副島が拒否したことである。アメリカ以外（デロング登場まではアメリカも含めて）の外交団が日本を支持し、奴隷救出、マリア・ルス号処罰に賛成している状況にはあったが、日ごろ強硬な米公使の要求をきっぱりと拒否したことは時代背景を考えれば評価できよう。ただし、そもそもデロングは特命全権公使に昇格したと「吹聴」し、大統領からの辞令も手元にあるという重大な嘘までついた人物である。外務省は彼を少なからず警戒していたであろうし、それまでの彼の数々の横やりに辟易していたであろうから、あたかも奴隷貿易を擁護するかのような横やりを断固拒否したことは当然であろう。

理解できないのはその後の展開である。

一八七二年一〇月二〇日（明治五年九月一八日）付で当局に提出された諜者報告書に、宣教師ヘボンが日本人信徒らを前にして、米国公使を通して聖書献上の話が進んでいると語ったと記されている。同報告書の日付の二日後には、デロングみずからヘボンの書簡を添えて聖書とヘボンの辞書を外務卿に届けている。さらにその二日後の一〇月二四日、和暦で九月二二日、天長節の祝いの日に、天皇に聖書とヘボンの辞書が献上された。祝いの品として贈呈されたのであろうか。翌日、副島はデロングに、受納された、ヘボンにも知らせよと書簡を送った（*Records of the United States Legation in Japan, 1855-1912*）。このとき副島は聖書献上を取り次いだのみならず、天皇の直筆書簡を得てデロングに与えたことが一八七二年一一月一六日付*Japan Weekly Mail*の記事にある。聖書献上という事実のみならず、それに対して天皇の返書が与えられたということも驚きである。

しかし聖書の献上は本国が認めていたことではなかった。この件について事後報告を受けたフィッシュは、デロングに次のように書き送った。

あなたに知らせるべきであろうが、合衆国を代表する外交責任者が相手国の君主に私的個人に代わり何かを贈ることの可否を決定するのは当省の仕事である（中略）。あなたがこの件について当省の指示を仰がなかったことは残念である。当省はこれを許可しなかったであろう。

（一八七二年一二月二八日 *National Archives, Records of the Department of State, Diplomatic Instructions, Japan.* Vol.2）

筆者はここで聖書が献上されたことの是非を述べているのではない。いまだ禁教政策を堅持し、多くのキリシタンを幽閉状態に置いたまま多くの死者を出している政府が、明治に入ってからも洗礼を受けたかどをもってキリスト教徒を逮捕し牢屋に留め置いたままでいる政府が、米公使の申し出に応えて聖書の献上を取り次ぎ、天皇の返書まで与えたという、相反する姿勢について述べているのである。それが外交であると言えばそれまでであるし、国力の差のせいであると言えばこれまたそれまでであるが、それで済ませてよいのであろうか。

聖書献上の翌日、デロングは再び外務省に副島を訪ね、台湾問題の専門家として清国アモイ駐在の合衆国総領事チャールズ・ルジャンドル（Charles Le Gendre 李仙得）の話をし、彼を紹介すると申し出た（もちろんこのこともまだ本国は知らされていない）。その結果、外務省は一二月二八日付で正式にルジャンドルを外交顧問として採用した。ルジャンドルが当時のわが国の外交にいかなる影響をもたらしたのかを筆者は論じることはできない。本書の関心は、デロングが紹介した人物を外務省が顧問として採用した、という事実にある。聖書献上に続いての外交顧問の紹介、採用である。いずれも事前に国務省が関知していなかったことである。

森はワシントンでのデロングとの対決を通して、デロングの人となりを見抜き、外国との交渉にあたっては「聊《いささか》も外国の無礼を許さず、終始公道を楯にして我義務を尽」すべし、そうすることによりはじめて「我国の独立挽回」することができると述べた（「外国交際を正すの議」）。外交は国力の大小の問題ではないという。また、「外国公使に接し何件に拘《こだわ》らず情実懇談の法を用いるは、啻《ただ》に無益に属するのみならず、常に大弊害を醸《か》もすに至る、決して斯の拙法は頼む可らず（中略）もしその要求に応ぜざらんと欲すれば外国公使らはいよいよ勢いを得、あるいは威を用い、あるいは疑を通し、その錬熟の交際術を自在に運《めぐ》らしてついに彼が望みを達し得るははなはだ容易なり」（「外国交際に情実を用いざるべきの議」）として、外国公使からの「申し出」を受ける際に最大の注意を払うべきことを述べている。

さらに驚くべきことに、政府はデロング交代が伝えられると「この良吏は永久その職を奉ぜしめたく、我皇帝陛下切に希望いたされ候」として、デロングを辞めさせないようフィッシュに働きかけよと森に命じた。米国務省はすでにデロングへの信を失っていたのであるが、政府はそれに気付かなかったのであろうか。デロングの数々の「申し出」は本国の意に反していたのであろうか。あるいは承知の上でのことだったのであろうか。日本政府からのこの申し出を、米国務省はいかに受け止めたのであろうか。

相手国が駐在外交官として送ってきた人物を、良い人であるから一生涯その地位にとどめてほしいと相手国に訴えよ、などという指令は、今日からみれば噴飯ものであろう。しかし外務省は、森にそう命じた。その指令を、森は国益にかなわぬと判断して積極的に動かなかった。その森を外務省は訓令違反として退けたのである。森は彼の義務を果たすために上位の者の意にそむかねばならなかった。それが森にとっての悲劇であり、また、わが国にとっての悲劇であった。

管見ながら、デロングをめぐるこれらの問題は政治外交史において取り上げられることはなかったようである。これらは駐米時代の森有礼の足跡をたどる過程で浮かび上がってきたものであるが、近代日本の黎明期のみならず、今日においても見過ごしにできない問題ではないだろうか。

政権担当者たちは、身分を偽ったことが明白なデロングを受け入れたにもかかわらず、少弁務使を名乗り続けた森有礼を受け入れることはできなかった。そのために、政治の、あるいは政治研究の、空白領域が生じたのである。仮に政府が森を受け入れ、彼の言葉を信頼することができていたら、わが国の対米交渉を含む外交政策は別の形になっていた可能性がある。米本国はわが国が置かれている立場を理解し、特命全権公使の名を用いたデロングの独善的な介入を排除したいと考えていたのであるから。

感情論が渦巻いていた当時はさておき、今日、はたして外務省は森有礼という存在を受け止めることができるであろうか。だがそれ以前に、日米外交を切り拓いた初代駐米外交官としての森の事跡をまったくと言ってよいほど知らないのであるから、まずは知ることからはじめねばならないのであるが。

個々の研究分野においても、はたして森有礼を受け止めることができるであろうか。それぞれの領域においてこれまでまったく知られていなかった森有礼を受け止めるには、それぞれの分野に研究の空白領域が存在していたことを認めなければならない。特に黎明期研究については、改変の必要性も出てこよう。どのような分野であれ、森の存在を正面から受け止めるには、非常な困難を伴うはずである。

幼稚園史研究の場合

幼稚園史の分野においてもしかりである。

幼稚園史研究者として筆者が取り組んできた関信三は、政府の黒子として歴史の裏面に生きた人間であった。そのため、彼の生涯については十分に知られておらず、重要な人物でありながら、諜者時代についても、幼稚園における働きについても、ほとんど明らかにされていなかった。彼の仕事を明らかにするためには、覆い隠されていた彼の生涯の軌跡をひとつひとつ掘り起こす必要があり、その試みを通して、これまで意識化されていなかった幼稚園史研究上の諸課題が浮かび上がってきたのである。関信三もまた、幼稚園黎明期研究における空白領域であった。

彼の足跡と業績が明らかになったことにより、関信三という存在を、すでに形成されている幼稚園史のなかにいかに位置づけるかが幼稚園史研究の新たな課題となった。しかしこれは難しい課題であった。

関信三研究の成果のひとつに、「保育」という語の成立過程が明らかになったことがあげられる。筆者が属する日本保育学会は、このほど『保育学講座』全五巻（東京大学出版会、二〇一六年）を出版し、その第一巻において、同学会としては初めて、保育という語の成立にかかわるテーマを設定した。今日の保育状況において意味ある発信をするためには、保育という語への根本的な問いが不可欠であることが認識されはじめたことを示すもので、その意味では大変喜ばしいことであった。しかし残念なことに、と言わざるを得ないが、同テーマが導き出された関信三の存在から目をそらし、研究成果の表層のみを断片的につなぎ合わせて論が起こされているのである。それでは表面的記述にならざるを得ないし、歴史的反省も生まれない。現在の混乱する保育状況に対して学会として何ら展望を提示できないばかりか、せっかく立てた問いが空洞化し、その後の展開と現状を追認するだけになってしまうのである。保育という語を冠する学会として、はたしてこれでよいのであろうか。

保育という語ひとつとってもこうした状況である。研究の発表から一〇年以上を経て、なお関信三研究を受け止めきれないでいる。そうした段階であるのに、さらに森有礼に向き合うという新たな課題が加わるのである。

森はアメリカで起きていた幼稚園運動と呼ばれる大きなうねりのなかにあって、その中心人物であるエリザベス・ピーボディーと密接なかかわりを持ちながら、幼稚園について熱心かつ具体的に学んでいた。彼女が「森は幼稚園を作りたいと考えている、早速準備しなくては」と思い込むほどのかかわりである。森は、わが国の幼稚園史研究者にとってはいわば歴史上の人物であるピーボディーと、同時代の空気を吸い、直接のかかわりをもっていた。さらには、幼稚園運動を牽引していた他の多くの人びととも親しく交流し、多くの幼稚園文献を入手してわが国に送り、文部省の責任ある地位の者に積極的に情報を伝え、図書館の再生も含めて、さまざまな面で彼を助けていた。これらは従来まったく知られていないことであったが、森のそうした活動の延長線上に幼稚園は創設された。幼稚園の歴史に森有礼という生身の人間がどっしりと存在していたことが明らかになったことにより、幼稚園史研究は再考を促されることになったのである。

わが国の幼稚園は一過性の見聞によって作られたのではない、ということを改めて明確にしておく必要があろう。幼稚園はドイツ発祥であるために、導入史研究の視線はヨーロッパに向けられてきた。そのため、ウィーン万博での見聞や報告等を検討することが導入史研究の中心的な作業となっていたのであるが、わが国の幼稚園は森有礼を通してアメリカ経由で導入されたのであるから、研究の方向性は変わらねばならない。

わが国の幼稚園は有産階級のために導入された、という見方も改められなくてはならない。森が幼稚園に出会ったのは、開拓使から託された女子留学生の教育について具体的に考えていたときのことである。蝦夷の地で役立つ女性教師の養成という大きな課題を引き受けた森は、デロングの要求を退け、岩倉の言いなりにもならず、みずから辞職の期限を定めて、長期にわたる彼女たちの教育の基盤を整えるために持てる力のすべてを尽くした。彼女たちを普通教育の教師となるよう育てる、その目的を実現するための最初の教育施設として考えていたのが幼稚園であった。そもそもピーボディーは幼稚園を公教育に採り入れようと尽力した人であった。実験的にではあったが、ボストンでその試みがおこなわれたこともある。森がエマーソンの助言で会ったセントルイス市の教育長ハリスも、彼女の熱心な説得によって全米で初めて幼稚園を公教育に採り入れたのである。幼稚園の設立願いを太政官に出した田中不二麿も、森の勧めでフィラデルフィア博覧会に参加する途中、セントルイスに立ち寄り、ハリスに公教育としての幼稚園について教えを受けている。わが国の教育を再構築しようと考えていた森が、特権階級のための教育施設を作ろう、あるいは作らせようとするなど、ありようはずもないのである。

もはや森の存在を抜きにしたまま、従来どおりの幼稚園史を描き続けるわけにはいかない。大きな改変を要求されるこの問題を、研究者たちははたしてどこまで受け止めることができるのか、想像もつかない。しかし、それはなされなければならないことであるし、いつの日か必ずやなされることなのである。

森の活動は多岐にわたる。それぞれの分野により彼の存在を認めることの難しさは異なるであろうが、たやすくはないであろう。わが国は森有礼を受け止めることができるであろうか、という問いは、われわれ一人ひとりが、その置かれた立場において、明らかになった事実に真正面から向き合うことができるかどうか、ということと同義であるのかもしれない。

本書で紹介したのは、『別巻四』に収録された資料の一部に過ぎない。同巻に収録された資料もまた、一幼稚園史研究者が発掘した森の駐米時代の活動の一部に過ぎない。資料はまだまだ埋もれているであろう。さまざまな分野の黎明期研究において森有礼を視野に入れ、それぞれの立場から新たな資料が発掘され、従来知られていた資料が再読され、それらが森有礼研究に集約されることにより、わが国の近代史は、より明瞭に記述されることになるであろう。

参考・引用文献

［基礎文献］
大久保利謙監修、上沼八郎・犬塚孝明共編『新修森有礼全集』第一～五巻、別巻一～四巻（文泉堂書店、一九九七～二〇一五年）

［邦文］
生田澄江『舞踏への勧誘――日本最初の女子留学生永井繁子の生涯』（文芸社、二〇〇三年）
石井研堂『明治事物起源』（橋南堂、一九〇八年）
板倉創造『一枚の肖像画　折田彦市先生の人間像』（三高同窓會、一九九三年）
稲生典太郎『日本外交思想史考　第一（条約改正論の展開）』（小峰書房、一九六六年）
犬塚孝明『若き森有礼』（ＫＴＳ鹿児島テレビ、一九八三年）
犬塚孝明『明治維新対外関係史研究』（吉川弘文館、一九八七年）
犬塚孝明『森有礼』（吉川弘文館、一九八六年）
犬塚孝明『明治外交官物語』（吉川弘文館、二〇〇九年）
犬塚孝明「翻刻　杉浦弘蔵ノート」（『鹿児島県立短期大学地域研究所』第一五号、一九八六年）
犬塚孝明「翻刻　杉浦弘蔵メモ」（『鹿児島県立短期大学地域研究所』第一八号、一九八九年）
犬塚孝明、石黒敬章『明治の若き群像　森有礼旧蔵アルバム』（平凡社、二〇〇六年）
井上和雄「みづほ屋卯三郎」（『新旧時代』第三年、一九二七年）
大久保利謙編『森有礼全集』（宣文堂書店、一九七二年）

開国百年記念文化事業会編『日米文化交渉史』三　宗教・教育編（洋々社、一九五六年）
金子堅太郎著、高瀬暢彦編『金子堅太郎自叙伝』第一、第二集（日本大学精神文化研究所、二〇〇三〜二〇〇四年）
上沼八郎「森有礼の教育思想とその背景――複合的思想の形成と分析」（『明治国家の権力と思想』吉川弘文館、一九七九年）
神田記念事業委員会編『神田乃武先生追憶及遺稿』伝記叢書二一四（大空社、一九九六年）
木村　匡『森先生伝』伝記叢書九（大空社、一九八七年）
木村力雄『異文化遍歴者　森有礼』（福村出版、一九八六年）
国吉　栄『日本幼稚園史序説　関信三と近代日本の黎明』（新読書社、二〇〇五年）
国吉　栄『幼稚園誕生の物語　「諜者」関信三とその時代』（平凡社、二〇一一年）
国吉　栄「明治初期の保育の実践と研究」（日本保育学会編『戦後の子どもの生活と保育』相川書房、二〇〇九年）
国吉　栄「幼稚園の源流を求める旅――森有礼の第二次在米時代」（『幼児の教育』第一〇九巻一、三、五〜一二号、フレーベル館、二〇一〇年）
久野明子『鹿鳴館の貴婦人　日本最初の女子留学生』（中央公論社、一九八八年）
国立公文書館編『内閣文庫百年史』（一九八五年）
後藤純郎「学監モルレ――雇用の経緯（Ⅰ）」（日本大学教育学会『教育学雑誌』第一九号、一九八五年）
後藤純郎「学監モルレ――雇用の経緯（Ⅱ）」（日本大学教育学会『教育学雑誌』第二〇号、一九八六年）
後藤純郎「東京書籍館の創立――人事とその特色――」（『現代の図書館』vol.13、no.2、一九七五年六月）
後藤純郎「畠山義成の後半生」（日本大学人文科学研究所『研究紀要』第二九号、一九八四年）
小林哲也「『理事功程』研究ノート」（京都大学教育学部紀要、一九七四年）
鮫島文書研究会編『鮫島尚信在欧外交書簡録』（思文閣出版、二〇〇二年）
鮫島尚信文書（国立国会図書館憲政資料室蔵（寄託））
『讃美歌』（日本基督教団出版局、一九五五年）
ゼー・デー・デビス『新島襄先生伝』（大空社、一九九二年）
高橋是清『高橋是清自伝』（千倉書房、一九三六年）

田中不二麿著、文部省編『理事功程』（一八七三年）
チャールズ・A・ロングフェロー著、山田久美子訳『ロングフェロー日本滞在記　明治初年、アメリカ青年の見たニッポン』（平凡社、二〇〇四年）
津田塾大学編『津田梅子文書』（一九八〇年）
土屋忠雄『明治前期教育政策史の研究』（講談社、一九六二年）
津守真、久保いと、本田和子『幼稚園の歴史』（恒星社厚生閣、一九七六年）
東京国立博物館資料館『浅草文庫　洋書目録引継書籍献納書籍区分録』
「東京書籍館事跡沿革略報」（『帝国図書館年報』一九七四年）
永島忠重『新井奥邃先生』（大空社、一九九一年）
新島襄全集編集委員会編『新島襄全集』（同朋舎出版、一九八三〜一九九四年）
新島襄著、同志社編『新島襄の手紙』（岩波書店、二〇〇五年）
西村正守「畠山義成洋行日記（杉浦弘蔵西洋遊学日誌）」（『参考書誌研究』第一五号、一九七七年）
日本史籍協会編『岩倉具視関係文書』二、五、八巻（日本史籍協会、一九六九年、復刻版）
日本史籍協会編『木戸孝允日記　二』（東京大学出版会、一九六七年、復刻版）
日本保育学会編『保育学講座』第一巻（東京大学出版会、二〇一六年）
林　竹二「森有礼研究第一　森駐米代理公使の辞任」（『東北大学教育学部研究年報』第一五集、一九六七年）
林　竹二「森有礼研究第二　森有礼とキリスト教」（『東北大学教育学部研究年報』第一六集、一九六八年）
林　竹二『林竹二著作集二　森有礼　悲劇への序章』（筑摩書房、一九八六年）
文部省『米国百年期博覧会教育報告』（一八七七年）
安田　寛『唱歌と十字架　明治音楽事始め』（音楽之友社、一九九三年）
吉田清成関係文書研究会編『吉田清成関係文書』（思文閣出版、一九九三〜二〇〇〇年）
吉川利一『津田梅子』（婦女新聞社、一九三〇年）
吉野作造「日本宗教自由論」（『明治文化全集　第一二巻　宗教編』日本評論社、一九九二年）

[英文]

Baylor, Ruth M. *Elizabeth Palmer Peabody.* Univ. of Pennsylvania Press, 1965.

Cyrus H. Bates. *Address on the Life and Character of Hon. Edward W. Kinsley, Delivered Before the Company A associates of the 45the Regiment, M. V. M.*

Cuthbert, Arthur A., *The Life and World-Work of Thomas Lake Harris*. Glasgow, 1908.

Douai, Adolf. 'German Schools in the United States', *Special Report of the commissioner of Education, Submitted to the Senate, June, 1868, And to the House, with Additions. June 13, 1870.*

Douai, Adolf. *Autobiography of Dr. Adolf Douai. revolutionary of 1848, Texas pioneer, introducer of the kindergarten, educator, author, editor.* Translated from the German by Richard H. Douai Boerker (Rauner Special Collections Library, Dartmouth College)

Douai, Adolf. *The Kindergarten.* Steiger 1872.

Douai, Adolf. *A. Douai's Series of Rational Readers.* Steiger 1872.

Edwin Markham Collection. (Wagner College, New York)

Emerson, Mary S. *Among the Chosen.* New York, H. Holt and company, 1884.

Gilmore Patrick S. *History of the National Peace Jubilee and Great Musical Festival* (Boston, Published by the author, 1871)

Hall, Ivan Parker, *Mori Arinori* . Harvard University Press. 1973.

Harris-Oliphant Papers. (Butler Library, Columbia University)

Hilen, Andrew. ed., *The Letters of Henry Wadsworth Longfellow.* vol.V 1866-1874. The Belknap Press of Harvard University Press. 1982.

Lanman, Charles, *Octavius Perinchief: his life of trial and supreme faith.* Washington, J. Anglim, 1879

Marshall, Megan. *The Peabody Sisters.* Houghton Mifflin Company, 2005.

Parker, Bowdoin S. *History of Edward W. Kinsley Post, No. 113.* The Norwood Press 1913.

Peabody, Elizabeth P. and Mrs. Horace Mann. *Moral Culture of Infancy and Kindergarten Guide, with Music for the Plays.* Boston, T.O.H.P. Burnham, 1863.

Peabody, Elizabeth P. A letter to William Harris.（Missouri Historical Society）

Reed, Newton. *Early History of Amenia*（*with Impressions of Amenia by Dewey Barry*）. The Harlem Valley Times,Inc. 1985.

Ronda, A. Bruce. ed. *Letters of Elizabeth Palmer Peabody American Renaissance Woman.* Wesleyan University Press, 1984.

Schneider, Herbert W. and Lawton, George, *A prophet and a pilgrim.* Columbia University Press. 1942.

Snyder, Agness. *Dauntless Women in Childhood Education 1856-1931.* Association for Childhood Education International, 1972.

Taylor, Anne. *Laurence Oliphant 1829-1888.* Oxford University Press, 1982.

Tharp, Louise Hall. *The Peabody Sisters of Salem.* Little Brown and Co., 1950.

Tiffany, Francis. *Life of Dorothea Lynde Dix*. Houghton, Mifflin, 1890.

Tourjée, Leo Eben. *For God and music : the Life story of Eben Tourjée, Father of the American Conservatory*（ニューイングランド音楽院蔵　未公刊）

Randers-Pehrson, Justine Davis. *Adolf Douai, 1819-1888: the turbulent life of a German forty-eighter in the homeland and in the United States.* New York, Peter Lang, 2000.

Vandewalker,N.C. *The Kindergarten in American Education.* The Macmillan Co., 1908.

Wilson, Leslie Perrin. "No Worthless Books": Elizabeth Peabody's Foreign Library, 1840-52, *The Papers of the Bibliographical Society of America* vol.99, no1, March 2005.

Communities of the Past and Present. AMS PRESS, 1924.

The Papers of Joseph Henry vol.11.（Edited by Mark Rothenberg 2007）

National Archives, Records of the Department of States, Diplomaatic Instructious, Japan. vol. 1 & 2

Records of the United States Legation in Japan, 1855-1912

『新修森有礼全集　別巻四』所収　駐米公使時代関係資料一覧

一．米国公文書館所蔵公文録

一　日本公使館発信文書

二　米国国務省発信文書

二．エドワード・キンズレー関係文書

一　キンズレー口述筆記 *Arinori Mori*（マサチューセッツ大学アマースト校図書館所蔵）

二　キンズレー関係書簡（シラキューズ大学図書館所蔵）

（一）キンズレー宛森有礼書簡

（二）キンズレー宛ブルークス書簡

（三）チャールズ・サムナー宛キンズレー書簡

三．スミソニアン・インスティテューション所蔵森有礼関係書簡録（日付順）

一　森有礼宛ジョセフ・ヘンリー書簡（一八七一年七月十八日）

二　ジョセフ・ヘンリー宛森有礼書簡（一八七一年十二月二十九日）

三　森有礼宛ジョセフ・ヘンリー書簡（一八七二年一月三日）

四　ジョセフ・ヘンリー宛デイビッド・モルレー書簡（一八七二年一月四日）

五　ジョセフ・ヘンリー宛日本公使館からのメモ（一八七二年一月）

六　ジョセフ・ヘンリー宛森有礼書簡（一八七二年一月九日）

『新修森有礼全集　別巻四』所収　駐米公使時代関係資料一覧

七　デイビッド・モルレー宛ジョセフ・ヘンリー書簡（一八七二年一月十日）
八　ジョセフ・ヘンリー宛デイビッド・モルレー書簡（一八七二年一月十二日）
九　森有礼宛ジョセフ・ヘンリー書簡（一八七二年一月十六日）
一〇　G. P. Putnam & Sons宛ジョセフ・ヘンリー書簡（一八七二年一月十八日）
一一　森有礼宛ジョセフ・ヘンリー書簡（一八七二年一月二十二日）
一二　ジョセフ・ヘンリー宛森有礼書簡（一八七二年二月十八日）
一三　森有礼宛ジョセフ・ヘンリー書簡（一八七二年二月二十八日）
一四　ジョセフ・ヘンリー宛森有礼書簡（一八七二年三月二日）
一五　森有礼宛ジョセフ・ヘンリー書簡（一八七二年三月三日）
一六　トンプソン・ビゲロー&ブラウン社宛ジョセフ・ヘンリー書簡（一八七二年三月五日）
一七　ジョセフ・ヘンリー宛ホーラス・ケプロン書簡（一八七二年三月二十四日）
一八　森有礼宛ジョセフ・ヘンリー書簡（一八七二年三月二十七日）
一九　ジョセフ・ヘンリー宛B・G・ノースロップ書簡（一八七二年四月八日）
二〇　ジョセフ・ヘンリー宛森有礼書簡（一八七二年四月二十五日）
二一　森有礼宛ジョセフ・ヘンリー書簡（一八七二年五月二日）
二二　ジョセフ・ヘンリー宛森有礼書簡（一八七二年五月二十一日）
二三　ジョセフ・ヘンリー宛森有礼書簡（一八七二年六月八日）
二四　ジョセフ・ヘンリー宛森有礼書簡（一八七二年六月十八日）
二五　ジョセフ・ヘンリー宛チャールズ・ランマン書簡（一八七二年六月三十日）
二六　森有礼宛ジョセフ・ヘンリー書簡（一八七二年七月八日）
二七　ジョセフ・ヘンリー宛有礼書簡（一八七二年七月十二日）
二八　ジョセフ・ヘンリー宛B・S・ライマン書簡（一八七二年七月十二日）
二九　森有礼宛ジョセフ・ヘンリー書簡（一八七二年七月十六日）
三〇　チャールズ・ランマン宛ジョセフ・ヘンリー書簡（一八七二年九月十一日）

三一　ジョセフ・ヘンリー宛有礼書簡（一八七二年九月二十三日）
三二　森有礼宛ジョセフ・ヘンリー書簡（一八七二年九月二十八日）
三三　T・アンティセル宛ジョセフ・ヘンリー書簡（一八七二年十一月二日）
三四　ジョセフ・ヘンリー宛チャールズ・ランマン書簡（一八七二年十一月二十九日）
三五　森有礼宛ジョセフ・ヘンリー書簡（一八七三年一月十八日）
三六　ホーレス・ケプロン宛ジョセフ・ヘンリー書簡（一八七三年一月二十七日）
三七　森有礼宛ジョセフ・ヘンリー書簡（一八七三年三月十七日）
三八　William Wesley宛ジョセフ・ヘンリー書簡（一八七三年三月十七日）
三九　T・H・ハックスレー宛ジョセフ・ヘンリー書簡（一八七三年三月十七日）
四〇　H・スペンサー宛ジョセフ・ヘンリー書簡（一八七三年三月十七日）
四一　デイビッド・モルレー宛ジョセフ・ヘンリー書簡（一八七三年三月二十八日）
四二　ジョセフ・ヘンリー宛森有礼書簡（一八七三年五月十六日）
四三　ジョセフ・ヘンリー宛森有礼書簡（一八七五年六月二十一日）

四．開拓使派遣女子留学生関係資料

一　北海道大学附属図書館北方資料室所蔵「デロング文書」
二　北海道立文書館所蔵関連文書

五．森有礼関係英文書簡録

一　ドロシア・ディックス宛森有礼書簡（一八七五年十一月二十三日）
二　森有礼宛ハミルトン・フィッシュ書簡（一八七二年十月二十九日）
三　ウイリアム・ホイットニー宛ジョセフ・ヘンリー書簡（一八七二年五月二十二日）
四　ウイリアム・ホイットニー宛アドルフ・ドゥアイ書簡（一八七三年一月十六日）
五　レオナルド・ウールセイ・ベーコン宛レオナルド・ベーコン書簡（一八七二年十二月九日）

六　チャールズ・サムナー宛ヘンリー・W・ロングフェロー書簡（一八七一年十二月五日）
七　チャールズ・ロングフェロー宛ヘンリー・W・ロングフェロー書簡（一八七二年一月十九日）
八　チャールズ・ランマン宛ペリンチーフ書簡（一八七一年九月二十七日、一八七二年一月二十三日）

六．森有礼関係新聞記事集（計六二件）

七．森有礼関係英文雑録
一　*The Diaries of John Bright*
二　*George Palmer Putnam 1814-1872.*
三　*Memories of a Publisher, 1865-1915.*
四　*Report of the Commissioner of Education, 1872*
五　*Kindergarten Messenger*
六　*For God and music: the Life story of Eben Tourjée*
七　ブロクトンの育苗園パンフレット
八　レオナルド・ベーコンの日記（一八七二年十月三十一日、十一月一日）

附録　森有礼の足跡をたどる旅

一　エリザベス・ピーボディーのボストン

Pinckney Street 一五番地

二〇〇五年に関信三研究に一区切りつけた私は、二〇〇六年と二〇〇八年にアメリカのいくつかの都市を訪ねた。それは私にとって、日本の幼稚園の源流を求める旅であり、また、森有礼の足跡をたどる旅であった。二〇〇六年、アメリカへの旅程を組むに際し、私は迷わず最初の滞在地にボストンを選んだ。ボストンはアメリカで最初の英語による幼稚園が開かれた場所である。また、その創設者エリザベス・ピーボディーの、九〇年に及ぶ生涯のさまざまな足跡が残されている場所でもある。彼女の幼稚園があったのはPinckney Street 一五番地。私は学生時代からこの番地だけは覚えていて、いつか行ってみたいと思っていた。

九月中旬のさわやかな日、私は思うようにはかどらない図書館仕事を切り上げて、Pinckney Streetがあるビーコン・ヒルに向かった。ボストン中心部には、かつて入植ピューリタンの共有地であった広い緑地、ボストン・コモンが広がっている。アメリカ最初の市民公園であるという。その北側に面しているのがビーコン・ヒルと呼ばれるなだらかな丘陵で、開拓当初から開けはじめた由緒ある住宅地である。丘陵の右手にはマサチューセッツ州議事堂が金色の丸屋根の塔を高く掲げてそびえ立ち、その正面には、向かって右にマサチューセッツ州選出の上院議員で、二度にわたって国務長官をつとめたダニエル・ウエブスター、左にマサチューセッツ州の教育制度を作り上げたホーレス・マンの像がこちらを見おろしている。

明治五年にボストンを訪れた岩倉使節団一行もここを散策したようで、久米邦武編『特命全権大使米欧回覧実記』には、「波士敦《ボストン》ノ『ビーコン』街」と題する銅版画が収められている。当時馬車が走っていた車道に、今は自動車や観光客用のバスが行き来しているものの、あたりの景色に変わりはないようである。ビーコン・ヒルに一歩足を踏み入れると、レンガや石が敷かれた狭い歩道の両側に、石造りの重厚な建物が静かに並んでいた。

エリザベスにとって、ボストンはあこがれの街であった。十代のころ、ビーコン・ヒルの邸宅で家庭教師をしていたこともある。彼女が住み込んでいたのはどの家だったのだろうと、通りの邸宅をついのぞきこんでしまう。

祖父の代まで、あるいは曾祖父の代までさかのぼれば、彼女はきわめて裕福な家の出身であった。しかし、エリザベス自身は一度も富の恩恵に浴したことはない。彼女の家は常に貧しく、父は今度こそ生活を変えようと、空しく転居を繰り返した。彼女は一〇歳を少し出たばかりのころから、母が自宅で営む小さな寄宿学校で母を助けて教え、少し大きくなると、自分自身の生活費をまかない、両親と弟妹たちの生活を助けるために、住み込みの家庭教師をし、あるいは私塾を運営してきた。その彼女の知に飢える心を満たし、知のグループと出会わせてくれたのも、また彼女の飛びぬけた才能を受け入れてくれたのも、ボストンであった。

ボストン・コモンを背に、当時に思いをはせながらPinckney Streetを探して坂を上っていくと、坂を上りきったあたりにその標識が見えた。ふとそこは今まで通ってきた所とは何か違うように感じた。間口の狭いペンキ塗りの木造の家が見えたからかもしれない。

幼稚園があった場所は、今はレンガ造りのアパートになっていた。というより、いくつかの番地をあわせてアパートが建てられ、一五番地はそのアパートの一部になっていた。何度あたりを歩き回っても、番地の並び方からみても、一五番地はさっき目についたあの木造の家と同じくらいの面積だったようである。

驚きであった。もちろん、文献から幼稚園の規模も知っていたし、普通の住宅ではじめられたであろうことも知っていた。けれども敷地自体もこんなに狭かったのだ。帰りに図書館に寄って当時の地図でたしかめたが、幼稚園があったPinckney Streetの北側はどこも同じように狭い区割りであった。広々とした敷地にゆったりとした専用園舎が建設された日本の幼稚園のはじまりの姿と比べると、両者の違いは歴然としていた。

数日後、調べもののためにBostonian Societyに出かけた。予約していた時間前に着いたので、階下のビジター・センターで本などを見ていると、一枚の観光地図に目が留まった。空港でもらった地図よりずっと見やすそうだ。見ると、地図には赤い線と青い線が引かれており、青い線はPinckney Streetを通ってビーコン・ヒルをめぐっていた。何だろうと目をこらしていると、ボランティアと思われる老年の紳士が話しかけてくれたので、この線は何かと尋ねてみた。

赤い線はFreedom Trailと名付けられた独立戦争の史跡をたどるラインで、「ほら、道に赤いラインが引いてあるでしょう」と、戸口まで出て説明してくれた。このラインをたどっていけば、迷わず主な史跡をまわれる仕組みになっているという。こんなことは旅行案内の一冊でも読んでくれば、質問するほどのことではなかったのだろう。では、ビーコン・ヒルをめぐる青い線は？　それはBlack Heritage Trailであるという。黒人解放の史跡をたどる道である。しかしこちらは晴れがましいFreedom Trailのように、道路に観光客用の線が引かれていたりはしない。

Pinckney Streetを走る青い線上の三角印を指して彼は言った。「これはビーコン・ヒルに最初に建った黒人の家だよ」。あの木造の家がそうだったのだ、と思った。そこからもう少し先に指をずらして彼は言った。「これはPhillips Schoolといってボストンで最初に黒人を統合した学校だよ」。そうだったのか。ピーボディーの幼稚園は黒人解放の史跡の間にあったのだ。私はふたつの史跡の中間を指して言った。「ここにエリザベス・ピーボディーという人が、アメリカ最初の英語の幼稚園を開いたのはご存じですか?」「いや知らないな」「そうですか。

この学校が統合されたのはいつですか？」「一八五五年」「幼稚園が開かれたのは一八六〇年です」「南北戦争がはじまる前の年だね」「はい」

ビーコン・ヒルは、一九世紀中葉まではボストン・コモンに面した南斜面が富裕層の邸宅、北斜面は黒人が居住する地区、とはっきり住みわけられており、北斜面はブラック・ビーコン・ヒルと呼ばれていたという。ピーボディーが幼稚園を開いたのは、両者を分けていた境界線上であり、ビーコン・ヒルにとって、激動の、流動の時代であった。南北戦争の活躍で名をはせたマサチューセッツ第五四連隊にはボストンの黒人たちも加わっていたが、戦端が開かれた年、彼らは、ビーコン・ヒルのアフリカン・ミーティング・ハウスで入隊式をおこない、戦地に赴いたという。

ピーボディーはのちに、「私は幼稚園を広める仕事で手一杯で、黒人解放のための集会に出る時間も機会もほとんどなかった。母に奴隷の搾取の実だからという理由で砂糖を食べることを拒むように教えられた子どもの頃から、私の心はいつも黒人解放の側にあったのに」（Baylor, Ruth M. *Elizabeth Palmer Peabody* Univ. of Pennsylvania Press, 1965, p.90）と、このころを振り返っている。

しかし、実際には彼女は黒人解放のためにも働いた。いよいよ戦争がはじまると、ワシントンに行ってリンカーンに北部の人びとの考えを伝え、また彼の考えをボストンの人びとに伝えた。プランテーションが破壊されて住む家を失い、飢えや病いで路上で死んでいく子どもたちの惨状を見て、議員や友人たちに働きかけ、一八六四年にジョージタウンに黒人の孤児のための家を作った。友人の文学者たち、たとえばロングフェローにサイン入りのオリジナルの詩を書いてくれるよう頼み、それを売って資金にあてたりもした（前掲書）。彼女にとって、幼稚園と黒人解放とを隔てる壁はなかったように思える。

Bostonian Societyからの帰り、私はまっすぐにビーコン・ヒルに向かった。ピーボディーの幼稚園とは何だったのだろう。すぐに答えを出せない問いではあるが、再びPinckney Streetを歩き、Black Heritage Trailをめぐって北の斜面を下りながら、彼女がやがて全力を傾注して幼稚園を全米に設立するために旅立った出発点として、私なりに腑に落ちるものを感じた。

West Street 一三番地

ボストンでもうひとつ行きたかったのがWest Street 一三番地である。ピーボディーは幼稚園を開設する二〇年前、三六歳の時にそこに本屋を開いた。それはただの本屋ではなかった。外国書籍の取次であり、貸本屋であり、サロンであり、カルチャースクールの会場でもあった。エラリー・チャニング、ラルフ・エマーソン、ブロンソン・オルコット、ナサニエル・ホーソーン、マーガレット・フラーなど、当時の新知性が集まった。そこは彼女のそれまでの人生の集大成であり、のちに彼女が幼稚園運動へと転進していく揺籃の場ともなった。森有礼は、エリザベス・ピーボディーばかりでなく、ここに集まった何人かと駐米時代に出会うことになる。

ウエストストリート一三番地の建物は当時のままだった。ボストン・コモンからほど近い、三階建てのレンガ造りの建物である。今はレストランになっていたが、看板には"Wine. Grille. Spirits"とあり、なかは薄暗く、入るのはためらわれた。外観だけ見て帰ろうとしたが、やはり去りがたい。思い切ってドアを開け、コーヒーでもいいかと聞いたところ、バーのカウンターの若者に「もちろん」と招き入れられた。なかは思ったより明るかった。丸テーブルに白いクロスがかけられ、ディナー客が来る前の準備が整っていた。

カウンターに座って大ぶりのカップに注がれたコーヒーを飲み、このあたりに書棚があったのだろうか、テーブルはあのあたりか、などと部屋を見まわしていると、壁の一隅に年老いたエリザベスの小さな写真が貼ってあるのに気付いた。実は私は彼女に興味があって、とカウンターの若者に話すと、それならどこでも好きなように歩き回っていいよ、という思いがけない言葉が返ってきた。私は感激して、パーラーはもちろん、彼女たちの住居だった部分も見せていただいた。

当時は、一階が公的スペースで、本屋兼談話室、片隅では弟が控えめに薬局を開いていた。二階は家族の住居、三階には家計を助けるため、時には母が下宿人を置いていたといわれる。ちょっとした中二階がある。ここもきっと私的な場所ではなかったのだろう。私は家中を夢見心地で歩き回り、若者に感謝して店を出た。

それほど広くないこの家で、エリザベスは出版事業までしていた。彼女はおそらく全米初の女性出版人であったろうといわれている。のちに幼稚園運動に乗り出した彼女は、世界初の幼稚園専門月刊誌*Kindergarten Messenger*を出版するが、そこにも、この家で培われた出版人としての経験が生かされたことであろう。

故ホーレス・マン宅

*Kindergarten Messenger*は、当時エリザベスが妹メアリーと暮らしていたケンブリッジの故ホーレス・マン宅を出版所として創刊された。ハーバード大学の表通りから道を一本入った閑静な住宅地に建つ家である。通りの入り口で出会った年配のご夫妻に番地を言って場所を尋ねると、自分たちもちょうどその家に行くところだという。今日はそこでガーデン・パーティーがあるのだという。「あなたは？」と聞かれたので、手短にわけを話した。

「そういうことは知らなかったな。あの家の主人も知らないだろう。でも主人は、当時のままのあの家を誇りにしているよ」と、話してくださった。その瀟洒な家の前に着くと、「この庭は、主人が自分で日本庭園風にデザインしたと自慢しているのだが、どうだね?」と、あまり広くはない前庭を示した。丈の低い草が中心の庭だったが、私にはなにが日本風なのかよくわからなかった。

「君もなかに入ったらいい」と、木製の低い門を開けてご主人は私を先に通そうとしてくださった。すると奥様が玄関に目をやって、ご主人に「今日はまずいかもしれない」と言われた。私も玄関に目をやった。玄関扉の脇に、白いシャツにグレーのベストを着た若い女性が来客を迎えるために立っていた。今日は正式なパーティーなのだ。準備万端整えているこの家の主人に迷惑をかけたくはない。「ご親切にありがとうございました。今日はこれで失礼します」「そうだね。今日はまずいかもしれないね。彼女に名刺を渡しておくといいよ」「はい、そうします」

玄関先でご夫妻とわかれ、ノートにメモを書いて名刺とともに玄関の女性に託してから、私はひとりでゆっくりと家をながめ、当時に思いをめぐらせた。家の横手では、出張料理人たちが準備の最中であった。まもなく後庭でパーティーが始まるのだろう。

前掲*Elizabeth Palmer Peabody*には、一八七二年五月一六日に、この家に幼稚園関係者たちが集まって、エリザベスの六八歳の誕生日を祝ったことが記されている。さんざめきが表にも聞こえてくるような、賑やかなパーティーだったのだろう。それからちょうど一年後に、この家を出版所として*Kindergarten Messenger*が創刊されるのである。

エリザベスの六八歳の誕生祝が開かれる前の年、ひとりの日本人青年がこの家を訪れている。Pinkney Streetに幼稚園が開かれてからおよそ一〇年後のことである。

この家を訪ねたのは、目賀田種太郎という一八歳の若者であった。大学南校から派遣された留学生で、一八七〇年末からニューヨーク州トロイに滞在していた。彼はのちに貴族院議員、大蔵省主税局長、枢密院顧問官などの要職を歴任、専修大学の創立者のひとりになる。

目賀田はこの家を訪れることになった事情を、後年、次のように記している。

そのころ、森氏がわが国初の駐米外交官としてニューヨークに到着し、セントニコラスホテルに滞在しておられた。私はそこを訪ねて、法律学を学びたいという希望を述べたところ、森氏は同意してくださった。しばらく後に、私はワシントンで、森氏の好意により、内務省教育局長ジョン・イートン将軍を紹介された。私はイートン氏と一緒に、カール・シュルツ内務長官（注：当時はまだ内務長官ではなかった）にお会いした。シュルツ氏はハーバードで学びたいという私の希望に賛成してくださった。

そこで私はボストンに行き、（略）イートン氏の紹介状をもって、ケンブリッジにホーレス・マン夫人を訪ねた。マン氏は、マサチューセッツ州議事堂の正面にダニエル・ウエブスターと並んで銅像が建てられているほどの著名な教育者である。

マン夫人は、（数冊の本の名をあげてそれらを読むようにと）私にアドバイスし、これは、法律を志す若い学生に夫がいつも助言していたことですと言われた。

これは、ランマンが森の意を受けて著した*The Japanese in America*（1872）を後年復刻するにあたり、目賀田が寄せた序文の一部の抄訳である。

私は、かつてこの文章を読んだ時、思わずコピーの端に「役者がそろっている!!」と走り書きした。目賀田が名をあげた人びとは、すべてエリザベス・ピーボディーの世界の住人たちだったからである。

ジョン・イートンは、幼稚園についての情報を最初にアメリカにもたらしたヘンリー・バーナードに次ぐ二代目の内務省教育局長で、ピーボディーとは親しい間柄であった。一八七一年、彼女は幼稚園に関する報告書を作成するため、イートンに招かれ、教育局で仕事をした。途中、末の妹ソフィア・ホーソーンが滞在先のロンドンで死去したため、遺児の世話のために渡欧して仕事は一時中断したが、帰国後イートンの要請によってワシントンに戻った。

カール・シュルツはドイツからの政治亡命者で、当時はミズーリ州選出の上院議員であった。一八五六年、米国最初のドイツ語による幼稚園を開いたのが、その妻マーガレットである。故国で直接フレーベルから教えを受けていたマーガレットは、自分の娘たちと近隣の子どもたちのために自宅で幼稚園を始めた。英国最初の幼稚園も、同じく政治亡命者であった夫ヨハネス・ロンゲとともに英国にわたったマーガレットの姉ベルタによって、ロンドンに開かれた。幼稚園は自由を求めて海をわたった政治亡命者たちによって、世界に広まっていったのである。

ピーボディーはボストンで開かれたパーティーで、マーガレット・シュルツと幼稚園教育を受けて育った彼女の娘アガザに出会い、幼稚園というものを初めて知った。幼稚園に強い関心を示したピーボディーに、マーガレットはフレーベルの代表的な著書『人間の教育』の序文の抜き刷りを送り、彼女に自分も幼稚園を作りたいという思いを起こさせたのである。

ホーレス・マンはアメリカの教育制度の設計に大きな影響を与えた教育者であり政治家であるが、マンは彼が著名になる前からのピーボディーのごく親しい友人であった。彼が教育に対する目を開かれたのは、彼女によってであるともいわれる。目賀田がイートンの紹介状を持って訪問したホーレス・マン夫人は、言うまでもなく、エリザベスの妹メアリーである。

目賀田が森有礼の紹介によって出会ったのは、エリザベス・ピーボディーときわめて近い人びとであり、当時アメリカでも創始されたばかりの幼稚園に深く関わっていた特別な人びとであった。

森有礼も、敬愛するホーレス・マン邸を訪ねたことがあったかもしれない。ボストンには森にとって第二の家とも呼べる場所があり、多くの友人たちがいた。彼はここからさほど遠くないロングフェロー邸も訪問しているから、ありえないことではない。森もマンの蔵書に囲まれたこの家で、メアリーやエリザベスとお茶を楽しんだかもしれない、などと当時に思いをめぐらせた。

コンコードで

ボストン滞在中のある日、私はエリザベスの墓所を訪ねてコンコードに行った。

ボストンから列車で一時間ほどのコンコードは、隣のレキシントンと並ぶ独立戦争の激戦地であるが、美しい自然に恵まれたこの地は多くの文学者たちにとって心のふるさとのような地でもあった。ウエストストリートの本屋の常連であり、コンコードの哲人ともうたわれたラルフ・エマーソン邸には、多くの友人たちが自然と集まってきた。

『ウォールデン』や『森の生活』を書いたヘンリー・ソロー、『若草物語』の著者ルイザ・メイ・オルコットの父で、かつてボストンでエリザベス・ピーボディーの協力を得てユニークな教育法の学校を運営していたブロンソン・オルコットも、ここを自分の住処とした。

エリザベスの末の妹ソフィアとナサニエル・ホーソーンも、ウエストストリートの本屋のホールで結婚式をあげると、馬車でコンコードの新居に向かった。彼らの新居となったのは、ラルフ・エマーソンが子ども時代を過ごした古い牧師館であった。ヘンリー・ソローが、庭の一角にふたりの生活に必要な畑を作って待っていてくれた。一七七〇年に建てられ、独立戦争の歴史も刻むその家はOld Manseと呼ばれ、今は記念館として公開されている。暖房が十分ではない時代の建物のため、冬の寒さ対策として天井は低く、ひとつひとつの部屋は小さい。窓辺にテーブルといすが二脚置かれた部屋はロマンティックで、ソフィアの部屋、という感じがした。そこで彼女は絵を描いた。その上はホーソーンの部屋で、コンコード川を臨むあまりにも美しい景色に心を奪われないようにと、彼は窓に背を向けて、壁に取り付けた小さな板を机にして、立って書き物をしたという。

エリザベスも足しげくコンコードに向かった。妹一家が転居したあとにエマーソン邸でひと夏を過ごしたこともある。晩年は弟一家とともに、コンコードで人生の最後の日々を過ごした。彼女が幼稚園運動に強引に引っぱり入れたセントルイス市の教育長ハリスも、晩年はコンコードに移り住んだ。

エリザベスの墓は、美しいなだらかな丘いっぱいにひろがるSleepy Hollow Cemeteryにある。広大な墓苑のどこに彼女の墓があるのか教えてもらうことができるだろうかと、墓苑の目の前のコンコード公共図書館を訪ねた。そこで思いがけず特別資料室に案内され、館長から発表されたばかりだという論文の抜き刷りをいただいた(Wilson, Leslie Perrin. "No Worthless Books: Elizabeth Peabody's Foreign Library, 1840-52". *The Papers of the Bibliographical Society of America*. vol.99, no1, March 2005)。

それはウエストストリートの本屋をテーマとする興味深い論文で、多くを教えられた。そもそもコンコード公共図書館は、エマーソンやピーボディーらが寄贈した書籍を母体としてはじまったのであるという。ウエストストリートの本屋では本の貸出もしていたが、同図書館には、背表紙に番号を記したラベルを貼り、本が傷まないようパラフィン紙のカバーをかけた当時のままの姿の本も保管されている。

論文を読んで何より驚かされたのは、ピーボディーが外国書籍の輸入業務を託していたのが、彼女の従兄弟George Palmer Putnamであると書かれていたことであった。

私は以前、その息子が亡き父をしのんで著した本を読んだことがあった。著者は、書籍の取次会社を経営していた父親と森有礼との交友を懐かしそうに記していた。森が彼の重要な著作*Religious Freedom in Japan*の草稿を父に見せにきたことも記されていた。父が突然の事故で亡くなった際に届いた森の手紙も収められていた（『*George Palmer Putnam 1814-1872.*』）。その人がピーボディーの従兄弟だったとは。

帰国後、私はすぐにその本を読み直した。何と軽率なことであろう。私は同書の日本に関する部分を拾い読みしていたに過ぎず、同書にはエリザベス・ピーボディーの思い出も記されていたのである。

セーラムで

ピーボディー家は、一時期、ボストン北東の港町セーラム（Salem）に暮らしていたことがある。セーラムは貿易で世界にその名をとどろかせた町で、ピーボディーが暮らしたころにも、町にはその時代の活気がまだ残っていた。

その家は、港からほど近い二階家で、建物は当時のままだった。ピーボディー家はその二階の何室かを間借りしていた。近くにはホーソーン一家が住んでいた。

その家の一階は、魔女狩り裁判で有名な町にふさわしく、多少風変わりな品々を売る装飾品店になっていた。看板にSophiaとある。セーラムではエリザベスよりホーソーンの方が有名なので、彼の妻の名ソフィアが店名となったのである。

店番をしていた店主の兄だという老人は、私がピーボディーのことを尋ねると店の一角を示した。視線の先のテーブルの上に、何十冊もの本が小山のように積み上げられていた。Megan Marshall, *The Peabody Sisters* (Houghton Mifflin Company, 2005) である。表紙には銀色に輝く"Pulitzer Prize Finalist"のシールが貼られている。大々的に取り上げられたのであろう、旅の途中ですでに目にはしていたが、重いので買わずにいた本であった。けれども、ピーボディーの家でなら、もちろん買う。

「妹がいたらどんなに喜んだか」と言って、老人は店主である妹が留守であることをとても残念がった。自分用だからそのままでいいという私の言葉に耳を貸さず、少々不器用な手つきで丁寧に本を包み、金色の細いリボンを結び、リボンの先をカールしてくれた。そしてぜひ著者に連絡するようにと、著者の連絡先を書いて渡してくれた。

それは、エリザベスの母の祖父の時代から筆を起こして、ウエストストリートの本屋時代までの三姉妹を広範な資料を駆使して描いた意欲作であった。私はピーボディーが暮らした家で、彼女の最新の研究書に出会ったことを感慨深く思った。私の関信三研究と同じ出版年であること、同じく執筆に二〇年かけたということ、第一次資料を発見した喜び、資料を読み解くことの難しさと面白さなど、著者が述べている前書きの部分からすっかり共感して、興味は尽きなかった。

この本に記されていたピーボディーの家系図にも、もちろん、George Palmer Putnamの名がしっかりと記録されていた。

二度目のボストン

二〇〇八年の二度目のボストンでは、私の関信三研究に興味を持って連絡をくださった若い日本文学研究者とお会いすることになっていた。

ハーバード・スクェアの、地下鉄を降りて地上に出たところにある雑誌屋の前で待ち合わせた。すぐにわかった。

屋外のベンチでコーヒーを飲みながら、話題は私の旅行の目的である森有礼にも及んだ。

「森有礼はいわゆる西欧かぶれと言われていますね」

森有礼はアメリカでもそんな評価なのか…。落ち着いて考えれば、彼が森を知っているだけでも感心すべきことなのに、私は少しむきになった。

「そんなことはありません。彼はむしろ西欧と闘ったのです」

「具体的な資料があるのですか」

「もちろんあります。たとえば、駐日公使デロングと闘った資料があります。当時デロングと闘った日本人などいたでしょうか」

「でも、それでは彼の日本語廃止論はどう考えますか」

「そうですね…」

時々、彼の知り合いが目の前を通り過ぎ、ちょっと挨拶する。まったく違和感のない日本語に驚嘆する暇もないほど自然に互いのテーマに意見を交換し合い、心地よい時間を過ごした。

その後、ご自身も新学期が始まったばかりで講義の準備で忙しいなか、ハーバード大学の構内を案内してくださった。ちょうど新入生の入寮の時期にあたり、歓迎のテントがいくつも張られ、色とりどりの風船が揺れて賑やかだった。

「これがハーバードさんの像です。でも西郷隆盛の像と同じように、本当はどんな顔だったのかわからないのですけどね」

新入生が、晴れやかに、次々と家族や友人たちと一緒に「ハーバードさん」と写真を撮っていた。

広い構内をめぐり、数ある図書館の利用手続きや、学内で食事をするにはどこがいいかなど、私にとって大切な情報をたくさん教えていただいたおかげで、それから一〇日ほどの調べものは大いにはかどったと思う。

アメリカの図書館は、大学図書館であれ、公共図書館であれ、基本的に大変「気前がいい」と思う。名もない研究者にもおしみない協力をしてくれる。閲覧者自身による資料の写真撮影を許可している（というより、コピーをとるより本が傷まないのでむしろ推奨している）図書館が多いので、コピー代も最小限ですみ、私のような研究費を持たない研究者にとっては大変ありがたい。ハーバード大学でも四つの図書館を利用させていただいたが、どこでも気持ちよく仕事をすることができた。

なかでもホートン図書館では初めての体験をした。「次の資料が用意できるまで、ちょっと休んで他の研究者とお話をしていらっしゃいませんか」と、コーヒー・ブレイクに誘ってくださったのである。週に一度、そういう場を設けているという。玄関ロビー左手突き当たりの、天井の高い広い部屋が会場になっていた。古い書籍を収めたガラス扉付の丈高い書棚が整然と立ち並ぶ重厚な部屋である。部屋の中央にテーブルが出され、コーヒー、紅茶、オレンジジュースと、数種の焼き菓子が並んでいる。すでに十数人の方々が、談笑したり、コーヒーを片手に書棚に見入ったりしていた。私もカップにコーヒーを入れ、チョコレートブラウニーをつまんだ。すぐに、「昨日もいらっしゃいましたね。何の研究ですか?」と話しかけてくださった方がいて、初めての私も楽しいひと時を過ごすことができた。

ハーバード大学の東アジア研究の拠点であるイェンチン（燕京）図書館では、紹介していただいたライブラリアンから、思いがけず森有礼関連のめずらしい書籍を見せていただいた。一七四〇年にわが国で出版された橘守国画『絵本鶯宿梅』の第五巻を、一八五五年にフィラデルフィアでリプリントした*Japanese Botany*と題する植物の本である。絵はリトグラフで復刻され、和文の説明には発音記号で日本語の読みがふられ、英訳が付けられている。ペリー遠征後にアメリカで高まった日本に対する関心のあらわれであろう。扉に「呈　チャルス・マ《ママ》ンマン君　森有禮」という日本語での献辞があった。この献辞については、鈴木淳、マクヴェイ山田久仁子編著『ハーバード燕京図書館の日本古典籍』（八木書店、二〇〇八年）で報告されたばかりであるという。献辞に年月日は記されていないが、ランマンが森の秘書であった時期に贈られたものと思われる。森の日本語での献辞は大変めずらしい。私の知る限りにおいて、本国宛以外では、米国内における唯一の例である。ランマンのたっての希望で、日本語で記したのであろう。

二　森有礼の足跡をたどってニューヨークへ

Harris-Oliphant Papers

二〇〇六年、ボストンからニューヨークへは列車で向かった。早めの列車を予約しておいたので、昼過ぎにはニューヨークのペン・ステーションに着いた。海岸線の美しいながめに目を奪われているうちに、突然のように大都会があらわれた。

ニューヨークの目的のひとつは、コロンビア大学バトラー図書館であった。ここに、森の生涯に深くかかわるHarris-Oliphant Papersと呼ばれる文書がある。

私が森有礼に幼稚園史との関係ばかりでなく、ひとりの人間として関心を抱くようになったのは、林竹二氏の「森有礼研究第一　森駐米代理公使の辞任」「第二　森有礼とキリスト教」（『東北大学教育学部研究年報』第一五、一六集）を読んだことがきっかけであった。それまで学問的テーマとしては取り上げられてこなかった森有礼の若き日の経験を正面から取り上げ、それらを詳細に検討することを通して新たな森有礼像を描き出した、斬新で熱情あふれる論文であった。

森有礼研究者でもない私が、幼稚園関係の資料収集だけではなく、森研究の基礎資料を直接確認したいと考えるほど彼に興味を抱いたのは、彼が、幕末明治初年の禁教下に、キリスト教と特殊なかかわりを持っていたからである。林氏の論文には、すでにハリスの信奉者となっていた森が、勧誘のため、幕府の留学生取締りとしてロンドンに滞在中の中村正直らの宿を訪ねたという資料も紹介されていた。中村正直は東京女子師範学校に幼稚園が付設された時の摂理（校長）である。私は幼稚園史を学びはじめた頃から、キリスト教講者という特殊な経歴をもつ関信三が日本の幼稚園を解する鍵であると感じていたので、森と中村とのあいだにもキリスト教を仲立ちとした密かな出会いがあったことに、非常に驚かされたことを覚えている。

幼稚園における関信三の働きを明らかにするためには彼の個人的経験に向き合うことが必要だったように、外交官としての森の働きを理解するためには、公的活動に入る前の彼の経験に向き合う必要があるのではないか。彼の経験は非常に特異なものであるが、ハリスやコロニーの奇怪さにとらわれて、彼がその生活を受け入れたことの意味を過大に、あるいは過小に評価したり、または評価すること自体をはじめから放棄してしまうのではなく、評価は先送りにして、彼の姿をできるだけ具体的にとらえる必要があるのではないかと考えていた。

Harris-Oliphant Papers には、ハリスと、日本人たちをハリスに引き合わせた元駐日英国公使館書記官で、当時下院議員となっていたオリファント、及びハリスのコロニーにかかわる雑多な資料が含まれている。

なかでも興味深いのはクーパー夫妻宛オリファント書簡であった。夫妻は英国におけるハリスの信奉者で、オリファントの親しい友人貴族である。彼らは一足先に母親とともにコロニーで暮らしていたオリファントに代わって在欧の日本人たちを接待し、彼らの米国行きを助けた。夫妻への手紙には、日本人たちへの言及のみならず、きわめて閉鎖的で、しかし一面では実社会と強い世俗的なつながりをもつこの奇妙な集団についての、具体的な情報が豊富に含まれている。林氏はかつてこれらのコピーを持ち帰り、研究を深められた。

森研究が未完のまま林氏が亡くなられたため、それらの書簡は当時刊行中であった『林竹二著作集二　森有礼悲劇への序章』（一九八六年）の末尾に、**I. P. Hall** 氏の校訂によって収録された。しかしその際、読者の便宜を図るため、林氏が持ち帰られた書簡のうち、一〇通を割愛されたのである。私はそのことを大変残念に思っていた。いつかそれらを読んでみたいという思いがあった。

バトラー図書館の一階で登録をして、六階のRare Book and Manuscript Libraryに行った。受付カウンターの女性に手取り足取り教えていただいて、資料の請求表を作成し、ようやくガラス張りの閲覧室のドアを開けた。細長い閲覧室の正面に座っている司書に請求表を渡し、自分のパソコンをセットする。まもなく横手のドアが開いて、男性が箱を三つ運んできた。司書は私に目で合図し、私は箱を取りに行く。一箱終わったら次の箱を渡します、と小声の指示。一箱受け取って自分の席につき、ふたを開け、一ホルダーずつ取り出して文書を確認し、コピーが必要な文書を備え付けの黄色い紙で挟んでいく。私を含め三人が黙々と文書を読んでいた。初めて読む手紙も、すでに読みなれた文章も、異国の、この静けさのなかで読むと、胸に迫るものがある。

「私はここで世捨て人のように暮らしている。箱で小屋やベッドを作り、食事はカゴに入れて運ばれてくる。母とも話すことはできない。だから日本人たちとも話すことはできない。彼らは毎日厳しい労働をし、しかも喜びに輝いている」（1867/9/□《不明》）

「先週の日曜日、フェイスフル（ハリス）が帰国以来、初めて説教をした。四〇人ほどが出席した。愛と歓喜がわき起こり、みな涙を流し抱き合った。日本人たちは特にそうだった」（1867/9/29）

「日本人たちは、ここでの生活を見なければ、誰もフェイスフルの教えを本当に理解することはできないと言っている。彼らに限らず誰にでもいえることであるが、特に彼らのオープンネス（openness）によって、彼らはここにある愛と純潔の気の力を感じている。心の硬い普通の西洋人はこのかすかな気配に気付かない」（1867/10/6）

「日本人は新たに五人加わり、今ここには一三人いる。もっと増えると予想されるので、まもなく学校がはじまる予定だが、私たちは今のところ朝五時から夜一〇時まで働き、死んだように眠っている」（1867/11/26）

「日本に関する記事が載っている新聞を送ってくれ。日本人が喜ぶだろう。日本人は私たちの宝だ」（1868/4/12）

ワグナー・カレッジへ

日本を出た当初は、ニューヨークでの図書館仕事はコロンビア大学だけにするつもりだった。しかしいろいろな資料を読むうちに、日本人留学生にとって重い経験であったことを明らかにするためには、これまで知られていた資料を使うだけではだめで、特にアメリカの学者が用いなかった資料を使う必要があることを私は痛感した。そうだ、Wagner College に行かなければ、と思った。

ワグナー・カレッジにはハリスの信奉者であった詩人 Edwin Markham が寄贈したコレクションがある。ハリス研究の基本文献である *A prophet and a pilgrim*（Columbia University Press. 1942）の著者たちは、そこから彼らにとって重要だと思われる資料を取り出し、その他はワグナー・カレッジに残していった。残された文書のなかに、森や他の日本人たちの情報が何か含まれているのではないかと期待したのである。

ワグナー・カレッジは、マンハッタンからフェリーで三〇分ほどの Staten 島というところにある。貿易センタービルが破壊された九・一一テロの翌年のことである。すっきりと清潔なフェリー乗り場には銃を構えた警官が何人も警備し、乗り降りもシステマティックにおこなわれていた。遠くに自由の女神が見える。フェリーが船着場を離れ、しだいにマンハッタンが遠ざかっていくと、反対に自由の女神が近づいてきた。ニューヨークに来ていることを実感した。

フェリーの次はバスである。バス停を見つけるのに一苦労し、なんとか教えられた場所で降り、そこからてくてく丘をのぼって、ようやくワグナー・カレッジに到着した。

司書の方はパソコンで何度も検索してくれたが、私が探しているような資料はないと言った。「いや、あるはずです。日本の林という方がここで整理された資料ですから。記録にも残っています」「それはいつごろですか?」「もう四〇年も前のことです」「それではやはりないのです」「どうしてですか?」「そのあと洪水でだめになりました」「こんな高台で洪水ですか?」「書庫は地下にあるのです」「何ともったいないことを。ここにしかない大切な資料なのに。私はその資料を見たくて日本から来たのです」「来る前に問い合わせてくれれば、ないと教えてあげたのに」

司書の方は、気の毒に思ったのであろう、せっかく来たのだからマーカム・コレクションの部屋を見せてあげようと、私を地下に案内してくれた。エドウィン・マーカムの胸像がある小さな部屋だった。部屋のほとんど四方がコレクションを納めた箱を積んだ棚で囲まれている。彼は中央の机の上にマーカム・コレクションの目録を広げ、目録を見ながら棚から重い箱のいくつかを下ろし、しばらく私の仕事につきあってくれた。ハリスの見たことのない肖像写真が何枚もあった。森は彼のどこに惹かれたのだろう。この目だろうか。

「私はこれで自分の仕事に戻るけれど、自由にやってください。必要な資料があったらスキャンして送ってあげるから、わかるようにしておいて。私は明日は休みだけれど、来るようなら、ここの鍵を開けておくように言っておくよ」

翌日もフェリーに乗ってワグナー・カレッジに出かけた。受付に声をかけると、すでに部屋の鍵は開けておいてくれていた。机に陣取り、落ち着いてコレクションの目録を見ていると、昨日は気付かなかったが、内容の明細が記入されていないボックス・ナンバーがいくつか載っているのが目についた。これではないか、という気がした。あちこち探して、前日とは反対側の棚の奥からそのナンバーの箱を探し出した。三箱あった。箱のなかには目録に載っていない資料が未整理のまま放り込まれていた。多くはハリスの著書であったが、そのなかに *Millennial Age*（1860）があって感慨深かった。それはかつて国立国会図書館で手にした本だったからである。

国会図書館誌『参考書誌研究』（三八号）には森有礼旧蔵書等の目録が掲載されているが、それ以外にも国会図書館には森の旧蔵書がある。*Millennial Age* はそのひとつで、扉には A. Mori のサインがある。彼が A. Mori とサインするのは外交官として渡米してからのことであるから、彼が同書を手に入れたのは第二次在米時代ということになる。

ほかにも多くの文書類があった。ハリスが、ジョンソン大統領時代の国務長官スワード（Seward）の養女にあてた手紙もあった。彼女はハリスの信奉者であった。ハリスが作詞した賛美歌もあった。林竹二氏が当時提出された調査申請書もあった。ほとんどに水に浸かったしみがある。気のせいか、まだ湿り気が感じられる。カビも生えているようだ。私が望んでいた文書そのものはなかったが、貴重な資料である。朽ちさせるのはあまりに惜しい。私は三つの箱を床に並べ、顚末を書いたメモを机の上に置いて、後のことを彼に託した。

コロンビア大学にも、ワグナー・カレッジにも、すでに知られている少数の文書のほかには、日本人たちの直接の資料はなかった。その意味は重いと私は思う。ハリス研究やオリファント研究では、ほとんどが日本人の存在にふれているが、多くの場合、多くの誤りが含まれている。*A prophet and a pilgrim*（『預言者と巡礼者』）では、**prophet** はハリスであり、**pilgrim** は英国貴族オリファントである。しかし、森有礼ら日本人侍たちも **pilgrims** だったのだ。本当にわずかしかない資料に目をこらし、彼らの足跡をたどってみたいと改めて思った。

アミーニアへ

ニューヨークでの調べものを終えた翌日、アミーニア（Amenia）に向かった。学生たちが英国からわたってきた時に、ハリスのコロニーが営まれていた村である。

ニューヨークのグランド・セントラル・ステーションからメトロ・ノースのハーレムラインに乗った。列車は北に向かってどんどん谷間に入っていく。一四〇年も前に、将来を嘱望されていた侍であった彼らは、繁栄の都ロンドンでの学業を捨て、喧噪のニューヨークにも背を向けて、こんなに深い谷間の奥にやってきたのだ。列車を乗りつぎ、二時間と少しで終点のWassaicに到着した時には、乗客はほんの数人しか残っていなかった。

Wassaicはハリスのコロニーが最初に作られたところで、アミーニアはそこからさらに数マイル奥に入った村である。かつてはずっと先まで列車が通っていたが、今は錆びてしまった線路がむなしく延びているばかりである。

そのあたりはオランダ人の入植地で、彼らが運営するバスが村内を走っていると聞いていた。明るい時間に行動できるよう朝一番の列車で行き、一〇時ころにはWassaicに着いたのだが、そこは公衆電話がひとつあるだけの山のなかの無人駅で、あたりには何もなく、バスなど走っている気配もなかった。困って、同じ列車で降りてホームのベンチに座っていた女性にアミーニアに行く方法はないかと聞いたところ、「夫が車で迎えに来るから送っていってあげる。アミーニアのどこに行きたいのか」と言われた。アミーニアに行きたい理由と、そのどこかは私にもわからないと話すと、「ではアミーニアの図書館に連れて行ってあげる。そこからはじめれば何かわかるかもしれない」と連れて行ってくださった。もう本当に心から感謝し、ご夫妻と図書館の前でお別れした。村の小さな図書館で、私はまたしても助けられた。古いものはこのあたりですと案内された書架の前で、ただ古いだけの本に当惑していると、本を返却に来た女性が気付いて話しかけてくださった。ここに来た理由を話すととても興味を持ってくださり、夫が引退してから転居してきたので古いことは知らないからと、あちらこちらに電話をし、関係のある本を探し、古老の家を訪ね、再び図書館に戻ると古い地方紙のコピーをとってくださった。

その地方紙に、思いがけずNHKからの次のような手紙が紹介されていた。(抄訳)

一九六八年三月一三日

ニューヨーク州アミーニア市長殿

『近代日本の百年』と題する特別番組の制作にご協力お願い申し上げます。

一八六八年は日本にとって記念すべき年です。ちょうど百年前、日本は侍の国から明治という新しい時代に変わり、近代国家として再出発しました。この近代化の時代に多くの外国人が来日し、政治・経済・工業・文化の各分野で大きな貢献をしました。

日本唯一の公共放送であり最大の放送網を有するNHKは、わが国の近代化に貢献した外国人の功績を明らかにし、わが国の更なる発展に寄与するドキュメンタリー・シリーズを制作するため、米欧に特別取材班を派遣して、資料を収集することを計画しております。

トーマス・レイク・ハリス氏は、アミーニアにおいて学校長でありましたが、百年前、日本の教育の発展のために非常な貢献をされました。

ハリス氏は私立学校運営にあたっては禁欲的教育法を採用し、かたわらアミーニアに銀行を経営していました。ハリス氏の生徒には、英国議会の有力議員であったオリファント氏のような相当な地位の人もいました。日本からアメリカに派遣された最初の留学生グループもおりました。わが国の初代文部大臣になった森有礼もそのひとりです。そのことは日本の教育に大きな影響を及ぼしました。
彼らがロンドンでの学業を捨てて学んだアミーニアは、私どもにとって特別に記念すべき場所です。百年も前のことですので、当時を記念するものがそのまま残ってはいないかもしれませんが、どんな些細なことでも結構です、情報をいただければ大変ありがたく存じます。

明治一〇〇年を記念する特別番組のディレクターからの取材協力依頼である。協力依頼とはいえ、ハリスに対する無防備なまでの評価の高さに驚かされた。林竹二氏の研究の衝撃であろうか。

アミーニアの住民は、遠い日本からの突然の手紙にさぞ驚いたことであろう。しかし、どんな些細なことでも情報を、という求めには、ほとんど応えることはできなかったようである。なぜなら、後日この件に関する報告記事が書かれたが、書かれているのは、かつてこの村にそんなことがあったのか、村の中心にあるあの銀行はハリスという人が作ったのか、銀行の取締役ふたりは当時の村の有力者、誰々ではないか、という村人の驚き以外は、すべてハリスの研究書からの抜粋であったから。

ハリスのコロニーの痕跡を見つけるのはむずかしいであろう。しかし図書館で出会った女性は、コロニーがあったであろうところに連れて行ってあげようと、車を走らせて村の風景を見せてくれた。なだらかな丘がいくつも重なり広がる村であった。ドライブのあと、彼女は私をご自宅に連れて行き、遠くから来たのだからトイレを使いなさいと労わり、ご主人も一緒に村のレストランに出かけ、食事までごちそうしてくださった。ワインも注文し、これはこの村でできたワインだと教えてくれた。当時ハリスのコロニーでもワインを作っていた。森有礼もぶどう畑を耕していた。彼らのワインもこのような味だったのだろうか。彼らは聖なる酒と言っていたが…。最後に彼女は私をWassiacの駅まで送り、お礼を言う私に、私にとっても忘れられない一日になりました、ありがとう、とお礼まで言ってくださった。

夢のような一日だった。私ひとりでは到底たどり着けず、帰ってもこられないような所に行くことができ、森有礼がいた場所についに立ったのだ、という感激でいっぱいであった。大勢の方がたに助けられて実現できた旅であったと実感している。

ブロクトンへ

アミーニアで学生たちが労働に明け暮れていたころ、コロニーの移転計画が進んでいた。ハリスがエリー湖畔の村ブロクトン（Brocton）に広大な土地を買収したからである。

日本人学生たちはハリスの指示により順次アミーニアからブロクトンに引っ越し、森は帰国するまでのおよそ半年をそこで暮らした。一八六七年末から翌年六月までの、エリー湖も凍りつく厳しく長い冬を越えて、さわやかな季節を迎えるまでの時期である。

二〇〇八年のアメリカ行きで、私は念願のブロクトンを訪ねた。

ニューヨーク州の西端、エリー湖添いの一帯は米国有数のワインの生産地で、広大なブドウ畑が続いている。バッファローから車で一時間ほど南に下ったブロクトンも、村中がぶどうの甘い香りにつつまれていた。

日本のぶどう棚は手を上に伸ばして収穫する背の高いものが多いが、ここではブドウは人の肩ほどの高さに畝をなして作られていた。グレイプ・ピッカーと呼ばれる大きな収穫機がその畝をまたいでブドウの木を丸ごと飲み込んで進んでいくと、ブドウの実はひとつ残らず刈り取られる仕組みである。グレイプ・ピッカーは高価で小さな農家では買えないので、借りて刈り取るという。機械が導入される前はすべて手作業で、収穫はもちろん、年間を通じての手入れも大変な重労働だったという。

ハリスがここに移転したのも、昼夜の寒暖の差が激しくぶどう作りに適したこの土地で、大規模なぶどう園を経営し、ワインを作るためであった。区画ごとに所有者名が記された当時の地図を見ると、村の中心部から湖畔沿いの大半に、ハリスの教団名であるBrotherhood of the New Lifeと記されている。何年かにわたる数枚の地図を並べてみると、ハリスが着々と土地の買収を続けていったことがわかる。ハリスはぶどう園を経営したばかりでなく、広大な敷地内に鉄道の駅を作り、駅のそばにはホテルを建て、レストランも運営した。現在は鉄道には貨物列車しか走っておらず、コロニーの繁栄をしのばせる駅もホテルも残っていないが、長沢鼎の日記に出てくる石組みの土台に支えられた大きな納屋と、その奥に建つVine Cliffと呼ばれる立派な家が残っていた。これらは今は個人の所有で、手入れが行き届いた広い庭には、大きな老犬が何頭も悠然と寝そべっていた。

中心部から離れた場所にある石組みのワイン貯蔵庫は放置され、荒れ果てていたが、石組みは当時のままであった。トンネルのようなアーチ型で、奥が深い。人目につかない場所にあるこの貯蔵庫はかつて逃亡奴隷をかくまう場所にもなったそうで、自分も子どもの頃こっそり遊び場に使っていた、と案内してくださった方が話してくださった。

ブロクトン滞在中のある日、私は滞在先の友人宅に招かれて、庭のデッキチェアにくつろぎ、コーヒーを飲みながら波打つ湖を見ていた。夕日が湖の向こうに落ちていく。森有礼も見た夕日である。私は自分がここにこうしていることが不思議な気持ちだった。エリー湖に面した広々とした庭には先日の嵐で落とされた小さな枝がところどころに散らばり、時々リスが顔をみせては、何かをほおばって、どこかに消えていった。遠くで汽笛が鳴っている。何かなつかしい、やわらかくあたたかい音。

「人や動物が列車に轢かれないように鳴らしているのよ。秋が深まってオークの葉が落ちはじめると、もっとよく聞こえるようになる。オークの葉がすっかり落ちる冬には、とても大きく聞こえるようになる。そして湖は凍ってしまう」

オリファントの手紙が思い出された。「零下の朝四時半におき、目も開けられない吹雪のなか、家畜小屋を掃除し、…遠くの水場に行って全員の洗濯物を洗う。したたる水はすぐに凍る。凍傷になり、悪魔と戦う…。これが私の日常だが、かつての自分には戻りたくない」（1869/12/29）

ブロクトンの村はずれにある小さな図書館に、ハリスの研究者Catherine McAllister氏が収集した資料一式の写しが備えられていた。そのなかに森の名前が記されたパンフレットがあった。当時ブロクトン駅のそばにあった育苗園のパンフレットである（「ブロクトンの育苗園パンフレット」）。

そこに「SPECIAL NOTICE」として、「日本の少弁務使森氏のご好意により、日本の希少で貴重な花の種を入手し、チャウタッカ育苗園で育てている。いずれ特産品になるだろう」とある。カタログは「春号」。森の赴任は同年三月、まだ春浅い日であったから、育苗園で育てられているのは、以前、森と鮫島が日本から送ったものであろう。森は赴任時にも種を持って行ったが、いずれにせよ、森の渡米を受けて、日本少弁務使森有礼閣下のご厚意による寄贈と特記し、乞うご期待、としたわけである。

同カタログに「Astilbe Japonica」の名がある。**Astilbe Japonica** はもともと日本の西南部に自生するユキノシタ科の多年草で、和名アワモリショウマ。日本の固有種である。森と鮫島が関係していた花かどうかは不明である。おそらくはもっと前に米国に伝わっていた花であろうが、ハリスが日本に対して抱いていた「あこがれ」を感じる思いがした。

ヴァッサー・カレッジへ

全米教育協会の年次大会に参加してから三か月後、森有礼は津田梅をランマンに託すと、山川捨松と永井繁を伴って、ワシントンから夜行列車でコネチカット州ニューヘイヴンに向かった。

二〇〇八年の旅の最後に、私もニューヘイヴンに向かった。

ニューヘイヴンは、ニューヨークからなら列車で一時間半ほどで行ける。私は当初、ニューヨーク到着後すぐにニューヘイヴンに向かい、そのあとアミーニア、次いでボストン、バッファロー（ブロクトン）、ワシントン、そしてニューヨークに戻って帰国、というスケジュールを組んでいた。ところが予定していた便が取れず、急遽旅程を変更せざるを得なくなった。図書館仕事の日程は自分の都合で動かせるが、人と会う約束がいくつかあり、それらの日時を変えたくはなかった。それで、ニューヘイヴンには一通りの調査を終えてニューヨークに戻ってから行くことにしたのである。

そのため、アミーニアにはニューヨーク到着翌日の朝に出かけるというあわただしさになってしまった。前回のアミーニア行きでお世話になったご夫妻が再訪を楽しみにしてくださっていたので、この日程だけは変えるわけにはいかなかった。

Wassaic駅にはご夫妻が車で迎えに来てくださっていた。前回は山のなかの無人駅で途方に暮れたのに、迎えてくださる方がいるとは何とうれしいことだろう。再会を喜び合い、なつかしい山を抜けて、アミーニアのご自宅にお邪魔した。ご主人も相変わらず穏やかでやさしいが、膝の具合が前より良くないようで、ゆっくりと一足ごとに注意して歩いておられた。その後、前と同じように村のレストランに連れて行ってくださった。「今日はデザートは別のところで食べることになっているからね」と、話の途中でご主人は言った。「友だちの家に行くことになっているのよ。あなたが来ることを話したら、ぜひうちにも、ということになって」と、彼女が説明した。「とてもすてきな家よ」

昼食後、車を走らせて隣村の友人宅に向かった。牧場を抜け、山道を越えて、着いたのは丘の上に一軒だけ建つ大きな家であった。玄関ホールは、なだらかに下る丘陵を映す広々としたガラスの開口部のあるリビングにつながっていた。窓辺のテーブルにはナッツを飾ったチョコレートケーキと数種のクッキーが用意されていた。あいさつを交わし、キッチンでおしゃべりしながら女同士それぞれ好みのフレーバー・ティーを選んでいるところに、その家のご主人が帰っていらした。

「もうアトリエ・ツアーはしましたか?」「えっ?」

ご主人は絵をお描きになるとのことで、玄関ホールの右手がアトリエになっていた。アトリエというには立派すぎる美しい大きな部屋で、ちょっとした美術館のようである。壁面にはご自身が描かれた大きな絵が一杯に飾られている。主に人物画であるが、このあたりの風景を描いたものもある。流木が置かれ、めずらしい鉛筆削りのコレクションなどもあって面白かった。

リビングに戻るとすっかりお茶の用意が整っていた。友人ご夫妻も私の研究に興味を持ってくださって、おしゃべりが尽きることはなかった。

旅程の話になった。「今回の旅行はニューヘイヴンが最後です」「大旅行したあと、またニューヨークの近くに戻ってくるのね」「はい。日程の都合でそうなってしまいました。帰国もニューヨークからですから」「ニューヘイヴンはイェール大学?」「はい。それに岩倉使節団と一緒に来た少女たちが住んでいましたので。森がニューヘイヴンに連れていったのです。少女たちはその後ヴァッサー・カレッジに学びました」

「ヴァッサー・カレッジ?!」女性陣ふたりは、同時に声をあげた。

「私たち、ヴァッサーのアート・センターでボランティアしているの。今、日本でアート・センターの巡廻展覧会をやっているわよ」。そう言ってこの家の女主人は「Art at Vassar, Spring 2008」という大きな冊子をくださった。そこには「Vassar Collection Begins Japanese Tour」と大々的な記事が載っていた。

「ヴァッサーに行ったことがある?」

「いいえ」

「では今から行こう」

「え?」

「ここからポーキープシーは近いから。今行けば帰りの列車に間に合う」

そう言って不自由な足で立ち上がったご主人は、先に立って玄関に向かった。私は急な展開に驚きながら、楽しい時間を過ごさせていただいたことを友人ご夫妻に感謝し、車に乗った。ご夫妻は庭まで見送りに降りてこられ、別れ際に「ニューヘイヴンに行ったら、ぜひイェール大学の美術館にも行ってくださいね。すばらしいから」と言われた。

「近い」とはいっても、ポーキープシーまで小一時間はかかったのではないかと思う。途中で雨が降ってきた。雨は次第に強くなる。膝の悪いご主人にこんなに遠出をさせてしまって申し訳ない。「大丈夫。私たちはあなたをヴァッサーに連れて行ってあげたいの。アート・センターも見せてあげたい。日本展でないものも多いけれど、それでも良いものもあるわ。それに図書館がすばらしいの」

大雨のなか、ご主人はヴァッサーの広い構内を、車の乗り降りのたびに肩をぬらしながら、アート・センターへ、図書館へと連れて行ってくださった。私はまったく思いがけず、森がその教育に心をくだいた少女たちが、長じて学んだヴァッサー大学に行くことができたのである。そして大雨の降るなか、ご主人はまた長い道を運転して、「列車の時間にはまだ間に合う。家に寄っていこう」とアミーニアのご自宅の駐車場に車をつけた。奥さまが「雨がひどいから着ていって」と、フード付の赤いヤッケを私に羽織らせ、途中でおなかがすいた時のためにと、大きなチョコレートを私の手に握らせた。ご主人がその様子を見て「キュート！」と言ったので、三人で笑ってしまった。そしてまた大雨のなか、Wassaicの駅まで送ってくださった。

米国最古の女子大学のひとつであるヴァッサー大学の構内は広大だった。アート・センターはいかにも現代アートにふさわしい、斬新で透明感あるフォルムの美術館だった。図書館もすばらしかった。机の配置も洗練され、高い天井に一面にほどこされた装飾も見事だった。けれども私の心に最も刻まれたのは、ご夫妻の心遣いだった。そしてご夫妻の善意によって、私の旅程の最初と最後がつながったように感じたのである。

ニューヘイヴンへ

久野明子『鹿鳴館の貴婦人大山捨松』（中央公論社、一九八八年）は、著者の曾祖母にあたる捨松の生涯を描いたもので、捨松が少女時代をすごしたニューヘイヴンでの新たな資料発掘は森研究にとっても貴重である。ニューヘイヴンでは、私も捨松の受け入れ家庭となったベーコン牧師の資料をまず見せていただこうと思っていた。

手書き資料はパーソナルな内容であることが多く、文字そのものにその人が感じられるので、活字の資料を見るのとは異なる感覚がある。日記や手紙など、本当にそんな個人的なものを読んでいいのだろうか、失礼して読ませていただきます、という思いである。

ベーコン牧師は手帳に日録を記していた。一年に一冊、革表紙の小型の手帳である。空白の日も多いが、幸いこのあたりは記入がある。私の目に飛び込んでくるのは、どうしても森の名前である。

1872/10/31 Thursday　The two Japanese girls came today. Mr. Mori the Jap.[se] ambassador dined with us.

捨松と繁を連れてきた森は、少女たちとベーコン家で食事を共にしたのだ。彼女たちも心強かったであろう。その翌日の欄に思いがけない記述があった。

Mr. Mori send to a meeting of gentlemen at Sec. Northrop's his propose memorial to Prime Minister of Japan on Religious Liberty.

コネチカット州教育長ノースロップ宅で開かれた会合で、森が一同に*Religious Freedom in Japan*の草稿を見せたというのである。太政大臣三条実美にあてた信教の自由を求める請願とその憲章草案である（「レオナルド・ベーコンの日記」）。

森はこの少し前にピーボディーの従兄弟にもこの草稿を見せていた。国務長官フィッシュにも草稿を渡して意見を求めていた。

二〇〇六年、ワシントンの議会図書館で別の資料を探していた時に、私はたまたまフィッシュがその草稿を森に返却した際に同封した手紙を見出した。

原理的な問題で意見の異なる点はありますが、宗教的寛容、思想・良心の自由という重要な問題についての立場の健全さにはまったく異論はありません。明確に、力強く、哲学的に論じられていると思います。もしこれが受け入れられるなら、古くしかし進歩的な御国にとって、どんなに幸いでありましょう。あなたが御国の憲法にリベラルな思想を刻むために尊い努力をしてきたことは、あなたにとって永遠の名誉となるでしょう。

（「森有礼宛ハミルトン・フィッシュ書簡」）

森は絶えず目標に向かっていた。

イェール大学ではSterling Memorial LibraryのManuscripts and Archivesの部屋で仕事をすることが多かった。ベーコン牧師の資料もそこにある。最初の日に受付で資料を撮影してもいいか尋ねると、COPY Manuscript and Archives, Yale University Libraryと印字された紙片をわたされた。この部屋の資料は、カットごとにクレジットを入れて撮影することになっているのだ。二日目からはすっかり顔を覚えてくれ、部屋に入るとすぐにシールを渡してくれるようになった。手書きの読みにくい文字を教えていただいたりもした。

この部屋に通って何日目のことだったろう。

Whitney, William Dwight, Family Papers の書簡の箱を机の上に置き、収められている手紙に目を通していた。必要な資料の撮影はもう済ませていたが、まだ時間があった。書簡類はコレクションごとに主だった差出人名が目録化されていて、閲覧室手前の調査室で見ることができる。すでに思いつく名前は目録であたっていたが、とくにこれはと思うものはなかったから、そのとき具体的な何かを探していたわけではない。ただ、何となく未知の資料に出会えたらいいな、というほどの気持ちだった。

一通ずつざっと目を通していると、発信地が Newark となっている手紙があった。Newark？　はっとした。急いで頁をめくって末尾の差出人名を見ると、D. Adolf Douai とあった。こんなところで Douai に出会うとは。

アドルフ・ドゥアイは、ニューヨーク州ニューアークのジャーマン・イングリッシュ・アカデミーの校長で、*The Kindergarten* の著者である。端正な筆跡に似つかわしくない 'Dear Sir !' という書き出しに、何ごとかと思った。私は椅子に座りなおして、最初から丁寧に読みはじめた。ドゥアイはホイットニーに森への仲介を懇願し、彼の英語の著作をすべてシュタイガー社から送らせると書いていた（「ウイリアム・ホイットニー宛アドルフ・ドゥアイ書簡」）。

森有礼とドゥアイとシュタイガーと幼稚園。私は書籍で埋まった古い図書室の椅子の背にもたれ、高い天井を見上げた。日本幼稚園史の謎がとけていくような気がした。帰国のために、明日ニューヨークへ戻ろうとする日のことであった。

この手紙が、わが国の図書館の黎明期を解明する手がかりをも提供してくれることになろうとは、その時はまだ思いもしなかった。

旅行記の最後に、英語での謝辞をお許しください。

Special Acknowledgements.

Mary Ann, thank you for talking to me at the library of Amenia, New York. That was the day of your birthday.

George, I could not forget the day you took me with Mary Ann to Vassar College in the very heavy rain. Karen, I really appreciate your heartfelt hospitality. I would not forget the sweet fragrance of the vine yards in Brocton. I remember Ruthie.

My work on the study of Arinori Mori could not have been completed without all of you. I am sincerely grateful that I could meet you.

Sakae Kuniyoshi

国吉　栄

あとがき

森有礼研究は、おもしろく進めていますが、小さな発見をするたびに、幼稚園史そのものからは、少し外れていくような気がしてきました。幼稚園史との関わりだけでは収まりきれない広汎な地平に、無理矢理引っぱり出されるような感じがしています。

中央で仕事をした人なので当然といえば当然なのですが、私としては、たとえそれがどんなに大きな広がりをもつ課題であっても、森有礼概説を書くつもりも力もはじめからないのですから、定説にとらわれることなく、できるだけ丁寧に、森有礼の足跡をたどることから、彼の思いや挑戦を明らかにしていきたいと思っています。

まだ自分でも全容がつかめていないのですが、幼稚園との関わりは、位置づけは別としても、分量としては、おそらく全体のなかの一章ほどに過ぎず、「日本幼稚園史序説」の枠には収まらなくなるのではないかと思います。けれども、幼稚園史というマイナーな分野に常に自分の立脚点を定めておくことによって、かえって具体的な彼の姿に迫れるのではないかという気がしています。

（中略）

私がしようとしていることが、鮫島をおいて誰にも語らず、また理解されなかった（暗殺された時には、暗殺者のほうが英雄として公然と賞賛された）森有礼の生涯を、少しでも「知る」ことにつながるならば、と願っています。

（二〇〇六年二月二〇日付　恩師への手紙から）

二〇〇五年に上梓した『日本幼稚園史序説　関信三と近代日本の黎明』（新読書社）に次いで、私は『日本幼稚園史序説　森有礼の第二次在米時代』という題で本を著す準備を進めていた。両書をもって私の「日本幼稚園史序説」を完成させることをめざしていたのである。

関信三は、今では幼稚園史以外の分野でも多少知られるようになってきているが、それまではほとんど無名に近い人物であった。対して、森有礼は「巨人」であった。初代文部大臣にして、強引な文政家。徹底的な国家主義者で全体主義者。日本語を廃し、英語を国語として採用せよと唱えた外国かぶれ。あるいはそれらを乗りこえ新たな視点を提示する幾多の学説。彼をめぐる言説はすでに幾重もの深い森を形成しており、今さらそこに分け入っていくのは、関信三の時とはまた別の勇気を必要とした。

それにもかかわらず、非力な私が敢えて無謀とも思える仕事に着手したのは、森有礼と関信三とに通底するものを感じたためである。関信三がそうであったように、森有礼も誤解や中傷のなかで、黙して、みずからの仕事をやり抜いた人間であった。関信三と森有礼は、それぞれの仕事を、みずから望んだのではなく、与えられたものとして引き受け、そこにみずからの命を注いだ、という点においても共通していた。その仕事は、いずれも、「時代」が彼らに課した仕事であった。関信三は病のために三六歳で、森有礼は刺客に襲われて四一歳で、ともに志半ばで命を落としたが、最後の時に至るまで、己の使命を認識し、働き続けた。彼らの使命とは、鎖国から解き放たれたわが国が、世界のなかで生きていく土台を、特に教育の面において固くしようとすることであった。

関信三の諜者時代と森有礼の駐米外交官時代は、時期が重なる。彼らはまったく同じ時代に、立場は異なるものの、それぞれに志を固くして働き続け、その生涯を生き抜いたのである。私にとって、関信三研究と森有礼研究は、その名が一般に知られているか否かの違いがあるだけで、研究方法においても、執筆姿勢においても、問題意識においても、なんら隔たりはなかった。

二〇〇五年四月、私はできたての『日本幼稚園史序説　関信三と近代日本の黎明』をもって、古写真研究者の石黒敬章氏をお訪ねした。氏が所蔵される森有礼旧蔵アルバムを拝見するためである。久しく見せていただきたいと願っていたが、関信三の本ができたらお願いしようと決めていた。

氏は明治のおもしろ写真が飾られた応接間で、惜しげもなくアルバムを見せてくださった。ずっしりとした革表紙の古いアルバムが五冊。緊張しながらページを繰る傍らで、氏は軽やかに森にかかわるさまざまなお話をしてくださった。おまけに「犬塚先生を紹介してあげましょうか」などとおっしゃるのである。犬塚孝明先生は私自身多くの著作を通してお教えをいただいてきた森有礼研究の第一人者で、『新修森有礼全集』の編者のおひとりでもある。私は恐れをなし、ありがたいお話を辞退申し上げた。

それから四年後、私はたまたま同全集がもう一巻出る予定であることを知った。全集はすでに完了していると思い込んでいた私は大変驚いた。手元に、全集に収められていない資料がかなり集まっていたからである。森の資料はまとめておかなければ。私はすぐに石黒氏にご連絡し、犬塚先生をご紹介くださるようお願いした。そしてついに先生にお目にかかることになったのである。

その結果、資料はすべて全集に収録されることになった。

私は、畑違いの研究者が持ち込んだ資料の重要性を即座に見抜き、その解説までも任された先生方の研究者としての真摯な姿勢と懐の深さに、圧倒される思いであった。私は先生方の信託にお応えするためにも、森有礼研究に力を尽くしてこられた多くの先達のためにも、そして今後の新たな森有礼研究を生み出す一助とするためにも、全力でこの仕事に取り組むことを決意した。

私は責任の重さを痛感した。全集に収録されることなど思いもせず、我流で集めた資料である。全集に収録するからには間違いがあってはならない。収録する資料のひとつひとつを再確認し、精度をあげる必要があった。全集に収録するならば、ほかにもまだ資料はある。ひとりでできることは限られているが、限られたなかでも、できるだけまとめておきたいと思った。

私はそれまでに二度、二〇〇六年と二〇〇八年に、森有礼の足跡をたどってアメリカを歩いたことがあった。私自身の関心とテーマに沿って歩いた資料収集の旅である。そのときの旅のあれこれについては、前掲附録に記させていただいた。しかし、資料を全集に収録するとなれば、資料の収集を私の個人的な必要の範囲に留めるわけにはいかなかった。

二〇一〇年と二〇一二年、私は改めてアメリカに向かった。

先の旅でそうであったように、この二度の旅でも、多くの方がたに助けていただいた。なかでも忘れられないのは、スミソニアン・インスティテューション・アーカイヴスでのライブラリアンとアーカイヴィストとの出会いである。おふたりは私が以前集めた資料の確認と、足りない資料集めを手伝ってくださった。ありがたかったのは、彼らが資料探しを最後まであきらめなかったことである。次々に箱を出してきてくださり、私の方が根気がなくなって、もういいのにと思ってしまうほどであった。

最後に見つかった手紙はとりわけ文字が薄かった。帰国後の森にジョセフ・ヘンリーが送った手紙である。これは必ず収録しなければならない。しかし文字はあまりに薄く、撮影して帰っても、とうてい読めるとは思えなかった。腰を据えてこの場で読むほかはない。いつの間にか、彼らが手紙を解読し、私がそれをノートに書きとるという役割分担になっていた。読むにしたがって、重要な手紙であることが彼らにも分かった。あともう少しのところで閉館の時間になった。いいから最後まで読もうと言ってくれたが、明日の朝、一時間だけまた来ますと私は言った。

その日に解読できた分をパソコンに入力し、翌朝、開館時間と同時にエレベーターで上階に上がっていくと、彼らはガラス扉の向こうでにこにこしながら待っていた。三〇分ほどですべて終わった。共同作業を成し遂げた充実感があった。おひとりが、森についてスミソニアンのブログに書いてもいいかと言った。「もちろんです。ぜひ書いてください。英語で森を発信してくださったら、こんなにうれしいことはありません」

約束は果たされ、森は「Mori Arinori: Japanese Statesman」という題名でスミソニアンのブログに登場した。森が、駐米時代から百数十年を経て、スミソニアンから世界に発信されたことを、心からうれしく思った。

エドワード・キンズレーは森について、「日本の歴史を記述する時には、彼は間違いなく最も偉大な人物のひとりとして名をあげられるだろう」と述べた。森の悲劇的な死を悼んだキンズレーは、彼の真価が認められることを後世に期待したのである。

私もまた、多くの方がたに森有礼について知っていただくことを願い、いつか新たな森有礼研究が生まれることを期待したいと思う。

今、小著の上梓を前にして、ここに至る道のりを振り返ると、ただただ感謝の思いでいっぱいである。

改めて言うまでもなく、私の森有礼研究は、私ひとりの力で成し遂げられたものではない。多くの先達の貴重な研究が、門外漢の私をここまで導いてくださったのである。お目にかかったことのない諸先生に深く感謝申し上げる。

森有礼の資料を発掘する旅も、ひとりでは決してなしえなかった旅であった。貧乏研究者の私が、公共の交通手段がない場所にも安全に行くことができ、十分に調べものができたのは、すべて助けてくださった方がたのおかげである。大都市での調べものも、多くの方がたに助けられた。これは、森有礼という人間の魅力を、それらの方がたもまた感じてくださったからにほかならない。そうした魅力あふれる森有礼研究へと導かれた幸いを、心から感謝している。

私に幼稚園史研究への目を開かせ、関信三研究から森有礼研究の完成に至るまで、変わることなく見守り続けてくださった恩師、お茶の水女子大学名誉教授津守真先生に心から感謝申し上げる。先生に本書をお届けできることは、私にとって大きな喜びである。

私を信頼し、全集編纂の一員に加えてくださった『新修森有礼全集』の編者、上沼八郎先生と犬塚孝明先生には感謝の言葉もないほどである。故大久保利謙氏の思いを受け継ぎ、全集の刊行を続けてこられた両先生の研究者としての志なくしては、資料が全集の一巻として公刊されることはありえなかったし、本書の執筆もなかったであろう。折々にお目にかかり、また時には手紙や電話で、教え励ましてくださったこと、本当に心強く、心から感謝申し上げます。

長い年月のあいだには多くの方がたにお世話になった。資料の翻刻・校訂等を引き受けてくださった方がたには、全集にお名前をあげることにより、ささやかながら謝意をあらわすことができたが、お世話になりながらもお名前をあげることができなかったその幾倍もの方がたがおられる。それらのみなさまにこの場を借りて厚く御礼申し上げます。本書の出版が、少しでもみなさまへのご恩返しになればと願っています。

筆者の森有礼研究については、月刊誌『幼児の教育』（フレーベル館）に「幼稚園の源流を求める旅　森有礼の第二次在米時代」と題してその一部を書かせていただいた（一〇九巻一号～一〇号、二〇一〇年）。連載にあたりお世話くださったみなさまに感謝申し上げます。

本書出版に際しては、日本経済評論社の栗原哲也氏に格別のご尽力を賜った。氏のご助力なくしては、今回の出版は実現しなかった。一介の無名の研究者に援助の手を差し伸べてくださったご厚情に、心から感謝申し上げます。国士舘大学二一世紀アジア学部原田信男教授には、本書出版にあたり貴重なご助言とご協力を賜った。関信三研究時代から続く変わらぬ学恩を心から感謝申し上げます。

本書を出版してくださった勉誠出版社長の池嶋洋次氏と、編集を担当してくださった黒古麻己様には大変お世話になった。心を込めて小著を世に送り出してくださったことに感謝し、厚く御礼申し上げます。

最後に、本書をお読みくださったみなさまに、心から感謝申し上げます。

二〇一八年七月一五日

国吉　栄

戊辰戦争の史料学

明治政府が編纂した史料集「復古記」やその編纂材料を精査し、様々な史料にも着目。戊辰戦争を多角的に解明するための方法を模索する。

箱石　大 編・本体三五〇〇円（＋税）

幕末明治
移行期の思想と文化

「忠臣・皇国のイメージ」「出版文化とメディア」「国家形成と言語・思想」の三つの柱から、前近代と近代の移行期における接続と断絶の諸相を明らかにした画期的論集。

前田雅之・青山英正・上原麻有子 編・本体八〇〇〇円（＋税）

博文館「太陽」と近代日本文明論
ドイツ思想・文化の受容と展開

「太陽」で展開された、樗牛・嘲風・鷗外・筑水・嚴翼ら哲学者・文学者の論説・評論を読み解き、ドイツ思想・文化の日本人の精神基盤の形成への影響を明らかにする。

林　正子 著・本体一〇〇〇〇円（＋税）

少年写真家の見た明治日本
ミヒャエル・モーザー日本滞在記

オーストリアから日本への航海中、そして日本滞在中に書き残したモーザーの日記・書簡類を繙き、写真資料と共に彼の見聞した明治初期の世界を浮き彫りにする。

宮田奈奈／ペーター・パンツァー 編・本体六五〇〇円（＋税）

著者紹介

国吉　栄（くによし・さかえ）

1949年生まれ。

明治学院大学文学部英文科卒。お茶の水女子大学大学院修士課程修了（児童学専攻）。

立教女学院短期大学附属愛児研究所勤務ののち、群馬県立保育大学校、頌栄保育専門学校、共立女子大学、白百合女子大学で非常勤講師として幼児教育関係科目を担当（2014年で終了）。

主な著書に『日本幼稚園史序説　関信三と近代日本の黎明』（新読書社、2005年）、『幼稚園誕生の物語　「諜者」関信三とその時代』（平凡社、2011年）、共著に『幼児理解と保育援助』（森上史朗、浜口順子編、ミネルヴァ書房、2003年）、『戦後の子どもの生活と保育』（日本保育学会編、相川書房、2009年）、『新修　森有禮全集』別巻4（文泉堂書店、2015年）などがある。

森《もり》有《あり》礼《のり》が切《き》り拓《ひら》いた日米外交《にちべいがいこう》
初代駐米外交官の挑戦

著者　国吉　栄
発行者　池嶋洋次
発行所　勉誠出版㈱
〒101-0051 東京都千代田区神田神保町三—一〇—二
電話　〇三—五二一五—九〇二一㈹

二〇一八年七月一五日　初版発行

印刷
製本　中央精版印刷

ISBN978-4-585-22213-2　C1021

索　引

本書で言及した人物については「人名索引」に、それ以外については「事項索引」にあげた。全編にわたって頻出する“森有礼”、“米国（アメリカ）”については、索引の項目にあげていない。

人　名

【あ】

【か】

【さ】

【た】

【な】

【は】

【ま】

【や】

【ら】

事　項

【あ】

【た】